En Asie, nous sommes nombreux à avoir commencé à diriger des institutions théologiques dès l'obtention de notre doctorat, souvent sans avoir reçu de formation professionnelle en gestion, à la gouvernance, à l'élaboration d'un programme d'études… la liste de nos lacunes est longue. Ce livre pratique est un excellent guide pour les enseignants en théologie asiatiques ; il peut nous aider à progresser vers l'excellence dans la formation théologique.

Chiu Eng Tan, Docteure en Études Interculturelles
Doyenne, Biblical Seminary of the Philippines

« L'excellence ou la médiocrité », tel est le défi majeur de la formation théologique actuelle, alors que les institutions théologiques poussent comme des champignons dans les pays émergents. Steven Hardy nous pousse à nous remettre en question et nous propose des éclairages holistiques et intégrés sur la formation théologique, tirés de sa vaste expérience. Cet ouvrage est à lire absolument par tous ceux qui s'impliquent dans la formation théologique, afin de passer d'un niveau moyen à excellent dans notre travail.

Ashish Chrispal, Docteur en Théologie
Directeur régional, Overseas Council Asia
Ancien Principal, South Asia Institute of Advanced Studies,
Bangalore, Inde

Collection ICETE

Vers l'excellence dans la formation théologique

Vers l'excellence dans la formation théologique

Pistes pour repenser nos pratiques institutionnelles

Steven A. Hardy

Directeur de collection

Riad Kassis

© Steven A. Hardy, 2017

Publié en 2017 par Langham Global Library,
Une marque de Langham Publishing

Langham Partnership
PO Box 296, Carlisle, Cumbria CA3 9WZ, UK
www.langham.org

ISBNs :
978-1-78368-338-3 Papier
978-1-78368-343-7 ePub
978-1-78368-345-1 PDF

Conformément au « Copyright, Designs and Patents Act, 1988 », Steven A. Hardy déclare qu'il est en droit d'être reconnu comme étant l'Auteur de cet Ouvrage.

Tous droits réservés. La reproduction, la transmission ou la saisie informatique du présent ouvrage, en totalité ou en partie, sous quelque forme ou par quelque procédé que ce soit, électronique, mécanique, photographique, est interdite sans l'autorisation préalable de l'Éditeur ou de la Copyright Licensing Agency.

Sauf indication contraire, les citations bibliques sont tirées de la Bible version Segond 21 Copyright © 2007 Société Biblique de Genève. Reproduit avec aimable autorisation. Tous droits réservés.

Traduit de l'anglais par Celia Evenson, relu et corrigé par Anne Ruolt.
Titre d'origine : *Excellence in Theological Education : Effective Training for Church Leaders*, Carlisle, Langham Global Library, 2016.

British Library Cataloguing in Publication Data
A catalogue record for this book is available from the British Library

ISBN : 978-1-78368-338-3

Langham Partnership soutient activement le dialogue théologique et le droit d'un auteur de publier mais ne soutient pas nécessairement les opinions et avis avancés, et les travaux référencés dans cette publication ni ne garantit sa conformité grammaticale et technique. Langham Partnership se dégage de toute responsabilité auprès de personnes ou biens en conséquence de la lecture, utilisation ou interprétation de son contenu publié.

Avant-propos

Ce livre est plus particulièrement destiné aux responsables d'institutions de formation théologique francophones situées hors de l'Europe et de l'Amérique du Nord. Son but est d'aider ces responsables à progresser vers l'excellence dans la formation théologique, en donnant des pistes pour renforcer la qualité de leur formation et de leur administration.

C'est un privilège pour un enseignant d'être acteur dans la vie de ceux que Dieu a équipés et appelés à son service ! J'apprécie énormément l'impact de la formation théologique sur la multiplication et l'affermissement de la mission et de l'œuvre de l'Église. Avec les années, j'ai eu la joie de voir mes étudiants dépasser leur maître en compétences et être féconds dans des contextes qui m'étaient inaccessibles.

J'ai grandi avec des parents enseignants, et j'ai « joué au maître » pendant la plus grande partie de ma vie d'adulte. J'ai découvert la formation non formelle au début des années 1970 à travers des études bibliques inductives. Mes paradigmes concernant le « leadership » ont été bouleversés définitivement au cours des journées sombres de l'Ethiopie des années 1975, quand j'ai vu Dieu utiliser des personnes qui n'avaient reçu aucune formation officielle. Au cours de mes six années passées au Centre-Ouest du Brésil, j'ai découvert l'étendue de mon ignorance concernant tout ce qui touche à la formation, en aidant à l'ouverture d'une nouvelle institution théologique, où j'ai dû rédiger un programme d'enseignement et de formation et m'occuper de la formation d'enseignants. Nous avons appris beaucoup de choses en ce qui concerne la formation par l'exemple. Nous ne disposions d'aucun financement ; nos enseignants étaient donc tous des praticiens à plein temps qui partageaient leur expérience et leur sagesse avec nos étudiants. Au Brésil, j'étais également impliqué dans l'implantation d'églises et dans des programmes de formation décentralisée dans les Églises, en utilisant des manuels conçus spécialement pour ce contexte.

En 1985, notre famille a déménagé au Mozambique pour préparer les cadres d'une Église qui avait grandi de manière phénoménale durant la période communiste. J'ai rouvert un petit institut biblique et élaboré du matériel de formation, afin de préparer de jeunes responsables à être les enseignants d'un programme de formation théologique décentralisée à l'échelle nationale.

Au cours des années 1990, j'ai rendu visite à plus d'une centaine de facultés de théologie et d'institutions théologiques dans toute l'Afrique et ailleurs, en tant que conseiller en formation théologique pour la Fraternité Évangélique d'Afrique (aujourd'hui la SIM), mais aussi comme consultant occasionnel pour d'autres organisations chrétiennes. J'écoutais les nombreux besoins et préoccupations, tout en étant impressionné par la qualité du travail de ceux qui dirigent les programmes de formation de responsables. Beaucoup d'entre eux (tout comme moi par le passé) ont dû assumer des responsabilités administratives pour les programmes de formation avec peu, ou pas du tout, de préparation à ces tâches administratives ; il n'est pas étonnant qu'un nombre important de ces enseignants s'épuisaient dans des tâches trop lourdes pour eux.

En 1998, je suis devenu le directeur de l'équipe « Ressources Théologiques » de l'Overseas Council International (OCI). Un aspect de ce poste dont j'ai tiré grande satisfaction a été de développer et de diriger l'Institute for Excellence in Global Theological Education [Institut pour l'excellence dans la formation théologique mondiale]. Cet institut a été conçu pour affiner les compétences des dirigeants d'institutions théologiques dans le domaine de la direction d'établissement de formation. Si, selon l'OCI, la plupart de ses programmes partenaires était d'excellente qualité, leurs responsables se trouvaient souvent isolés des autres programmes de formation et n'avaient en toute honnêteté qu'une très vague idée de comment leur offre éducative se situait par rapport aux autres établissements, n'ayant souvent comme point de comparaison que l'institution dans laquelle ils avaient eux-mêmes étudié.

En tant que bailleur de fonds, l'OCI désirait financer des projets formés à partir d'une planification stratégique et collaborer avec des institutions de formation prêtes à développer leur propre équipe dirigeante. Dans notre intérêt, tout autant que le leur, nous souhaitions savoir si nos écoles partenaires savaient élaborer un plan stratégique complet. Ce projet de développement comprenait-il des manières pratiques de qualifier et de prendre soin d'une équipe enseignante et des dirigeants de qualité ? Avaient-ils un plan susceptible de développer une formation de qualité qui prépare des étudiants à un ministère fécond ? Nourrissaient-ils de bonnes relations avec leur communauté environnante, leur permettant de trouver les ressources nécessaires au financement de leur programme de formation ?

L'Institut pour l'excellence de l'OCI était conçu sous la forme d'un colloque sur cinq jours pendant lesquels les dirigeants d'institutions pouvaient discuter de ce genre de question. Nous cherchions à aider les responsables de nos programmes partenaires à acquérir ou à renouveler les outils dont ils avaient besoin pour être des institutions de formation de qualité. Mais nous désirions également créer un réseau et un environnement permettant l'encouragement mutuel des dirigeants.

J'emprunte le terme « excellence » à l'engagement de l'Institut pour l'excellence de l'OCI. Je montrerai dans le premier chapitre que cette notion familière au monde économique de la société post-moderne s'applique aussi d'une certaine façon au monde de la formation biblique. Nous identifierons les domaines-clés dans lesquels l'excellence est nécessaire pour qu'une institution de formation puisse parler de sa propre forme d'excellence. Chacun de ces domaines donne lieu à un chapitre de ce livre. Nous étudierons :

L'excellence dans l'équipe de direction (chapitre 2)

Une excellente institution de formation possède, encourage, enseigne et met en pratique une direction institutionnelle de qualité. Les programmes de qualité savent tirer parti des différents styles de direction. Trouver, encourager et développer de bons dirigeants pourrait bien être l'élément le plus important pour rendre un programme excellent.

L'excellence dans la planification stratégique (chapitre 3)

Si l'on ne sait pas clairement vers où l'on va, il sera difficile d'évaluer notre progression vers l'objectif fixé. Une excellente institution de formation de responsables prend le temps d'élaborer un « plan stratégique » et de le réviser régulièrement. Celui-ci inclura : une formulation des valeurs de l'institution, une définition de sa mission à la lumière des besoins, et une évaluation de ses propres forces et faiblesses. Un tel exercice permettra d'acquérir une vision, dans la prière, et de façonner un plan réalisable qui mène l'institution vers ses objectifs.

L'excellence en matière de gouvernance (chapitre 4)

Les institutions de formation théologique sont comptables envers les élèves, le personnel et autres bénéficiaires de leur ministère. Elles sont conseillées et supervisées par des conseils d'administration et comités consultatifs judicieusement conçus.

L'excellence en matière d'administration (chapitre 5)

Les institutions de formation qui visent l'excellence ont des structures adaptées et adéquates, permettant à leurs programmes éducatifs de bien fonctionner. Une bonne gestion est le fruit du travail de personnes ayant des descriptifs de poste clairs, qui sont compétentes et qui se mettent au service des enseignants, des employés et des étudiants pour qu'un apprentissage fécond ait lieu.

L'excellence dans le programme d'enseignement et de formation (chapitre 6)

Il n'existe pas de programme de formation universel à « taille unique » standardisé pour tous les contextes. Un excellent programme de formation forme des étudiants spécifiques pour des ministères dans des contextes précis. Le programme de formation est enseigné de manière créative par des enseignants dont la vie est en harmonie avec leur enseignement.

L'excellence du corps enseignant (chapitre 7)

L'élément le plus important d'un programme de formation théologique c'est son équipe enseignante. Les excellentes institutions de formation savent trouver, former et encourager leurs enseignants.

L'excellence des locaux (chapitre 8)

Les institutions de formation excellentes ont des locaux adéquats et bien entretenus pour l'enseignement, l'administration et la recherche.

L'excellence des bibliothèques (chapitre 9)

Une excellente bibliothèque est constituée de manière systématique suivant des critères de sélection basés sur l'énoncé de mission de la bibliothèque et sur celui de l'école. Un personnel formé ordonne ce fonds pour qu'il soit le plus utile possible à la fois aux étudiants et au corps enseignant. Les excellentes bibliothèques contemporaines ne comprennent pas seulement des ressources imprimées. Elles tireront parti au mieux de l'information disponible à l'échelle mondiale à travers les technologies de l'information.

L'excellence dans la levée de fonds (chapitre 10)

Une excellente institution de formation dispose d'un financement suffisant pour réaliser ce qui est prévu dans son plan stratégique. Elle assume la responsabilité de sa bonne santé financière, et tend constamment vers l'autonomie. Elle entretient de bonnes relations avec les amis, Églises et pasteurs de son réseau, et en particulier avec ses anciens étudiants diplômés. Elle entretient des partenariats sains, en particulier avec ceux qui lui envoie des étudiants à former.

L'excellence dans la formation à distance (chapitre 11)

L'influence des institutions de formation d'excellence s'étend au-delà de leurs campus. Elles se mettent au service de leurs diplômés, ainsi que des ministères et communautés de ces derniers, de diverses manières, formelles et informelles. Elles font bon usage des technologies de l'information, à la fois sur leur campus et hors leurs murs.

L'excellence en matière d'évaluation et de renouvellement (chapitre 12)

À chaque étape majeure de sa vie, une excellente institution de formation verra son organisation transformée et renouvelée. L'évaluation fait partie intégrante de chaque aspect de son fonctionnement. Appartenir à un réseau plus vaste et se laisser enseigner par d'autres représente une composante importante du renouvellement.

*

Vous n'aurez pas manqué de remarquer que peu de ces idées me sont propres. J'ai essayé de mettre sur papier ce que j'aurais partagé si je m'étais trouvé dans le bureau d'un ami exerçant des fonctions de responsable au sein d'une institution biblique et théologique. Ce livre ne s'adresse pas en priorité au personnel spécialisé d'une institution de formation théologique, tel que le bibliothécaire, le gestionnaire financier ou le responsable informatique. Il s'adresse surtout à ceux qui dirigent l'ensemble du programme de formation d'une institution. Que devez-*vous* être, que devez-*vous* savoir, ou savoir faire afin de progresser vers l'excellence dans tous les domaines de votre institution ? Je prie pour que vous trouviez un encouragement et des conseils utiles pour vous aider à soutenir vos propres efforts vers l'excellence, et tandis que vous travaillez au renforcement de la qualité de votre institution.

Ceci n'est pas un ouvrage d'érudition, j'ai donc cherché à réduire au minimum les notes de référence. Des suggestions de lectures autour de chaque sujet sont données en fin de chapitre. Des questions à la fin de chaque chapitre vous aideront, ainsi que votre équipe, à évaluer votre propre programme de formation.

Je me dois de remercier tout particulièrement ceux qui ont été mes amis, collègues et mentors à l'OCI, notamment John Bennett, Jack Graves, Manfred Kohl et Stephanie Morton Ferenczi. Merci également à plusieurs collègues travaillant dans différentes régions du monde pour leurs retours sur ce manuscrit : Vera Brock (Brésil), Lee Christenson (États-Unis), Scott Cunningham (Nigéria), Fritz

Deininger (Thaïlande), Bill Houston (Afrique du Sud), Steve Parr (Canada), Paul Sanders (Liban/France), Chuck Saunders (Afrique du Sud) et Rich Starcher (Kénya). Ma dette la plus grande est celle que j'ai envers mon épouse, LeAnne : non seulement a-t-elle accepté de faire courir des risques à notre bonheur conjugal en corrigeant des détails de ce livre, mais elle m'avait poussé depuis des années avec (et parfois sans) douceur à le rédiger enfin ! Avant tout, je rends grâce à Dieu, en qui et pour qui nous existons.

1

Qu'est-ce que l'excellence ?

Selon le dictionnaire *Petit Robert,* le terme « excellence » est défini ainsi : « Degré éminent de perfection qu'une personne, une chose, a en son genre ». Le dictionnaire en énumère les synonymes suivants : bonté, perfection, supériorité. En tant que qualité, l'excellence semble impliquer la vertu ou la valeur de quelque chose qui sort de l'ordinaire, qui se distingue nettement de la moyenne.

Pour nos établissements d'enseignement théologique, se targuer d'excellence pourrait se traduire dans notre communication vers l'extérieur, pour évoquer avec intégrité que notre institution est de première qualité, qu'elle est excellente. Plus que simplement adéquates, nos institutions devraient être très bonnes dans ce qu'elles font.

Nos programmes évangéliques de formation de responsables sont des lieux stratégiques où des dirigeants actuels et futurs dirigeants de l'Église sont équipés pour le travail dans le Royaume de Dieu. Les responsables de programmes de formation devraient être en mesure d'affirmer le degré de qualité de leurs établissements. Toutefois, comment reconnaître cette excellence, étant donné la grande variété de méthodes de travail des programmes de formation et leurs façons très diverses de fonctionner ?

Dans ce chapitre, nous examinerons le terme « excellence ». Est-ce seulement un mot rattaché aux relations publiques et emprunté à la littérature contemporaine du monde des affaires ? Ou bien y a-t-il des fondements bibliques et pédagogiques derrière cette notion ? Dans quelle mesure l'excellence est-elle liée au perfectionnisme, au « succès » ou tout simplement à l'ambition d'être le meilleur du lot ? Qui doit confirmer nos affirmations d'excellence ou décider quelles en sont les normes ? Enfin, l'excellence est-elle même possible ?

L'aspiration à l'excellence est-elle biblique ?

Le Seigneur a créé les bonnes choses de la bonne manière. Dans Genèse 1, nous lisons qu'il a contemplé sa création avec satisfaction. Dieu a fait exactement ce qu'il avait l'intention de faire, par la puissance de sa parole. Il aima ce qu'il vit en affirmant : « c'est très bon ! » (Gn 1.31). Nous reconnaissons une qualité incomparable dans le caractère du Créateur, ainsi que dans les résultats et dans le processus de la création. L'excellence est visible en l'être de Dieu, dans ce qu'il fait et dans la manière dont il le fait.

Dieu est à l'œuvre dans le monde et en nous. Le jour où « nous serons transformés, en un instant, en un clin d'œil » (1 Co 15.51-52) n'est pas encore venu, mais dès maintenant, Paul peut dire : « En effet, c'est Dieu qui produit en vous le vouloir et le faire pour son projet bienveillant » (Ph 2.13). Et, « ... nous savons que tout contribue au bien de ceux qui aiment Dieu, de ceux qui sont appelés conformément à son plan » (Rm 8.28). Comme nous ne voyons souvent que chaos et confusion autour de nous, il est rassurant de savoir que Dieu a un plan et que tout fonctionne selon ce plan. En fin de compte, « tout ce qui est au ciel et tout ce qui est sur la terre doit être réuni sous le gouvernement du Christ » (Ep 1.10, Semeur). Nous sommes en cours de renouvellement et de transformation par le Dieu vivant, pour Sa gloire et pour accomplir ses desseins. Toutes les voies de Dieu sont parfaites et ses plans excellents réussiront. Dans un chant écrit pour le culte public, le psalmiste a écrit : « Eternel, notre Seigneur, que ton nom est magnifique sur toute la terre ! » (Ps 8.1). Pour emprunter le langage du monde des affaires, les repères (*benchmarks*) ou les normes d'excellence sont clairement manifestés dans la nature de Dieu. Les meilleures pratiques (*best practices*) sont le reflet de la création de Dieu.

Toutefois, Dieu seul est parfait et saint dans toutes ses voies. Nous ne pouvons pas faire ce que Dieu fait. Personne n'est comme Dieu. On rapporte que les femmes Amish, connues pour leurs édredons en *patchwork* faits main et de grande qualité, mettent intentionnellement une faille dans ces ouvrages comme un témoignage d'humilité, pour rappeler que seul Dieu est parfait. En ce sens, l'excellence, comme la sainteté, est quelque chose que nous ne pouvons que contempler et qui comporte des normes bien au-delà de ce que nous puissions jamais espérer atteindre. Nous n'arriverons jamais à la hauteur de la gloire de Dieu (Rm 3.23). Il est donc impossible que nos écoles théologiques fassent un parcours « zéro fautes ».

Nous sommes néanmoins encouragés à tendre vers l'excellence. L'apôtre Paul exhortait à la contempler lorsqu'il écrivait à l'Église de Philippes : « Enfin, frères et sœurs, portez vos pensées sur tout ce qui est vrai, tout ce qui est honorable, tout ce qui est juste, tout ce qui est pur, tout ce qui est digne d'être aimé, tout ce qui mérite l'approbation, ce qui est synonyme de qualité morale et ce qui est digne de louange » (Ph 4.8). Et, écrivant à Tite, il indique que l'excellence consiste à faire ce qui est bon et profitable à tous : « Cette parole est certaine, et je veux que tu affirmes ces choses, afin que ceux qui ont cru en Dieu s'appliquent à pratiquer de bonnes œuvres. Voilà ce qui est bon et utile à tous les hommes » (Tt 3.8).

De plus, Paul encourage une église qui était bonne dans beaucoup de domaines à faire davantage : « Vous avez tout en abondance [...] faites en sorte que la même abondance se manifeste dans cet acte de grâce » (2 Co 8.7). De la même manière, Paul écrit aux Thessaloniciens : « Maintenant donc, frères et sœurs, vous avez appris de nous comment vous devez vous conduire et plaire à Dieu, [et c'est ce que vous faites] ; de même nous vous le demandons et nous vous y encourageons dans le Seigneur Jésus : progressez encore » (1 Th 4.1).

L'excellence signifie-t-elle « être (ou avoir été) les meilleurs » ?

La plupart des gens (ou organisations) ont tendance à penser que l'excellence signifie en effet : « être ou avoir été les meilleurs ». En 1982, Peters et Waterman ont présenté une étude psychologique faite auprès d'un échantillon aléatoire d'adultes de sexe masculin à New-York[1]. Lorsqu'on leur avait demandé de se prononcer sur leur capacité à s'entendre avec d'autres personnes, « *toutes* les personnes interrogées, 100 %, se plaçaient dans la moitié supérieure de la population. 60 % se classaient dans la tranche supérieure des 10 % de la population, alors que 25 % s'étaient humblement estimés dans la tranche supérieure des 1 % de la population ». Dans une autre étude semblable, « 70 % des personnes interrogées se plaçaient dans le premier quart en termes de capacités à diriger, tandis que 2 % estimaient être inférieurs à la moyenne en tant que dirigeants ». Comme l'étude était liée aux capacités sportives, « 60 % se sont placés dans le premier quart » avec seulement 6 % qui estimaient être « inférieurs à la moyenne ». Ce n'est pas un mal en soi d'avoir tendance à avoir une opinion positive de soi-même. Toutefois, compte tenu de notre tendance humaine assez habituelle à nous surévaluer, l'auto-évaluation seule ne peut ni établir l'excellence ni démontrer son absence. Nous avons besoin de normes

---

1. Thomas J. PETERS et Robert H. WATERMAN, *In Search of Excellence*, New York, Warner Books, 1982, p. 56-57. Une édition française de ce livre est également disponible : *Le prix de l'excellence. Les 8 principes fondamentaux de la performance*, trad. Michèle Garène et Chantal Pommier, coll. IDEM, Paris, Dunod, 2012.

auxquelles nous pouvons nous évaluer lucidement avant de nous vanter de notre excellence. Nous ne pouvons pas nous qualifier « d'excellents » simplement parce que nous l'affirmons nous-mêmes.

Certaines personnes et organisations pensent qu'elles sont « au top », même lorsque ce n'est pas le cas. J'ai eu l'occasion par le passé d'effectuer l'évaluation d'un programme de formation en Afrique de l'Ouest. L'institution avait moins de 15 étudiants, ce qui ne les empêchait pas de se considérer comme le meilleur programme de formation de toute l'Afrique ! Leurs documents (présentés dans une belle brochure en couleur conçue pour demander un financement massif en Occident) affirmaient que leur impact était mondial. C'était peut-être là un bon travail de relations publiques mais la réalité était que le programme de cette institution n'était reconnu par aucune instance que je connaissais et elle était totalement inconnue auprès de mes connaissances ! Dans le désir de plaire aux donateurs occidentaux, certaines institutions de formation peuvent donner l'impression d'avoir une trop haute opinion d'elles-mêmes. Pour affirmer notre excellence avec intégrité, nous avons besoin de normes objectives, de points de référence auxquels nous puissions nous mesurer. Nous ne pouvons nous targuer d'excellent simplement parce que nous sommes la seule institution que nous connaissions.

Il existe des institutions de formation qui ont la réputation d'être excellentes. Il arrive que les responsables d'une école théologique ne se rendent pas compte que l'école ne fonctionne plus au même niveau de qualité qu'autrefois. Il est possible que ces institutions répondent à des besoins qui ne sont plus nécessaires ou bien elles ont omis d'adopter de nouvelles méthodologies ou d'intégrer de nouveaux outils pédagogiques pour les aider à améliorer leur enseignement. Nous ne pouvons pas nous qualifier d'« excellents » simplement parce que nous l'avons été autrefois.

D'autre part, il arrive qu'une institution de formation en vienne à la conclusion qu'elle est malheureusement très loin de l'excellence. Constatant beaucoup de lacunes et de problèmes compliqués en effectuant son auto-évaluation, l'équipe peut se sentir découragée, ayant l'impression d'avoir peu d'impact. Il se peut que cette école voie juste dans son auto-évaluation. Cependant, il se peut également que cette école ne soit pas consciente de la façon extraordinaire dont Dieu l'utilise. Dans ce dernier cas, elle n'arrive peut-être pas à entendre les bons retours, ou alors elle s'impose des normes exagérément élevées. Être bons dans ce que nous sommes, ce que nous faisons et la façon dont nous le faisons peut être mieux confirmé par d'autres, et en particulier par ceux qui bénéficient du ministère de notre institution. Nous ne sommes pas forcément loin de l'excellence simplement parce que nous nous sentons découragés.

L'excellence équivaut-elle au succès ?

Confondre l'excellence avec le succès est un raccourci malheureux. Si par succès nous entendons atteindre l'objectif fixé, dans un sens, la réponse est oui, à l'image du succès de Dieu qui a accompli ce qu'il a planifié. C'est une première approche, mais il faut encore y ajouter la valeur de l'action menée. L'excellence en qualité est présente lorsque les bonnes choses sont faites de la bonne façon. Il ne s'agit pas seulement d'atteindre un objectif : nous voulons atteindre les bons objectifs.

Certains « succès » sont tout sauf excellents. Un baron de la drogue peut réussir à monopoliser le marché de la vente de drogues illégales dans une ville donnée. Une personne peut réussir à devenir riche, mais d'une façon contraire à l'éthique ou aux dépens de sa famille, de ses relations ou de sa santé. Être excellent implique un caractère et des processus droits, ainsi que la formulation de bons objectifs.

Quand l'excellence est fondamentalement déterminée par le « succès », il est très tentant de rapporter des faits qui ne présentent pas la réalité avec exactitude. J'ai travaillé au Brésil entre 1977 et 1984. La dénomination avec laquelle j'ai travaillé rapportait qu'elle baptisait des milliers de nouveaux fidèles chaque année. Ce « succès » aurait dû entraîner une croissance extraordinaire de l'Église. Pourtant, les statistiques présentées sur le rapport annuel de la dénomination montraient que le nombre total de ses membres restait stable. Ainsi, alors que c'était une bonne chose d'évangéliser et de baptiser de nouvelles personnes, la réalité était que chaque année la dénomination perdait autant de gens qu'elle en gagnait. On ne peut pas vraiment qualifier cela d'« excellence » dans la construction d'une église en bonne santé.

L'édition du XXIe siècle du livre *Operation World* estime que 91,7 % de la population de l'Amérique latine serait « chrétienne »[2]. N'est-ce pas là une belle histoire d'évangélisation efficace ? Mais qu'en est-il donc du syncrétisme présent dans une grande partie de l'Amérique latine ? Ce mélange confus de croyances suggère qu'un nombre beaucoup plus petit de personnes peut réellement être considéré comme étant des « chrétiens engagés ». De la même manière, les

---

2. Patrick JOHNSTONE, *Operation World*, 21st century edition, Gerrads Cross, Bucks, WEC International, 2001.

statistiques pourraient suggérer un grand succès dans la croissance de l'Évangile aux États-Unis. Les sondages Gallup ont montré que plus de la moitié de la population américaine se considère comme étant « né de nouveau ». En revanche, ces mêmes sondages indiquent qu'il n'y a pas de différence sensible dans les valeurs et le style de vie entre ces croyants et la population générale du pays. Si être croyant n'aboutit pas à une quelconque différence de valeurs ou de style de vie, on ne peut affirmer « l'excellence » dans l'évangélisation qui y a été faite.

Les institutions de formation théologique peuvent jouer à des jeux similaires avec les statistiques qu'elles communiquent avec d'autres. Nous ne sommes pas « excellents » si nous prenons en compte les mauvaises choses ou si nous ne prenons pas en compte suffisamment de choses. Un programme de formation peut réussir à atteindre son objectif d'une augmentation de 50 % de l'effectif étudiant au cours d'une période de trois ans. Cependant, tous les nouveaux étudiants étaient-ils de bons étudiants ? Et même s'ils l'étaient, l'école a-t-elle maintenant la capacité de bien les loger et les nourrir ? Possède-t-elle les livres, l'espace et les enseignants nécessaires pour aider les étudiants à bien apprendre ? Atteindre avec succès n'importe quel but particulier n'est pas nécessairement signe d'une excellence globale dans un programme de formation.

Une institution de formation peut rapporter que ses revenus sont en hausse de 20 %. C'est peut-être un résultat qui paraît brillant, mais tout ce qui brille n'est pas or : si le nombre d'étudiants inscrits est en hausse de 30 %, et si de nouveaux membres du personnel ont été embauchés pour s'occuper des nouveaux étudiants, les frais eux aussi peuvent avoir également augmenté de plus de 50 %. En réalité, le programme est donc dans un état pire qu'auparavant. Ou bien peut-être que l'augmentation des revenus est le résultat d'un don important provenant d'un seul donateur étranger, et que les amis locaux de l'école en ont conclu que le programme n'a plus besoin d'aucune aide de leur part. Alors que l'année précédente toutes les factures avaient été payées, en réalité le programme est en grave difficulté financière en dépit de son succès temporaire.

Si un établissement de formation indique que tous ses étudiants ont passé avec succès tous leurs examens, cela peut être une raison de faire la fête. Mais qu'est-ce qui a été testé exactement lors de ces examens ? Les étudiants sont-ils capables de prêcher ? Ou bien sont-ils des prédicateurs brillants, mais si arrogants que personne ne les veut comme pasteurs ? Une école peut réussir à amener tous les élèves à l'obtention du diplôme, mais que garantit ce parchemin en termes de capacités et de réputation de l'École ? Si, une fois dans l'Église, ces diplômés s'avèrent incompétents, le programme de formation n'était sûrement pas si excellent que cela.

L'excellence est bien plus qu'une simple liste de « réussites », surtout si nos succès proviennent de mauvais objectifs, de rapports « sélectifs », ou d'une utilisation incomplète ou mauvaise des statistiques. Néanmoins, lorsque nous sommes en mesure d'accomplir de belles choses de la bonne façon, nous avons alors beaucoup de raisons de nous réjouir de notre succès. Le reste de ce livre est conçu pour vous aider à découvrir et à célébrer la façon dont vous êtes (ou pourriez être) excellents en faisant ce que Dieu a prévu pour vous.

L'excellence est-elle relative ?

Doit-on relativiser l'excellence ? Oui et non. Nous mesurons notre qualité selon des normes et des objectifs spécifiques. Pourtant, comme nous allons le constater ci-après, les normes divergent beaucoup selon les personnes, les contextes et les époques. Au fur et à mesure que le ou les objectifs d'activité ou d'organisation changent, les critères permettant d'évaluer le degré d'excellence changent également. Un cours de niveau supérieur sur le conseil conjugal devrait être évalué différemment d'un séminaire proposé le temps d'un week-end pour aider les couples mariés à mieux communiquer. Et ces deux activités auront des normes ou des critères d'excellence différents d'un camp de sport ayant pour but d'aider les jeunes à mieux jouer au football. Évaluer l'excellence dépend aussi des capacités et de l'expérience des participants. Ce que l'on attend d'un enfant qui apprend à jouer du piano est différent d'un adulte qui détient déjà un diplôme de musique. De même, les normes d'excellence sont différentes entre un étudiant prédicateur débutant et un professeur d'homilétique. Nos attentes concernant un étudiant en théologie de première année à propos de sa capacité à réfléchir sur le ministère seront différentes de celles d'un missionnaire vétéran en congé missionnaire qui commence une maîtrise en missiologie. Le travail des deux peut être excellent, même si à la sortie, ils seront très différents l'un de l'autre. Nous affirmons l'excellence dans la mesure où nous avons réussi à atteindre une norme ou un objectif adapté au programme de formation et au niveau des compétences et de l'expérience de ceux qui participent à ce programme.

De plus, nous pouvons affirmer l'excellence dans le processus permettant de progresser vers les valeurs, les normes ou les objectifs visés. D'excellents progrès peuvent non seulement être faits à mesure qu'une personne progresse ou mûrit, mais nous pouvons également affirmer l'excellence dans la manière dont cette croissance est encouragée. Dans tous ces exemples, il existe une dimension relative concernant l'excellence. Une chose est mesurée ou évaluée chez des personnes spécifiques ayant des dons et des capacités uniques à des moments précis et dans des contextes spécifiques. Tout cela est mesuré à l'aune des valeurs, des normes ou des objectifs adaptés aux personnes évaluées.

Qui détermine les normes d'excellence ?
1. Dieu lui-même

Les institutions de formation théologiques évangéliques existent pour glorifier Dieu. Notre désir individuel et institutionnel doit être d'entendre Dieu nous dire : « C'est bien, bon et fidèle serviteur ». Nous avons des normes claires de la part de Dieu dans sa Sainte Parole concernant le mandat de formation qui nous est confié, accompagné de nombreux exemples de la façon dont la formation peut et doit être faite. Alors que nous essayons d'accomplir la tâche qui nous a été confiée, nous devons tenir compte de la Parole de Dieu et écouter la voix de l'Esprit de Dieu afin de marcher et d'œuvrer avec sagesse. Même si l'évaluation finale de notre travail ne se produira qu'à la fin des temps lorsque toutes choses seront révélées, Dieu peut nous encourager (et nous corriger) dans toutes les choses que nous faisons actuellement. Puissions-nous ne pas être si occupés, aveugles et sourds, que nous sommes incapables de ressentir la présence de Dieu parmi nous ou d'entendre sa voix. Au contraire, puissions-nous nous réjouir et être satisfaits de ce que Dieu a fait en entendant les nouvelles sur la vie et les ministères de nos anciens élèves. Et puissions-nous être renouvelés et affirmés par l'Esprit de Dieu qui vit et travaille en nous et à travers nous.

2. La communauté ecclésiale que nous servons

À part Dieu lui-même, l'endroit le plus important pour entendre des paroles d'affirmation au sujet de notre « excellence » est au sein de la communauté que nous nous efforçons de servir. Ne négligeons pas la grande importance des commentaires de notre public comme indice d'excellence. Nous reverrons cette question concernant notre communauté plus en détail aux chapitres 4, 10 et 12. Leur sentiment de satisfaction à l'égard de nos efforts de formation constitue un élément incontournable de la validation de notre action. Inversement, si nos anciens et leurs communautés ecclésiales ne sont pas satisfaits des résultats de nos efforts, nous ne pouvons en aucun cas affirmer avoir un programme caractérisé par l'excellence.

3. Le gouvernement ou les organismes approuvés par le gouvernement

Il existe une certaine affirmation de qualité et d'excellence dans la validation ou l'accréditation officielles. Si ici et là, certains gouvernements se réservent le droit d'octroyer les licences ou les autorisations de formation privées, cela ne restreint pas forcément le droit des Églises ou des œuvres chrétiennes d'offrir des séminaires et des ateliers de formation. Mais les autorités éducatives gouvernementales veulent s'assurer que ces efforts de formation qui se disent « écoles » soient compétentes et structurées pour être de véritables écoles. La validation du gouvernement est censée protéger les gens ordinaires contre des programmes de formation qui offrent des « diplômes » sans contenu réel et représentant le strict minimum de travail. Ces efforts de validation gouvernementale ne sont normalement pas censés s'immiscer dans les détails de qui peut être professeur, de qui recevra un enseignement, ni de ce que l'on enseigne pendant les cours. Leur préoccupation est plutôt que ceux qui enseignent soient qualifiés, que l'école dispose de matériel et de financement adéquats, que les programmes d'études soient conçus en adéquation avec le diplôme décerné, que l'institution ait un conseil d'administration et un statut légal approprié, etc. Pour diverses raisons, une institution de formation évangélique peut choisir de ne pas être accréditée, validée ou reconnue par les instances gouvernementales telles que le ministère de l'éducation. Cependant, la plupart des étudiants accordent de l'importance à un programme reconnu, précisément parce que cela implique une reconnaissance officielle de la qualité et de l'excellence de l'institution[3].

4. Les institutions de formation sœurs du même niveau

L'excellence peut aussi être appréciée par les écoles sœurs du même niveau d'évaluation. Ceci est particulièrement utile pour les institutions de formation évangéliques dont les objectifs sont très différents de ceux des universités locales. Les organismes gouvernementaux ne sont pas en mesure d'évaluer notre capacité à développer les caractères des étudiants ou notre efficacité dans la préparation aux ministères. Ce type d'évaluation peut être faite par des collègues qui travaillent dans des établissements de formation à des niveaux comparables dans une région donnée. Un tel niveau d'évaluation est assuré

---

3. N.D.E. : Remarquons que le fait d'avoir des docteurs en théologie (ou autre) comme professeurs ne garantit pas encore qu'une formation soit « bonne et fidèle ». Les critères sont plus variés.

notamment par les organismes d'accréditation associés au Conseil International pour la Formation Théologique Évangélique (connu sous son sigle anglais « ICETE » - http://www.icete-edu.org). Ceux qui ont été étroitement impliqués dans la formation théologique sont les mieux placés pour proposer des normes d'excellence en matière de formation théologique, ainsi que pour aider les écoles à s'encourager mutuellement à maintenir ces normes. C'est une bonne chose quand un programme de formation peut être honoré pour sa qualité à l'échelle mondiale en raison de la reconnaissance donnée par ses pairs.

5. Le personnel et la direction de l'établissement de formation

Tous ceux qui sont impliqués dans les institutions de formation théologique évangélique ont besoin de savoir s'ils font du bon travail ou non. Dans le chapitre 12, nous verrons comment un programme de formation peut devenir une communauté qui se renouvelle sans cesse et s'encourage elle-même à progresser continuellement vers l'excellence. Chaque programme de formation a besoin de multiples façons d'obtenir les retours nécessaires pour apprendre de sa propre pratique. Être une école excellente exige l'excellence dans de nombreux domaines. Une bonne façon pour un programme d'évaluer sa propre excellence est de travailler sur les questions d'auto-évaluation liées aux visites d'accréditation formelles.

L'excellence est-elle possible ?

Nous avons dit plus haut que l'excellence à l'échelle divine est impossible. Nous pouvons cependant **tendre** vers l'excellence et désirer améliorer ce que faisons. Nous avons également vu que la Parole de Dieu nous encourage à tendre vers l'excellence. Dans quelle mesure sommes-nous donc conscients de cette excellence, étant donné que Dieu est à l'œuvre en nous et à travers nous ? Regardons-nous les choses à travers les yeux de Dieu afin de comprendre les besoins des personnes et leur environnement ? Nos ministères sont-ils bien structurés ? Utilisons-nous notre temps à bon escient pour faire les bonnes choses de la bonne manière ? Nos rêves ont-ils pour objet des choses nobles et profitables ? Construisons-nous notre formation sur les valeurs de Dieu ou bien appliquons-nous inconsciemment les valeurs culturelles ayant façonné notre passé ? Nous sommes-nous accommodés de la médiocrité ?

Nous pouvons mesurer notre niveau de qualité en revoyant où nous devions aller, et pourquoi ; puis en passant en revue les valeurs et les processus qui nous ont aidés, par la grâce de Dieu, à arriver où nous en sommes maintenant. Dans quelle mesure avons-nous répondu aux besoins de notre contexte, compte tenu de nos buts et objectifs ? Avons-nous accompli ce dont nous avions l'intention ? Sommes-nous satisfaits des processus que nous avons utilisé pour atteindre nos objectifs ? Pouvons-nous affirmer que nous avons réellement fait ce qui est bon ? Dans quelle mesure avons-nous optimisé les ressources que Dieu nous a confiées afin d'accomplir la tâche qu'il nous a donnée de faire ? Connaître les réponses à ce genre de questions permet d'affirmer si oui ou non notre institution de formation progresse vers l'excellence, non seulement aux yeux de Dieu, mais aussi aux yeux de ceux que nous servons.

Conclusion

La formation nous est mandatée par le Seigneur Jésus, dans le cadre de son ordre missionnaire donné à toute l'Église (Mt 28.18-20). L'apôtre Paul nous encourage par ces paroles : « Et quoi que vous fassiez, en parole ou en acte, faites tout au nom du Seigneur Jésus en exprimant par lui votre reconnaissance à Dieu le Père » (Col 3.17). Ceux qui dirigent les institutions de formation ont besoin de découvrir ce qui ce qui est bien fait et ce qui doit être amélioré dans ce qu'ils font. Ils ont besoin de savoir ce qu'il faut affirmer ainsi que de discerner les problèmes à résoudre ou même les choses à laisser de côté dans leurs efforts vers l'excellence.

Comme nous le verrons tout au long de ce livre, d'excellents programmes produisent de bons résultats. Ils savent où ils vont et pourquoi. Ils répondent aux normes. Ils s'adaptent bien à leur contexte. Leur mission, leurs méthodes et leur offre sont en conformité avec les directives bibliques. Ils sont bien régis, administrés et gérés. Ils disposent des ressources nécessaires. Leur vie communautaire est constituée de personnes compétentes et saines émotionnellement, et qui savent comment prendre soin les uns des autres. Enfin, les institutions théologiques excellentes sont des communautés d'apprentissage qui savent se renouveler.

Questions à débattre au sujet de l'excellence

1. À partir d'exemples de pratiques institutionnelles, donnez des exemples qui illustrent l'insuffisance du critère des chiffres (quantitatif) pour évaluer le progrès qualitative d'une œuvre. Expliquez le processus qui poussent certains responsables à croire qu'il suffit de présenter des

chiffres en hausse, ou une belle brochure sur papier glacé pour rendre plus crédible et honorable leur institution. Que comprenez-vous par le terme « excellence » dans l'institution de formation dont vous faites partie ?
2. De quelle(s) manière(s) avez-vous ressenti ou vu l'affirmation « C'est bien, bon et fidèle serviteur » de Dieu dans ce que vous faites ?
3. Dans quels domaines avez-vous la réputation d'être bons dans ce que vous faites ? Comment le savez-vous ? Y a-t-il d'autres domaines dans lesquels votre réputation n'est pas aussi bonne ?

Pour aller plus loin : lectures suggérées

Cosnefroy, Laurent, Jean-Marie de Ketele, Bernard Hugonnier et Philippe Parmentier, sous dir., *Quelle excellence pour l'enseignement supérieur ?*, Bruxelles, De Boeck Supérieur, 2016.

« Faire l'excellence », Sociétés contemporaines n° 102, 2016/2.

Heller, Thomas, « Excellence », *Quaderni*, « Nouveaux mots du pouvoir : fragments d'un abécédaire », vol. 63, n° 1, printemps 2007, p. 41-44. http://www.persee.fr/doc/quad_0987-1381_2007_num_63_1_1772 [consulté le 24 mai 2017].

Observatoire des Zones Prioritaires, « Un apport de l'éducation prioritaire ? La notion d'excellence », série OZP, 22 mars 2016, https://www.ozp.fr/spip.php?article18403 [consulté le 24 mai 2017].

Padis, Marc-Olivier, « Quelle évaluation ? Quelle excellence ? », *Esprit*, 2012/7 (juillet), p. 13-17. DOI : 10.3917/espri.1207.0013. URL : http://www.cairn.info/revue-esprit-2012-7-page-13.htm

Perrenoud, Philippe, « Anatomie de l'excellence scolaire », *Autrement*, 1987, p. 95-100.

Perrenoud, Philippe, *La fabrication de l'excellence scolaire. Du curriculum aux pratiques d'évaluation*, Librairie Droz, « Travaux de Sciences Sociales », 2010.

Perrenoud, Philippe, « Sociologie de l'excellence ordinaire. Diversité des normes et fabrication des hiérarchies », *Autrement*, 1987, p. 63-75.

2

L'excellence dans l'équipe de direction

Une excellente institution de formation possède, encourage, enseigne et met en pratique une direction institutionnelle de qualité. Les programmes de qualité savent tirer parti des différents styles de direction. Trouver, encourager et développer de bons dirigeants pourrait bien être l'élément le plus important pour rendre un programme excellent.

De nombreuses institutions théologiques ont été fondées par des personnalités remarquables. Ces institutions n'auraient jamais vu le jour sans leur travail jusqu'à l'abnégation pour développer des structures administratives et pédagogiques, pour recruter des enseignants et des étudiants, et pour trouver les ressources nécessaires à la réussite de ces formations. Cependant, il peut être parfois difficile de succéder à un dirigeant si remarquable, d'autant plus que les dirigeants fondateurs restent souvent comme membres du comité de référence, ou du conseil d'administration, comme enseignants ou comme administrateurs, et comme responsables principaux pour la levée de fonds pour l'école. Bien que ces personnes très douées soient souvent très admirées et aimées, de tels dirigeants peuvent parfois exercer une influence très forte, voire étouffante, sur tout.

Il existe de très bons ouvrages traitant de la nature et de la pratique du *leadership*. Mon objectif n'est pas de donner un aperçu détaillé de ce qui a déjà été dit par d'autres. J'ai inclus un certain nombre de livres et d'articles importants sur le sujet dans la bibliographie donnée à la fin de ce chapitre. Cependant, relativement peu d'institutions de formation ont pris le temps de discuter de ce qu'elles entendent, elles, par *leadership*. De quelle manière une institution de formation peut-elle former des responsables si elle n'est pas au clair dans sa compréhension de ce que diriger signifie ?

Dans ce chapitre, nous examinerons, en nous appuyant sur les Écritures, la nature d'une bonne direction, et son contraire. Nous soulignerons qu'en la matière, l'être et l'attitude du responsable sont tout aussi importants que ses paroles. Nous ne traiterons pas ici des questions concernant la manière de former nos étudiants à des ministères de dirigeants-serviteurs ; celles-ci seront abordées plus en détail au chapitre 6. Dans ce chapitre, nous nous préoccuperons des capacités de ceux qui dirigent une formation et conçoivent les contenus. Il nous faudra étudier les traits de caractère et les qualités qu'ils devront posséder, et détailler leurs responsabilités. Comment de telles personnes peuvent-elles être repérées et développées ? Quelles sont les influences sur l'institution des styles de direction variés ? Une telle diversité de styles peut-elle fonctionner au sein d'une même équipe ? Nous étudierons ces questions, en notant également que l'acquisition de compétences en résolution de conflits est nécessaire pour tout responsable institutionnel. Nous proposerons également quelques suggestions sur la manière dont une équipe de direction actuelle peut préparer la transition vers la mise en place d'une nouvelle équipe dirigeante. Nous n'aborderons pas ici la question du soin et du ressourcement continus des responsables dont nous disposons, car elle sera abordée au chapitre 12.

Qu'est-ce que diriger ?

Considère-t-on que savoir bien diriger est un don naturel ou spirituel acquis à la naissance, où à la nouvelle naissance, ou bien s'agit-il d'une compétence apprise ? Cette capacité à bien diriger se développe-t-elle naturellement dès lors qu'une personne est mise en fonction de diriger, ou se manifeste-t-elle lorsqu'il faut intervenir dans une situation de crise ? L'on peut supposer que tous les responsables ne suivent pas le modèle exact de Moïse, dont l'appel et la formation ont été orchestrées par Dieu lui-même sur une période de quatre-vingts ans. Passer quarante ans à travailler comme stagiaire, comme cela a été le cas pour Josué, ne semble pas non plus être la norme pour former un dirigeant. Dans quelle mesure les capacités d'un bon dirigeant sont-elles le fruit d'aptitudes naturelles, d'expériences de terrain et de formation professionnelle combinées ? Et les dirigeants peuvent-ils être formés par des personnes qui ne sont pas elles-mêmes des responsables ?

Nos réponses à ces questions auront un impact important sur les formations de responsables. Si nous voyons le *leadership* essentiellement comme un rôle fonctionnel que la plupart de nos diplômés endosseront un jour, nos efforts de formation devront porter sur la transmission de compétences, d'outils et de ressources pratiques pour aider la personne à bien diriger. La formation devrait également inclure de sages conseils de la part de ceux qui ont exercé des responsabilités de dirigeants auparavant et qui ont une idée des tâches à accomplir. Cependant, si nous concluons plutôt que le *leadership* est avant tout la mobilisation des dons que Dieu a accordés, notre effort de formation devra surtout aider les étudiants à bien comprendre leurs propres dons et capacités. Nous devrons également nous assurer que nous formons les bonnes personnes. Les expériences éducatives acquises ne « produiront » pas de dons de direction. En revanche, notre effort de formation aidera une personne possédant ces dons à les utiliser de manière plus féconde.

Diriger selon la Bible

Comme nous le verrons plus loin avec des exemples bibliques, il y a plusieurs façons de diriger, mais à ce stade, précisons que les termes bibliques du champ lexical de « diriger » laissent entendre que la direction comporte à la fois un aspect lié au statut et un autre lié à la fonction. Un responsable est quelqu'un qui se positionne à l'avant, de manière visible, et qui emmène des personnes quelque part, que ce soit en conduisant le peuple de Dieu à la Terre Promise... ou en les égarant ! Moïse était conscient que c'était Dieu lui-même qui dirigeait : « Si l'Eternel nous est favorable, il nous y *conduira* et nous le donnera. C'est un pays où coulent le lait et le miel » (Nb 14.8)[1]. Cependant, Dieu a confié une partie de la tâche à Moïse : « Je t'enverrai vers le pharaon et *tu feras sortir* d'Egypte mon peuple, les Israélites » (Ex 3.10). Un rôle de conducteur a également été attribué à Josué : « Fortifie-toi et prends courage, car *c'est toi qui mettras ce peuple en possession* du pays que j'ai juré à leurs ancêtres de leur donner » (Jos 1.6). Dit autrement, Dieu conduit, le dirigeant suit Dieu, et amène ainsi d'autres là où Dieu souhaite qu'ils se rendent.

Diriger, ou occuper des fonctions de dirigeant, était un rôle rempli par certains prophètes ou par des rois : « Etablis sur nous un roi pour qu'il nous *dirige*, comme cela se fait chez tous les autres peuples » (1 S 8.5, Semeur). Le roi Salomon a prié : « Accorde-moi donc de la sagesse et de la connaissance afin que je sache *diriger* ce peuple ! En effet, qui pourrait juger ton peuple, ce peuple si grand ? » (2 Ch 1.10). Dans ces exemples, être un dirigeant était lié à une position

---

1. Les italiques dans les citations bibliques ont tous été ajoutés par l'auteur.

et impliquait un rôle visible, de premier plan, pour aider le peuple à accomplir quelque chose que Dieu voulait réaliser.

Nous pouvons mal diriger, ou alors bien diriger, mais à des fins mauvaises. La mauvaise direction à des fins mauvaises a posé problème au peuple d'Israël tout au long de son histoire : « Mon peuple, ceux qui te conduisent t'égarent et détruisent la voie dans laquelle tu marches » (Es 3.12). Ceci a également été un problème dans l'Église. L'apôtre Jean a en effet émis cette mise en garde : « Je vous ai écrit cela par rapport à ceux qui vous *égarent* » (1 Jn 2.26). Manifestement, les aveugles ne devraient pas être *conduits* par des aveugles (Mt 15.14). Jésus est venu dans le monde : « Pour que ceux qui ne voient pas voient » (Jn 9.39). Les responsables doivent être capables de voir les choses clairement. Diriger implique une vision, de la sagesse et de l'intelligence.

Le leadership chrétien nécessite au préalable d'être un disciple de Jésus. Les paroles de Jésus ne devaient pas simplement être apprises, mais aussi être observées (Mt 28.19). Il est bon de demander à Dieu sa direction pour savoir comment vivre. Jésus a appris à ses disciples à prier : « Ne nous *conduis* pas dans la tentation, mais délivre-nous du Tentateur » (Mt 6.13, TOB). Conduire les autres implique d'être soi-même conduit par Dieu. Le psalmiste a demandé : « Regarde si je suis sur une mauvaise voie et *conduis-moi* sur la voie de l'éternité » (Ps 139.24). L'œuvre de Dieu en lui a permis au psalmiste d'assumer la responsabilité de sa vie : « Je serais attentif à la voie des hommes intègres... » (Ps 101.2).

L'image biblique du berger est importante dans ce domaine. Dieu lui-même est un berger. David a écrit : « Il me fait prendre du repos dans des pâturages bien verts, il me *dirige* près d'une eau paisible » (Ps 23.2). Le Messie promis devait être ainsi : « Je vous donnerai des bergers à ma convenance, et ils *vous dirigeront* avec du savoir-faire et du discernement » (Jr 3.15, Semeur). L'image s'applique au Christ ressuscité à la fin des temps : « En effet, l'Agneau qui est au milieu du trône prendra soin d'eux et les *conduira* aux sources des eaux de la vie » (Ap 7.17). Jean décrit Jésus comme le grand « Je Suis » qui est à la fois la porte pour le troupeau et son Berger : « Le gardien lui ouvre et les brebis écoutent sa voix ; il appelle par leur nom les brebis qui lui appartiennent et il les *conduit* dehors » (Jn 10.3).

David Bennett a fait une étude exhaustive des mots bibliques utilisés attribués aux responsables[2]. Dans un résumé de celle-ci, présentée à une consultation sur le développement institutionnel de la formation théologique dans les pays émergents en 1995, il a observé ce que diriger n'est *pas* :

---

2. David BENNETT, *Biblical Images for Leaders and Followers*, Grand Rapids, Baker Book House, 1993, p. x-xx.

- Jésus n'a jamais utilisé aucun des nombreux mots comportant la racine *arch* (monarque, oligarchie, hiérarchie, à titre d'exemples). Ce sont des termes qui se rapportent au règne et à l'autorité politiques.
- Jésus a raconté de nombreuses histoires concernant des maîtres et des serviteurs, mais il n'a jamais comparé ses disciples aux maîtres – uniquement aux serviteurs.
- Jésus a décrit ses disciples comme une famille, mais il n'a jamais suggéré que l'un d'entre eux devrait assumer le rôle de « père » (quoique l'apôtre Paul ait utilisé cette image concernant son rôle « paternel » par l'Évangile – 1 Co 4.15).
- Lorsque Jésus a fait référence à ses disciples en tant que pasteurs ou bergers, il a mis l'accent sur le soin apporté au troupeau et non sur l'autorité du berger. Jésus n'a pas formé ses disciples à être de futurs chefs qui donneraient des ordres à l'univers entier.
- Jésus n'a pas employé d'images provenant du temple et du culte. Les disciples devaient être frères, et il semble que Jésus ait souhaité éviter toute suggestion qu'une élite se formerait en leur sein.

Les disciples de Jésus ne devaient pas être comme les chefs des nations en dominant sur les autres et en les tenant sous leur pouvoir (Mc 10.42). D'après Jésus, « si quelqu'un veut être grand parmi vous, il sera votre serviteur ; et si quelqu'un veut être le premier parmi vous, qu'il soit l'esclave de tous » (Mc 10.43-44). L'apôtre Pierre a compris ces paroles et les a reformulées sous forme de conseils donnés aux anciens vers la fin de sa propre vie : « Prenez soin du troupeau de Dieu qui est sous votre garde [en veillant sur lui] non par contrainte, mais de bon gré, [selon Dieu]. Faites-le non par recherche d'un gain, mais avec dévouement, non en dominant sur ceux qui vous sont confiés, mais en étant les modèles du troupeau » (1 P 5.2-3). Être serviteur du troupeau n'exclut pas des rôles de direction particuliers, puisque la tâche d'être des anciens, des évêques et des bergers a bien été confiée à certains. Mais il y a clairement de mauvaises manières de diriger. Personne ne devrait être contraint de prendre un rôle de responsable, et ce rôle ne devrait pas être endossé comme moyen d'acquérir du pouvoir ou de l'argent. Diriger implique d'être un serviteur, prenant soin pastoralement de ceux qui sont conduits.

Selon Romains 12, diriger est un don, qui concerne l'administration de personnes. Pour ceux qui l'exercent : « Que celui qui dirige le fasse avec sérieux » (Rm 12.8, Semeur). Diriger n'est cependant qu'un don parmi beaucoup d'autres, car chaque membre du peuple de Dieu a reçu des dons en vue d'exercer une certaine forme de ministère. Il y a sans aucun doute des aspects de direction dans l'utilisation de tout don accordé par Dieu. Il a disposé les membres du corps « comme il l'a voulu » (1 Co 12.18). Les fidèles n'ont pas à s'auto-exclure d'un ministère sous prétexte qu'ils ne se voient pas comme des *leaders*, en raison peut-être parfois de leur perception inadéquate de leurs propres dons. Et ces personnes (y compris celles qui ont des dons de dirigeant) ne doivent pas non plus se considérer comme dotées d'une telle multiplicité de talents qu'elles n'ont pas besoin des autres. Selon Paul dans Éphésiens 4.16, le corps entier doit être « bien coordonné et solidement uni grâce aux articulations dont il est muni ». Ce corps ne « s'édifie lui-même dans l'amour » qu'« en fonction de l'activité qui convient à chacune de ses parties ». Diriger implique l'utilisation de ses dons d'encadrement pour le bien de tout le corps de Christ.

C'est dans ce contexte que Dieu a fait un don précieux à son Église. Il a « donné » certaines personnes à l'Église, chacune douée de son don particulier : apôtres, prophètes, évangélistes, pasteurs-enseignants. Ces personnes étaient certes reconnues comme responsables. Cependant, leur tâche n'était pas de faire l'œuvre du Royaume à la place des autres, mais de qualifier ou d'équiper le peuple de Dieu afin que ses membres puissent accomplir les tâches du service (Ep 4.11-12). Diriger signifie également aider les autres à se former et s'équiper pour effectuer l'œuvre du ministère.

Dans une perspective biblique, bien diriger requiert des qualités de vie, et pas seulement d'occuper un poste ou de remplir un rôle. Nous pouvons conclure que diriger comprend les caractéristiques suivantes :

- Être un disciple de Jésus.
- Conduire les gens dans une juste direction donnée.
- Posséder une vision, de la sagesse et de l'intelligence.
- Être un serviteur, prendre soin pastoralement de ceux qui sont conduits.
- Utiliser ses dons pour le bien de tout le corps de Christ.
- Aider les autres à accomplir l'œuvre du ministère.

Qualités morales : ce qu'un dirigeant doit être

Qui nous sommes et ce que nous faisons vont de pair. La réalisation de tâches n'est pas la seule chose qui compte, que ce soit en tant que responsable ou dans tout autre type de ministère. Dans le Sermon sur la Montagne de Jésus, le faux docteur n'est pas rejeté sur la base de son enseignement en tant que tel, mais en raison des fruits de sa vie (Mt 7.15-20). Jésus n'était pas non plus impressionné par ceux qui l'appelaient « Seigneur », ni par ceux qui accomplissaient des choses incroyables en Son nom, telles que prophétiser, opérer de grands miracles ou chasser des démons. Ce qui comptait pour Jésus était l'obéissance, et de faire la volonté du Père (Mt 7.21). Jésus a raconté l'histoire de deux hommes qui ont construit des maisons identiques, l'une bâtie sur le roc et l'autre sur le sable. Les deux hommes auraient pu être des étudiants d'une institution biblique : ils avaient tous les deux entendu les paroles de Jésus suffisamment bien pour obtenir d'excellents résultats aux examens de connaissances bibliques. Les deux avaient, apparemment, des compétences et une expérience équivalentes dans les techniques de construction. Ils travaillaient à partir de plans semblables. Ce qui les a rendus sages ou insensés n'était ni leurs connaissances, ni leurs dons, ni leurs compétences, ni leur fidélité aux plans. L'élément « fondamental » de leur sagesse ou de leur folie était lié à l'obéissance, au fait de mettre les paroles de Jésus en pratique ou non (Mt 7.24).

Oswald Sanders présente la liste suivante de qualités essentielles à tout responsable, y compris à tous ceux qui dirigent les ressources administratives et humaines des programmes de formation théologique :

- Discipline : apprendre à obéir volontairement à une volonté extérieure et s'exercer à l'autodiscipline[3] ;
- Vision : prévision et perspicacité. Discerner les potentialités et envisager leurs effets concrets avec optimisme[4] ;
- Sagesse : utiliser la connaissance en l'appliquant de façon juste. Elle concerne les vérités spirituelles et morales et donne au leader d'être équilibré[5] ;
- Décision : prendre de justes décisions de façon promptes et déterminées une fois avoir bien pris connaissances des données disponibles[6] ;
- Courage : être « capables de rencontrer avec fermeté le danger ou les difficultés, sans peur et sans abattement de l'âme » (Webster)[7] ;
- Humilité : savoir s'effacer et non savoir se faire valoir, voilà la définition du leadership pour Jésus-Christ[8] ;

---

3. John Oswald SANDERS, *Le Leader spirituel : les qualités importantes pour les responsables d'églises*, trad. Daniel et Pemmy Bordreuil, Marne-la-Vallée, Farel, 2015[4], ch. 8 et 9, p. 54-59.
4. *Ibid.*, p. 59-62.
5. *Ibid.*, p. 62-64.
6. *Ibid.*, p. 64-66.
7. *Ibid.*, p. 66-68.
8. *Ibid.*, p. 69-70.

- Intégrité et sincérité : agir sans falsifier le message de l'évangile et savoir reconnaître ses erreurs[9] ;
- Humour : l'utiliser sans que cela soit aux dépens des autres et en le contrôlant[10] ;
- Colère : elle se manifeste face aux injustices qui déshonorent Dieu et qui réduisent les hommes en esclavage[11] ;
- Patience : maintenir des relations solides, sans prendre les autres de vitesse en les décourageant[12] ;
- Amitié : aimer les autres et les encourager en valorisant ce qu'il y a de meilleur en eux[13] ;
- Tact et diplomatie : habilité dans les relations avec des personnes ou des situations sensibles, capacité à conduire de délicates négociations[14] ;
- Pouvoir d'inspiration : motiver d'autres au service et au sacrifice[15] ;
- Capacités administratives : être organisé et méthodique pour traduire en action sa vision[16] ;
- L'art d'écrire des lettres, pour encourager[17].

Ces facteurs comprennent de nombreuses qualités morales qui devraient se trouver chez tout disciple de Jésus. Nous n'insisterons jamais assez sur l'importance du caractère d'un responsable. Notre comportement communique nos véritables valeurs au-delà des paroles que nous pourrions prononcer. Si nous accordons trop de valeur au fait d'être soigneux et ordonné, il est possible que nos étudiants apprennent mieux à éviter de marcher sur la pelouse qu'à avoir des relations pleines d'amour ou à être bien préparés pour le retour de Jésus. Notre compétence en tant qu'enseignants ou administrateurs va de pair avec nos attitudes et nos relations. Néanmoins, les étudiants apprennent souvent davantage en observant notre vie et notre ministère qu'en apprenant nos cours polycopiés. Ce que Jésus a dit est vrai, à la fois négativement et positivement : « Le disciple n'est pas supérieur à son maître, mais tout disciple bien formé sera *comme* son maître » (Lc 6.40).

---

9. *Ibid.*, p. 71.
10. *Ibid.*, p. 72-75.
11. *Ibid.*, p. 75-77.
12. *Ibid.*, p. 77-79.
13. *Ibid.*, p. 79-81.
14. *Ibid.*, p. 81-82.
15. *Ibid.*, p. 82-84.
16. *Ibid.*, p. 84-85.
17. *Ibid.*, p. 85-86.

Bien vivre sa vie dans le contexte d'une communauté constitue l'aspect le plus important du ministère de responsable (ou de tout autre ministère). Ce que nous sommes en tant que dirigeants, enseignants et personnel est donc très important dans un programme de formation théologique. Notre tâche éducative première n'est pas purement professionnelle, c'est-à-dire l'enseignement des compétences ou techniques qu'un étudiant pourra utiliser dans son ministère. La priorité n'est pas non plus d'aider les étudiants à acquérir une quantité de connaissances ou d'informations concernant la théologie, l'histoire ou les Écritures. La tâche première de la formation théologique est de qualifier les disciples de Jésus afin qu'ils puissent être utilisés par Dieu pour conduire et influencer le peuple de Dieu pour le bien de son Royaume. Leurs qualités morales sont prioritaires. C'est pour cette raison que les responsables de programmes de formation transmettent tout d'abord par leur manière d'être.

Responsabilités : ce qu'un dirigeant doit savoir faire

Lors d'un atelier, j'ai demandé à une cinquantaine de responsables de formation théologique de faire la liste des qualités ou capacités que devraient posséder ceux qui dirigent des programmes de formation théologique. Leurs réponses ont confirmé l'importance des qualités morales : un dirigeant devrait être une personne intègre, visionnaire, passionnée, aimant Dieu et les autres, accessible et à l'écoute, tout en étant capable de prendre des décisions. Son arrière-plan et son expérience comptent aussi : l'on part du principe que le responsable possède déjà les compétences requises pour faire le travail demandé. Il est également important qu'il comprenne le contexte culturel dans lequel il exerce. Concernant les compétences liées au poste, le plus important était que le responsable soit capable de travailler avec les autres : il est donc nécessaire d'embaucher les bonnes personnes (et parfois de se séparer des personnes incompétentes), ainsi que de savoir établir de bonnes relations à la fois en interne et à l'extérieur. Un bon dirigeant devrait être en mesure d'encourager, d'équiper, de résoudre les problèmes et de déléguer.

Ceux qui dirigent des programmes de formation de responsables ont quatre missions de base :

1. Apporter une vision et un plan

Comme observé précédemment, diriger implique de conduire des personnes vers une destination. Par conséquent, ceux qui dirigent des programmes de formation de responsables doivent être visionnaires et savoir se focaliser sur la finalité de l'institution. Ces dirigeants savent que la formation de responsables a une importance stratégique pour la croissance et la maturité de l'Église. Ils sont convaincus que les programmes de formation sont des lieux passionnants où des vies sont progressivement façonnées pour la gloire de Dieu, et où de futurs dirigeants sont en train d'être bien équipés afin d'avoir un impact pour le Royaume de Dieu. Ces responsables ont besoin d'objectifs et d'un plan pour savoir comment y arriver à partir de leur point de départ. Ces questions seront davantage traitées au chapitre 3.

2. Constituer, préparer et encourager des équipes

Un bon dirigeant doit identifier ceux qui partagent sa vision. Il recrutera des personnes compétentes, enthousiastes et crédibles afin que les programmes de formation aient des conseils d'administration efficaces, une équipe administrative et financière qui saura trouver et employer correctement un financement suffisant pour le programme, ainsi qu'une équipe d'enseignants compétents, dont la vie illustre ce qu'ils transmettent en cours. Les dirigeants ne doivent pas se contenter de faire des choses pour les autres (ce qui peut aboutir à de la manipulation) ou à la place des autres (ce qui peut devenir paternaliste, et sera peu productif), mais à travers les autres. Pour fonctionner en tant qu'équipe, les relations sont fondamentales. Chaque personne doit être valorisée, équipée et encouragée.

3. Assurer la formation continue des enseignants

Un dirigeant doit posséder les compétences pédagogiques nécessaires pour aider les étudiants et les enseignants à continuer d'apprendre et de grandir. Ils conserveront une part d'enseignement pour rester à jour dans leurs compétences et avec la réalité du monde de leurs étudiants. Cependant, il est sans doute encore plus important pour ce dirigeant de faire intervenir un formateur d'enseignants qualifié, qui aide les autres à acquérir des compétences pour pouvoir améliorer leur enseignement.

4. Représenter l'établissement auprès du public

Au niveau local, aux yeux des pouvoirs publics, des Églises, du corps enseignant, du personnel et des étudiants, les dirigeants représentent l'institution de formation. Le public de l'école s'attend à ce que les qualités morales et compétences attendues des étudiants diplômés soit également présentes chez les dirigeants du programme. Ceux-ci devront donc se rendre accessibles et s'acquitter d'un certain ministère public afin d'être à l'écoute des retours venant des parties prenantes de l'école, et de témoigner comment Dieu est à l'œuvre dans leur institution. Leur rôle sera d'établir une politique de financement solide, de lever des fonds et de représenter le programme partout où cela est souhaitable.

Découvrir et développer des dirigeants

Comment découvrons-nous ceux qui sont doués pour conduire les autres et qui ont les compétences pour assumer ce rôle de conducteur ? La réponse la plus simple se trouve sans doute à travers l'observation de la vie d'autres conducteurs. Comme l'a dit Jésus : « vous les reconnaîtrez à leurs fruits » (Mt 7.16). Nous devons regarder autour de nous pour repérer ceux qui se soucient du devenir des autres. Qui a des talents relationnels ? Qui vit d'une manière digne d'être imitée ? Qui a une vision et des compétences dans l'enseignement ou l'encadrement des autres ? Qui a fait ses preuves pour aider les autres à se mettre en route ou à continuer d'avancer, sans les manipuler ? Nous devons observer ceux que Dieu utilise déjà comme conducteurs, puis trouver des moyens de les encourager dans leur croissance.

Il n'est pas nécessaire de maîtriser, entre autres exemples, *Le Management pour les nuls* ni d'appliquer les *Les 21 lois irréfutables du leadership*[18]. Apprendre à apprendre est l'une des compétences les plus importantes que quiconque puisse posséder. Devenir un leader est un processus qui demande des efforts et du temps. La meilleure manière d'aider les dirigeants potentiels à grandir sur les plans du caractère et des compétences pour le ministère est de les mettre en contact avec des dirigeants expérimentés, compétents et désireux de servir en tant que mentors. Pour les dirigeants en devenir, il sera très profitable de développer des relations diversifiées avec des personnes ayant des profils différents qui s'investiront dans leur enseignement et leur formation spirituelle, qui pourront leur servir de coach, de conseiller, de parrain et de modèles.

Laurent Daloz décrit trois aptitudes importantes du bon mentor. Il devrait savoir :

---

18. Bob NELSON, *Le management pour les Nuls*, 2e éd., Pour les Nuls, Paris, First éditions, 2006, et John C. Maxwell, *Les 21 lois irréfutables du leadership*, Québec, Gied Éditions, 2002.

- **Apporter son soutien.** En écoutant, en plaidant en faveur des autres et en partageant sa propre expérience, le mentor fournit un cadre sécurisant dans lequel les conducteurs en herbe pourront apprendre à tirer profit de leurs propres expériences du moment.
- **Remettre en question.** Un enseignant ou mentor compétent aide les autres à repenser leurs présupposés fondamentaux et à comprendre des situations ou des problèmes de différentes manières. Un bon mentor les aidera à se fixer des objectifs élevés, mais réalistes, pour eux-mêmes.
- **Communiquer une vision.** En apportant des retours et des encouragements, un mentor favorise la réflexion critique et la connaissance de soi propices à aider une personne à voir son potentiel.[19]

Pour la plupart d'entre nous, nos meilleurs enseignants ont été ceux qui souhaitaient que nous trouvions les réponses par nous-mêmes. De même, un bon mentor est un guide qui travaille avec un leader potentiel, en élaborant un programme d'apprentissage individuel. Les mentors trouvent des moyens pour que les dirigeants en devenir s'investissent dans des tâches de responsabilité, et posent ensuite à ces derniers des questions qui nécessitent une réflexion sur leurs nouvelles expériences et connaissances. Les mentors ont un plus grand impact lorsqu'ils sont disponibles pour écouter ce que la personne est en train d'apprendre, aussi bien que pour répondre à ses questions. De bons dirigeants qui servent en tant que mentors aideront les responsables potentiels à continuer à s'adapter et à grandir dans le cadre d'un style d'apprentissage qui leur est propre.

Styles de direction

Le style de direction fait référence à la manière dont les dirigeants aident les autres à faire le travail attendu. Il n'y a pas de profil unique d'un dirigeant. Il n'y a pas non plus une seule manière de se former pour un dirigeant. L'on peut diriger en se concentrant sur la tâche à accomplir (afin que quelque chose soit fait), sur le processus à suivre (faire les choses comme il faut), ou sur les équipiers à qualifier (enrichir ou encourager ceux qui travaillent sous l'autorité du dirigeant ou pour lui). Toutes ces dimensions sont importantes, elles sont juste différentes.

---

19. Laurent DALOZ, *Mentor: Guiding the Journey of Adult Learners,* San Francisco, Jossey-Bass, 1999, p. 206-229.

Chacun d'entre nous est le résultat d'une combinaison unique de nos capacités, de nos centres d'intérêt, et de notre arrière-plan. Nous venons de différentes cultures et travaillons dans une variété de contextes. Nous pouvons avoir des valeurs semblables, mais leur accorder un ordre de priorité différent. Certains dirigeants sont très forts pour la vision d'ensemble, et ils voient grand. D'autres sont plus doués dans un rôle de supporteur, de coach, de facilitateur, de manager ou dans la résolution de problèmes. Voici un petit échantillon de la variété de manières de diriger trouvées dans les Écritures :

- Moïse : un intermédiaire qui dirigeait à travers un porte-parole.
- Néhémie : il a fait réussir le projet, allant parfois jusqu'à obtenir un bon comportement par la contrainte.
- David : le roi, au sommet, possédant toute l'autorité.
- Pierre : impétueux, les mains dans le cambouis, il entraînait les autres dans son sillage.
- Paul : travaillant en équipe, il déléguait : « j'ai planté, l'autre a arrosé ».

Il est bon que ceux qui ont un rôle de dirigeant trouvent le style de direction qui leur est propre. Nous devons savoir diriger à partir de nos points forts, tout en sachant dans quels domaines nous sommes plus faibles. Aucun d'entre nous n'a été créé ou doté de compétences universelles ; il est donc bon d'être conscients des choses pour lesquelles nous avons besoin de l'aide des autres pour accomplir notre tâche.

Plusieurs outils ont été développés dans le monde du travail pour aider les gens à identifier leur style de direction. Un outil répandu est la grille d'analyse Myers-Briggs. Elle se base sur la manière dont les gens apprennent, prennent des décisions et leur style relationnel auprès de ceux qui les entourent[20].

Un autre outil souvent utilisé est le modèle DISC[21], décrivant les modèles de comportement en termes de forces et de faiblesses dans quatre domaines : Domination (ceux qui prennent des risques, à forte personnalité, et directes dans leur façon d'être) ; Influence (ceux qui sont émotifs, sociables et qui essayent d'influencer les autres par leurs paroles et leurs activités) ; Stabilité ou Sécurité (ceux qui sont prévisibles, ont un esprit loyal d'équipe, aiment un rythme soutenu) et Conscience ou Conformité (ceux qui aiment adhérer aux règles et aux structures et qui veulent réussir les choses du premier coup).

---

20. On en trouve des explications sur Internet ou dans des livres : un descriptif dans l'article Wikipedia https://fr.wikipedia.org/wiki/Myers_Briggs_Type_Indicator et dans un livre par Renee Baron, *What Type Am I ? The Myers-Brigg Indicator Made Easy*, New York, Penguin, 1998.
21. Les profils DISC, https://profil4.com/profils.php#d [consulté le 26 mai 2017].

Conduire les autres implique d'être suivi par les autres. Nous supposons parfois que diriger est forcément défini par ce que font les « gros bonnets » au sommet de l'échelle. En réalité, la majorité des gens endosse des responsabilités à un moment spécifique de leur vie. On peut diriger à la manière des pionniers (qui vont en éclaireurs avant tout le monde), des prophètes (qui appellent le peuple à revenir à l'essentiel), ou des managers (qui aident les autres à faire le travail efficacement). Prenons la métaphore du berger : les bergers avancent en tête des brebis ; les chiens de bergers sont à l'arrière ou aux côtés du troupeau ; et les brebis doivent apprendre à se déplacer ensemble. Dans tous les cas, on espère que le troupeau se déplace dans la bonne direction.

En conclusion, il y a de nombreux styles valables de direction. Diriger se fait de manière optimale lorsque nous travaillons ensemble, et avançons tous dans la bonne direction.

Travailler ensemble en équipe

Beaucoup de responsables sont complètement dépassés par le poids des responsabilités qui pèse sur leurs épaules. Une personne peut être suffisamment compétente dans son rôle, mais il y a trop de choses à faire ! Beaucoup d'entre nous ont besoin de (ré)-écouter attentivement l'exhortation de Jéthro à Moïse : « Ce que tu fais n'est pas bien. Tu vas t'épuiser toi-même et tu vas épuiser ce peuple qui est avec toi. En effet, la tâche est trop lourde pour toi, tu ne pourras pas la mener à bien tout seul » (Ex 18.17-18).

Nous avons été créés pour faire des choses ensemble. Dieu a donné à Adam une partenaire dans le jardin d'Eden, car : « il n'est pas bon que l'homme soit seul » (Gn 2.18). Nous sommes un ensemble de pierres vivantes que le Seigneur utilise pour construire une maison spirituelle (1 P 2.5). Nous sommes concitoyens et membres de la maison de Dieu, nous sommes le saint temple de Dieu (Ep 3.16-22). Nous sommes : « le corps de Christ et [nous sommes] ses membres, chacun pour sa part » (1 Co 12.27). Nous ne croissons que lorsque chaque partie du corps met en œuvre ce qu'elle est censée faire (Ep 4.16). Même l'être de Dieu est communautaire : Père, Fils et Saint-Esprit.

Les conducteurs ne sont pas censés « faire » à eux seuls le travail du ministère, mais plutôt équiper les autres pour réaliser ce travail. Comment ceux qui dirigent les programmes de formation théologique pourraient-ils mettre en pratique ces principes, pour leur propre bien et pour le bien de leurs institutions ?

Déléguer ne consiste pas à créer davantage de comités ou de « groupes de travail », car la clé d'une délégation réussie est de déterminer ce qui pourrait et devrait être fait par d'autres. Ceci implique également de repenser nos descriptifs de postes. Nous devons ensuite habiliter nos collègues et avoir confiance qu'ils réaliseront réellement ce qu'ils ont à accomplir. Diriger ne se fait pas en comité, car une équipe dirigeante performante s'engage à réaliser un but commun comportant un véritable partage des responsabilités.

Glenn Parker suggère qu'une équipe dirigeante devrait comporter des personnes apportant au groupe des perspectives et styles différents[22]. Parker décrit quatre profils typiques de membres d'une équipe :

- **Les contributeurs** – des personnes organisées, pragmatiques et systématiques (mais qui peuvent être également perfectionnistes, attachées aux données, manquant de créativité et sans vision à long terme).
- **Les collaborateurs** – ils sont visionnaires, pleins d'imagination, ouverts, flexibles et conceptuels (mais peuvent être trop dans la globalité, trop ambitieux, manquer de tact et être peu conscients des réalités).
- **Les communicants** – ils sont encourageants, relationnels, pleins de tact, patients et détendus (mais peuvent manquer de sens pratique, ou d'une direction définie, devenir manipulateurs et même imprudents).
- **Les challengeurs** – ils ont des principes, une éthique et font preuve de franchise. Ils questionnent tout (mais peuvent aussi « pinailler » sur des détails, s'avérer rigides, ou même suffisants et arrogants).[23]

Les équipes de direction fonctionnent de manière optimale lorsqu'elles ont au moins un représentant de chaque profil. C'est alors que nous découvrirons les joies (et aussi les défis) de la synergie en apprenant comment travailler les uns avec les autres en communauté, par l'utilisation des multiples dons que Dieu nous a accordés. Nous pourrons continuer l'œuvre plus longtemps, en étant moins sujets à l'épuisement physique et émotionnel.

Résoudre les tensions et les conflits

Les conflits sont inévitables dans toute communauté. Ils peuvent se produire lorsque plusieurs personnes veulent les mêmes postes, ministères ou privilèges, ou bien lorsqu'il existe des prises de positions différentes concernant les

---

22. Glenn PARKER, *Team Players and Teamwork*, San Francisco, Jossey-Bass, 1990.
23. *Ibid.*, p. 164.

solutions ou les priorités. Des frustrations peuvent naître d'attentes non comblées ou lorsque la direction ne fonctionne pas bien. Parfois, certaines attitudes ou personnalités produisent un « clash ». Les personnes réagissent lorsqu'elles ressentent un manque de reconnaissance ou s'estiment victimes d'une injustice.

Donald C. Palmer indique qu'à la base des conflits, on trouve souvent des problèmes de fond, tels que :

- Conflits autour de valeurs, croyances et traditions
- Conflits concernant les finalités et objectifs
- Conflits autour des programmes et méthodes :
  - Comment devrions-nous faire ? Des questions de stratégie, méthodologie et programmes.
  - Qui devrait faire quoi ? Des questions d'organigramme et d'équipes.
  - Quand devrions-nous faire les choses ? Des questions de calendrier.
  - Combien cela devrait-il coûter ? Des questions budgétaires.
- Conflits concernant les faits, l'objectivité et les points de vue
- Conflits concernant la vision du ministère, les personnalités, et les styles de direction.[24]

Tout conflit n'est pas nécessairement le fruit du péché. Ils peuvent être un indicateur positif d'une institution vivante et saine, dans laquelle des personnes créatives proposent des idées nouvelles et des changements qui ont besoin d'être faits. Le conflit ne devient dangereux que lorsqu'il n'est pas résolu, laissant s'accumuler les ressentiments. L'implication des responsables est cruciale afin d'assurer que des processus sont en place pour écouter les autres et faire face aux questions de manière adaptée.

Nos étudiants apprendront comment résoudre les conflits en observant leurs dirigeants gérer les conflits. Il y a au moins deux mauvaises manières de répondre à un conflit : (1) la fuite (essayer d'y échapper) ou le déni (nier l'existence même du conflit) ; ou (2) l'attaque (attaquer ses adversaires – verbalement, devant les tribunaux, ou physiquement).

L'association Peacemakers Ministries propose quatre étapes qui nous aideront à résoudre les conflits :

- Plutôt que de se focaliser sur nous-mêmes et sur nos blessures, nous devrions nous réjouir du Seigneur et de son pardon tandis que nous cherchons à obéir fidèlement à ses commandements.

---

24. Donald C. PALMER, *Managing Conflict Creatively: A Guide for Missionaries and Christian Workers*, Pasadena, William Carey, 1990, pp. 11-13.

- Plutôt que de rendre les autres responsables d'un conflit, nous devrions assumer notre propre part de responsabilité dans les conflits.
- Plutôt que de faire semblant qu'il n'y a pas de conflit, ou de parler dans le dos des autres, nous devrions soit fermer les yeux sur les offenses mineures, soit aller parler nous-mêmes à ceux qui nous ont offensés.
- Plutôt que de se contenter d'un compromis prématuré ou de laisser les relations se dégrader, nous devrions activement viser une paix et une réconciliation sincères.[25]

Les dirigeants de programmes de formation de responsables ont besoin d'apprendre à tirer parti des conflits pour aboutir au bien et au changement. Qu'ils sachent comment encourager des communautés saines où le pardon est pratiqué. « Heureux ceux qui procurent la paix, car ils seront appelés fils de Dieu » (Mt 5.9).

Gérer la succession des dirigeants

Préparer la génération suivante de responsables est souvent un défi difficile à relever pour de nombreux dirigeants. Cela peut être aussi difficile dans les écoles et les Églises que pour certains gouvernements. Il est souvent difficile de se rendre compte qu'il est temps de se retirer volontairement et de laisser à d'autres le soin de diriger l'institution. Il est cependant important de préparer sa succession pour éviter que cela n'entraîne une crise lors du décès ou du départ soudain du dirigeant principal d'une institution.

Tous les dirigeants devraient activement parrainer et encourager de nouveaux conducteurs. Cependant, je ne suis pas convaincu que ce soit une bonne chose pour les responsables de programmes de formation théologique de choisir eux-mêmes leurs successeurs. Il vaut mieux laisser cette tâche au conseil d'administration de l'institution, qui peut examiner soigneusement, dans la prière, les qualifications d'un certain nombre de personnes, à la lumière des opportunités qui se présentent, de la finalité, et des besoins du programme de formation.

Une période de transition entre l'ancienne et la nouvelle direction peut s'avérer utile afin que le nouveau doyen ou directeur puisse observer les nombreux détails du programme avant d'avoir à en assumer l'entière responsabilité. Cependant, de manière générale, cette transition devrait être aussi courte que possible. Même s'il est bon de bien comprendre sa mission avant de l'assumer,

---

25. Peacemaker Ministries, www.HisPeace.org.

tout le monde ne souhaite pas (comme Josué), servir comme assistant pendant 40 ans avant d'assumer des responsabilités de dirigeant !

Deux points sont importants pour la réussite d'une transition dans la direction. Tout d'abord, il convient d'honorer de manière appropriée le travail de l'ancien dirigeant. Même si, dans certains cas, il peut y avoir un soupir de soulagement collectif lorsque l'ancien directeur se retire enfin (ou décède), l'on ne gagne rien à exprimer des sentiments négatifs au sujet du passé. Cependant, il est également impératif que la nouvelle direction dispose de la liberté et de l'autorité pour prendre de nouvelles orientations, sans être obligée de perpétuer des traditions qui ne sont plus adaptées aux besoins et réalités actuels. La sagesse nous enseigne qu'il n'est pas nécessaire de tout changer au lendemain d'une passation de pouvoir, mais il faut affirmer la liberté d'entrer dans une nouvelle ère de la vie de l'institution. Ceci nécessite en général que le directeur sortant ne reste pas dans les parages pour surveiller ou donner des conseils.

Conclusion

Les programmes de formation théologique prennent toutes sortes de formes et de tailles. Néanmoins, si les dirigeants de nos institutions théologiques ne font pas eux-mêmes preuve d'excellence, cette dernière sera difficile à réaliser dans d'autres secteurs du programme institutionnel. Nous avons le privilège d'aider à équiper ceux que Dieu a appelés au ministère et dotés de dons. Nous ne pouvons pas distribuer les dons de Dieu à sa place, mais nous pouvons aider un administrateur à mieux administrer, un enseignant à mieux enseigner, un pasteur à développer un ensemble de compétences pastorales. Que votre institution de formation ait une direction excellente vous permettant de faire ces choses !

Questions de discussion au sujet de votre direction

1. Votre prévision des futurs besoins en dirigeants de votre institution est-elle satisfaisante ? Comment pourriez-vous détecter des personnes ayant un potentiel de dirigeant ? Avez-vous une procédure pour sélectionner et préparer ceux qui assumeront les tâches de direction de votre programme de formation ? Si c'est le cas, fonctionne-t-elle correctement ?
2. Quelles sont vos valeurs-clés concernant l'art de diriger ? Quels modèles illustrent ces valeurs ? Quelles anecdotes pouvez-vous raconter concernant des personnes qui incarnent ces valeurs ?

3. Quels rôles de dirigeant prédominent dans votre culture ? Quels styles de direction sont actuellement représentés parmi votre équipe dirigeante ? Dans quelle mesure ces différents styles de direction sont-ils adaptés à votre contexte ?
4. Que font réellement vos responsables ? Revoyez les différents descriptifs de postes que vous avez. Étant donné l'importance du caractère moral des dirigeants, comment pourriez-vous vous aider les uns les autres à consolider ce que vous êtes ?
5. Votre équipe de direction travaille-t-elle bien en équipe ? Qu'est-ce qui pourrait l'aider à mieux fonctionner ?
6. Quel est le rôle des dirigeants dans la résolution des problèmes et le renouvellement des relations ? Quels aspects de la résolution des conflits sont hors du contrôle d'un responsable ?

Pour aller plus loin : lectures suggérées
Ouvrages et articles en français

AMAR, Patrick, et Pierre ANGEL, *Le coaching*, coll. Que sais-je ? Paris, PUF, 2015.

AUBERT, Nicole, *Management. Aspects humains et organisationnels*, Paris, PUF, 2010.

BLANCHARD, Ken, et Mark MILLER, *Comment développer son leadership. 6 préceptes pour les managers*, Paris, Les Éditions d'Organisation, 2006.

BLOCHER, Henri, « Treize thèses de théologie du travail », *Ichthus*, 3, 1981, p. 2-11.

BOURDANNÉ, Daniel, sous dir., *Leadership pour l'excellence*, Abidjan, Presses bibliques Africaines, 2002.

CHAMBERS, John Oswald, *Le leader spirituel*, Marne-la-Vallée, Farel, 1994.

CONINCK, Frédéric, « La vérité du travail », *Hokhma* 58, 1995.

COVEY, Stephen R., *La 8e habitude*, traduction de Claude Raimond, Paris, First, 2006.

COVEY, Stephen R., *Les 7 habitudes de ceux qui réalisent tout ce qu'ils entreprennent*, traduction de Magali Guenette, Paris, First, 2005.

DELAUNAY, R., et J-M. MORET, *Manager une équipe*, Paris, Fernand Nathan, 2011.

Divers auteurs, « Qui est à la barre ? – l'exercice de l'autorité dans les églises issues de la Réforme », *Hokhma* 66, 1997.

FARMER, Jeanne, *Le ministère pastoral. Approche systémique de la gestion de l'Église*, Paris, Empreinte Temps présent, 2006.

GRANDJEAN, Claude, *Les nouveaux leaders spirituels*, Farel, 2010.

Hameau, Dany, *Matthieu 6.19-34, Une question de priorité. L'ambition du chrétien*, Marne-la-Vallée, Farel, 2014.

Institut Français des Administrateurs (IFA), *Vade-mecum de l'administrateur*, 3ème édition, 2013 – En collaboration avec KPMG.

Joyner, Rick, *Leadership et créativité, l'art de diriger*, trad. François Chaumont, Yverdon, Editions Jeunesse en Mission, 2011.

Kallemeyn, Harold, « Direction et développement durable… à la manière de Dieu », *La Revue réformée* 247, no. 4, 2008.

Kouakou, Prao, Alidor Mukendi, et James Matthew Price, « CG 103 – Théorie et pratique de la Communication », *Cahier de l'enseignant*, Institut Théologique Nazaréen, Région Afrique, 2007, https://www.whdl.org/sites/default/files/publications/FR_ITN_CG103_theorie_pratique_communication.pdf [consulté le 27 mai 2017].

Kuen, Alfred, *Le responsable. Qualifications et fonctions*, Saint-Légier, Emmaüs, 1997.

Landier, Huber, *Le guide des relations sociales en entreprise*, Paris, Eyrolles, 2007.

Légeron, Patrick, *Le stress au travail, un enjeu de santé*, Paris, Odile Jacob, 2015.

Lhermenault, Étienne, « les compétences du futur pasteur », *Cahiers de l'institut*, Janvier 2008, http://www.ibnogent.org/files/cahier_janv_09.pdf [consulté le 26 mai 2017].

Louw, Mark, « TP 202 – Leadership », Manuel de l'enseignant / Manuel d'exercices de l'étudiant, Institut Théologique Nazaréen, Région Afrique, http://docplayer.fr/16734057-Manuel-de-l-enseignant-manuel-d-exercices-de-l-etudiant-institut-theologique-nazareen-region-afrique.html [consulté le 27 mai 2017].

MacArthur, John, *Le leadership. Les caractéristiques du leader spirituel*, Trois-Rivière, Impact, 2008.

Maxwell, John C., *Les 21 lois irréfutables du leadership*, Québec, Gied Éditions, 2002.

Mintzberg, Henry, *Le manager au quotidien*, Paris, Editions d'Organisation, coll. Références-Poche, 2006.

Moigne, Jean-Louis le, et Dominique Genelot, *Manager dans et avec la complexité*, Paris, Dunod, 2017.

Nelson, Bob, *Le Management pour les Nuls*, 2e éd., Pour les Nuls, Paris, First éditions, 2006.

Osei Mensah, Gottfried, *Le dirigeant : patron ou serviteur ?* Abidjan, CPE, 1994.

Paya Christophe, sous dir., *Dictionnaire de Théologie pratique*, Charols, Excelsis, 2011.

PETERS, Tom, et Robert H. WATERMAN, Jr., *Le prix de l'excellence. Les 8 principes fondamentaux de la performance*, trad. Michèle Garène et Chantal Pommier, coll. IDEM, Paris, Dunod, 2012.

PETERS, Tom, et Nancy AUSTIN, *La passion de l'excellence*, Paris, Inter-Éditions, 1985.

PEZÉ, Marie, *Ils ne mouraient pas tous mais tous étaient frappés. Journal de la consultation souffrance au travail*, Paris, Pearson, 2010.

PEZET, A., et P. LABARDIN, sous dir., *Histoire du management*, Paris, Fernand Nathan, 2014.

PLANE, Jean-Michel, *Management des organisations*, Paris, Dunod, 2016.

POLL, Evert van de, « Qualités d'un dirigeant, à l'exemple de l'apôtre Pierre », *Les Cahiers de l'Ecole pastorale*, n° 70, 2008, p. 3-22.

POLL, Evert van de, Louis Schweitzer, Christophe Paya, Alain Nisus, *et al.*, *Pour une équipe qui gagne : le conseil d'Eglise*, Paris, Croire publication, 2014.

ROCHAT, Didier, *Paul stratège exemplaire*, Chailly sur Montreux, RDF éditions, 2017.

SANDERS, J. Oswald, *Le leader spirituel. Les qualités importantes pour les responsables d'églises*, traduction de Daniel et Pemmy Bordreuil, Marne-la-Vallée, Farel, 2006.

SANDERS, Martin, et Alain Stamp, *Multiplier les leaders : le mentorat, l'art de l'accompagnement*, Marne-la-Vallée, Farel, 2012.

SEGRESTIN, Denis, *Les chantiers du manager*, Paris, Armand Colin, 2004.

SEN, Amartya, *Éthique et économie*, coll. Que sais-je ? Paris, PUF, 2012.

SHORT, Christophe, *Décider de changer, favoriser la croissance de l'Église et surmonter les réticences*, Marne-le-Vallée, Farel, 2017.

STRAUCH, Alexander, *Les Anciens, Qu'en dit la Bible ? Un appel urgent à rétablir le leadership biblique dans l'Église*, Trois-Rivières, Impact, 2005.

THÉVENET, Maurice, *La culture d'entreprise*, coll. Que sais-je ? Paris, PUF, 2015.

THOMAS, L. *Motiver ses équipes*, Paris, Fernand Nathan, 2012.

TIDBALL, Derek, *Conduire et Construire, images bibliques du ministère pastoral*, Charols, Excelsis, 2006.

WELCH, Timothy, *Sept principes de bonne gouvernance*, Abidjan, CPE, 2000.

WOJTAS, Sabine, *Les Ressources humaines pour les Nuls*, Pour les Nuls, non daté.

ZIVI, Pascal, et Jacques POUJOL, *Les abus spirituels, identifier, accompagner*, Tharaux, Empreinte, 2006.

Ouvrages et articles en anglais

ANDERSON, Terry D., *Transforming Leadership: Equipping Yourself and Coaching Others to Build the Leadership Organization*, New York, St. Lucie Press, 1998.

AUGSBURGER, David W., *Conflict Mediation across Cultures: Pathways and Patterns*, Louisville, Westminster/John Knox Press, 1992.

BANKS, Robert, et Kimberly POWELL, sous dir., *Faith in Leadership*, San Francisco, Jossey-Bass, 2000.

BENNETT, David W., *Metaphors of Ministry: Biblical Images for Leaders and Followers*, Grand Rapids, Baker, 1993.

BENNIS, Warren, *The Unconscious Conspiracy: Why Leaders Can't Learn to Lead*, AMA-COM, 1976.

BLANCHARD, Kenneth, et Spencer JOHNSON, *The One-Minute Manager*, New York, Berkley Books, 1982.

CLINTON, J. Robert., *The Making of a Leader: Recognizing the Lessons and Stages of Leadership Development*, Colorado Springs, Nav Press, 1988.

COLLINS, Jim, *Good to Great*, New York, Harper Collins Publishers, 2001.

DALOZ, Laurent, *Mentor: Guiding the Journey of Adult Learners*, San Francisco, Jossey-Bass, 1999.

DEPREE, Max, *Leadership is an Art*, New York, Bantam, Doubleday Dell Publishing, 1989.

DRUCKER, Peter F., *The Effective Executive*, New York, Harper and Row, 1985.

EARLY, Gene, « A Second Generation Leader Succeeds the Founder: What is the Process? », *Transformation* 18, no. 1, 2001, p. 1 ff.

EARLY, Gene, « The Chief Executive Role as God's Classroom for Character Formation », *Transformation* 18, no. 1, 2001, p. 9 ff.

ELMER, Duane, *Cross-Cultural Conflict: Building Relationships for Effective Ministry*, Downers Grove, InterVarsity Press, 1993.

FORD, Leighton, *Transforming Leadership: Jesus' Way of Creating Vision, Shaping Values, and Empowering Change*, Downers Grove, InterVarsity Press, 1991.

FULLAN, Michael, *Leading in a Culture of Change*, San Francisco, Jossey-Bass, 2001.

GARDNER, John W., *On Leadership*, New York, Free Press, 1990.

GREENLEAF, Robert K., *Servant Leadership*, New York, Paulist Press, 1977.

HESSELBEIN, Francis, et Paul M. COHEN, sous dir., *Leader to Leader: Enduring Insights on Leadership from the Drucker Foundation's Award-Winning Journal*, San Francisco, Jossey-Bass, 1999.

HESSELBEIN, Francis, Marshall GOLDSMITH et Tichard BECKHARD, *The Leader of the Future*, San Francisco, Jossey-Bass, 1996.

JENNINGS, Ken, et John STAHL-WERT, *The Serving Leader*, San Francisco, Berrett-Koehler Publishers, 2003.

KOUZES, James W., et Barry Z. POSNER, *The Leadership Challenge*, San Francisco, Jossey-Bass, 1995.

Lewis, Phillip V., *Transformational Leadership*, Broadman, Holman Publishers, 1996.

Marshall, Tom, *Understanding Leadership*, Grand Rapids, Baker, 2003.

Maxwell, John C., *The Winning Attitude: Your Pathway to Personal Success*, Nashville, Thomas Nelson, 1993.

Osei-Mensah, Gottfried, « Leaders: What are they? », *SPAN – IFES in English and Portuguese Speaking Africa* 2, no. 1, Janvier-Avril 1997.

Palmer, Donald C., *Managing Conflict Creatively: A Guide for Missionaries and Christian Workers*, Pasadena, Wm Carey, 1990.

Parker, Glenn M., *Team Players and Teamwork: The New Competitive Business Strategy*, San Francisco, Jossey-Bass, 1990.

Ratzburg, Wilf, « The Blanchard Leadership Model », *Organizational Behavior – OBNotes.htm* (http://www.geocities.com/Athens/Forum/1650/html blanchard.html).

Sanders, J. Oswald, *Spiritual Leadership*, Chicago, Moody Press, 1967.

Snook, Stuart G., *Developing Leaders Though Theological Education by Extension: Case Studies from Africa*, Wheaton, Billy Graham Center, 1992.

Stanley, Paul D., et J. Robert Clinton, *Connecting: The Mentoring Relationship You Need to Succeed in Life*, NavPress, 1992.

Wivcharuck, Peter, *Building Effective Leadership: A Guide to Christian and Professional Management*, Alberta, Canada, International Christian Leadership Development Foundation, 1987.

3

L'excellence dans la planification stratégique

Si l'on ne sait pas clairement vers où l'on va, il sera difficile d'évaluer notre progression vers l'objectif fixé. Une excellente institution de formation de responsables prend le temps d'élaborer un « plan stratégique » et de le réviser régulièrement. Celui-ci inclura, entre autres : une formulation des valeurs de l'institution, une définition de sa mission à la lumière des besoins, et une évaluation de ses propres forces et faiblesses. Un tel exercice permettra d'acquérir une vision, dans la prière, et d'élaborer un plan réalisable qui mène l'institution là où elle devrait aller.

Lors d'un entretien avec les responsables d'une Église américaine, pour me tester, la question suivante m'a été posée : « Si nous vous donnions quelques milliers de dollars, qu'en feriez-vous ? ». Ils n'avaient sans doute pas réellement l'intention de me faire un chèque, mais ils souhaitaient plutôt savoir si j'avais une stratégie pour mon ministère, et si j'avais une idée du coût probable de mon projet.

Il est important pour les institutions de formation théologique d'avoir un plan réalisable. Les instituts bibliques et facultés de théologie cherchent à donner à des hommes et des femmes les connaissances et compétences nécessaires pour exercer un ministère fécond. Le processus comprend l'acquisition de connaissances bibliques et la familiarisation avec les grands apports théologiques de l'Histoire. Il implique de saisir comment la vérité peut être appliquée de manière pratique dans le monde réel. Il comporte un développement moral et spirituel afin que nos diplômés soient l'illustration de la vérité qu'ils enseignent.

Accomplir ceci est une tâche immense. Chaque étudiant a des dons uniques, et se dirige vers un ministère précis dans un contexte particulier. Nous ne disposons pas de toutes les ressources possibles. Nous sommes souvent en sous-effectif ; notre personnel et notre corps enseignant sont constitués de personnes imparfaites. Pour compliquer davantage les choses, nous ne disposons en général que de trois ou quatre années pour former un étudiant donné. Ceci étant, comment pouvons-nous déployer nos ressources matérielles, nos outils et nos ressources humaines pour accomplir quelque chose de significatif pour le Royaume de Dieu ? Comment déterminer nos priorités face aux choix auxquels nous sommes confrontés ? Pour tout ceci, nous avons besoin d'un plan stratégique complet et bien pensé. Les excellents programmes de formation disposent d'un « plan stratégique[1] » qui sert de guide pour toutes leurs actions.

Au cours de ce chapitre, nous allons réfléchir à la planification stratégique, à ce qu'elle est et ce qu'elle n'est pas. Nous étudierons ensuite les cinq étapes nécessaires préalable à la rédaction d'un plan stratégique et lors de la révision, à intervalles réguliers, du plan existant. Ces étapes sont les suivantes : (1) identifier vos valeurs fondamentales ; (2) réexaminer votre énoncé de mission ; (3) effectuer une analyse des besoins ; (4) mener une évaluation institutionnelle de vos forces, faiblesses et ressources ; et (5) rêver et prier concernant ce qui peut et devrait être renforcé, abandonné, ou ajouté.

Ce que la planification stratégique n'est pas :
1. La planification stratégique ne signifie pas essayer de faire tout ce dont quelqu'un quelque part pourrait avoir besoin

Aucune institution de formation donnée ne peut être tout pour tous. Ceci étant, quels sont vos points forts, ce que vous faites réellement bien ? Comment Dieu vous a-t-il utilisés par le passé ? Qui servez-vous ? Un bon plan stratégique définit qui sont vos bénéficiaires, et comment ce public-cible tirera le meilleur de votre offre de formation.

---

1. N.D.E. : Il s'agit d'un plan global de développement institutionnel qui comporte les priorités à fixer pour les 3 à 5 ans à venir et les actions progressives à mener pour tendre vers la valorisation de ces priorités.

2. La planification stratégique n'est pas le simple perfectionnement de ce qui a été hérité de votre passé institutionnel

Pour un bon nombre d'institutions du monde émergent, la finalité première semble être d'assurer la pérennité de ce qui a toujours été. Même si elles sont conscientes que leur programme a été développé à l'époque coloniale par des étrangers se référant à leurs propres modèles occidentaux d'éducation, le fonctionnement de l'institution est maintenant devenu sacré, exigeant juste d'être préservé et entretenu. Toute tentative de changer ce qui a toujours existé est perçue comme une trahison du travail des fondateurs[2]. En conséquence, la motivation de la planification stratégique pour l'institution a pour objectif de perpétuer et de perfectionner ce qui avait été voulu à l'origine.

Ne serait-il pas plausible que si les fondateurs pouvaient mettre en place leur programme aujourd'hui, ils auraient recours aux nouveaux modèles d'apprentissage, tout comme ce fut le cas lorsqu'ils ont initié le programme ? La planification stratégique ne peut se contenter de l'entretien du passé. Même s'il y a incontestablement beaucoup de bonnes choses du passé à valoriser, la planification stratégique doit tenir compte des réalités du présent. Tout comme nos étudiants et le monde dans lequel ils exercent leur ministère évoluent, nos institutions de formation et leurs programmes doivent également changer selon les besoins et les défis du contexte[3]. La planification stratégique met en balance la valorisation du passé et les défis du présent.

3. La planification stratégique n'est pas seulement la simple réparation de ce qui est « cassé »

Tout comme les vieilles maisons, les personnes, programmes et locaux des institutions théologiques peuvent s'user et s'effondrer ou bien connaître un renouvellement. Il est bon de maintenir une liste de tout ce qui ne fonctionne

---

2. N.D.E. : Dans nombre de pays émergents, le role important des anciens, des ancêtres est reconnu et honoré. L'idéal serait d'opérer les changements souhaitables tout en maintenant ce respect du passé et de ses acteurs.
3. N.D.E. : Evitons cependant de proposer l'innovation pour l'innovation. L'histoire nous montre « qu'il n'y a rien de nouveau sous le soleil » et que, bien souvent, ce qui est présenté comme une révolution pédagogique a déjà existé. Il serait heureux de réfléchir à pourquoi cela n'a pas pris à une époque, dans un contexte donné, pour ne pas recommencer infiniment ce cycle de tentatives d'innovations, d'investissement, d'élans puis d'affaiblissement, et d'arrêt du modèle ou de poursuite de façon très marginale.

pas bien, et ensuite d'élaborer un plan de « réparation ». Cependant, si nous nous limitons à ce genre d'entretien courant lorsque nous « planifions », nous courons le risque de passer à côté de questions plus profondes. Certaines options ou filières ne devraient pas être réparées, mais abandonnées. Certains bâtiments ne devraient pas être ravalés, mais remplacés. Certains enseignants et administrateurs mutés à d'autres fonctions, etc.

Même si nous devons être attentifs au bon fonctionnement du programme de formation, un plan stratégique englobe, vous l'aurez compris, bien plus qu'une simple maintenance. Nous devons examiner l'impact plus large de tout ce que nous sommes et avons. Un bon plan stratégique comprend des questions de maintenance, mais uniquement dans le cadre de notre programme dans son ensemble.

4. La planification stratégique n'est pas seulement la création de nouvelles filières d'études

Certaines écoles semblent penser qu'un « plan stratégique » implique de lancer un ensemble de filières d'études plus poussées pour satisfaire aux désirs des étudiants et de la communauté en termes du développement éducatif général de la région. Cela entraîne d'importantes dépenses en temps, en énergie et en finances pour adapter et établir de manière créative des Master de recherche, des Master Pro et des filières doctorales. Chaque nouveau programme peut être valable en soi, mais développer une nouvelle filière diplômante n'est pas ce que nous entendons par « planification stratégique ». Un plan stratégique étudie les forces et réussites du programme actuel à la lumière des besoins réels de nos étudiants et du monde dans lequel ils exerceront leur ministère.

En réfléchissant à nos ressources limitées (personnes, locaux, bibliothèque, finances), combien de filières avons-nous réellement les moyens de proposer ? Si nous en introduisons de nouvelles, ceci signifie-t-il que les programmes de qualité ayant fait la réputation de notre institution par le passé ne fonctionnent plus aussi bien qu'avant ? Les Églises et les organismes chrétiens ont-ils besoin des diplômés des filières anciennes, ou nouvelles – ou des deux ? Un bon plan stratégique s'appuie sur les forces éprouvées d'une institution, en cherchant à répondre aux besoins réels de son environnement avec les ressources dont elle dispose.

5. La planification stratégique n'est pas seulement la préparation de plans de nouveaux bâtiments

Pour beaucoup trop d'institutions théologiques, il semblerait que leur santé est uniquement évaluée en termes de croissance numérique. Le plan stratégique devient ainsi un document de relations publiques comportant des graphiques en couleur montrant des projections de croissance sur les cinq à dix prochaines années, en termes de programmes de formation, d'étudiants, de livres, d'enseignants et de bâtiments. Les pages de ces plans sont majoritairement consacrées à la présentation des croquis et des estimations de coûts pour tous les nouveaux bâtiments (parfois même pour le nouveau campus) qui seraient nécessaires à l'absorption de cette croissance. Certes, le développement du campus est un aspect valable d'un plan stratégique. Mais réfléchir au développement de l'institution ne signifie pas nécessairement viser une croissance numérique. Même si la croissance paraît importante au développement de l'institution, un plan stratégique doit être soigneusement construit à partir de recherches et de réalités, et non simplement basé sur des augmentations imaginées ou espérées. De plus, un plan stratégique doit envisager les nombreux autres facteurs qui accompagnent inévitablement la croissance numérique des étudiants ou des formations diplômantes, comme le développement de la bibliothèque, un corps enseignant national qualifié, le soutien apporté au personnel, le recrutement des étudiants, les coûts administratifs, et ainsi de suite. Un bon plan stratégique est non seulement complet, il est aussi basé sur la réalité.

6. La planification stratégique n'est pas seulement un document rédigé en tout petit comité

Pour bien fonctionner, la planification stratégique doit être un travail d'équipe. Préparer un plan quinquennal ou décennal ne s'apparente pas à la présentation d'un article de recherche à la direction ou au conseil d'administration. Ce n'est pas non plus le projet personnel du directeur, de l'équipe dirigeante ou du conseil d'administration. Pour être stratégique, un plan doit refléter la vision collective de tous. Un tel plan revoit et renouvelle des objectifs ayant besoin d'être revus et renouvelés aux yeux de tous. Il propose la création de nouveaux programmes pour lesquels il y a un besoin ressenti largement partagé. Par conséquent, s'il est judicieux de désigner un groupe de travail pour coordonner le processus d'une bonne planification stratégique, et même d'avoir une personne perspicace et très compétente en communication qui compilera les résultats, dans la mesure du possible, quasiment tous ceux qui appartiennent à l'institution, de même que ses parties prenantes, doivent s'approprier le plan dans ses grandes lignes et jouer un rôle approprié dans son élaboration.

Comment élaborer un plan stratégique ?
1. Identifiez vos valeurs fondamentales

Commencer par la question des valeurs peut surprendre. En réalité, tout ce que nous faisons est en fin de compte le reflet de ce qui a de l'importance à nos yeux. Consciemment ou non, nos plans et actions démontrent quelles sont nos valeurs. Par conséquent, avant de développer des projets précis pour l'avenir d'un programme de formation de responsables, il vaut la peine de prendre le temps de formuler ce qui est important aux yeux de tous ceux qui sont impliqués (votre personnel, votre corps enseignant, le conseil d'administration, et même vos étudiants), et le réaffirmer.

Les valeurs ne sont pas nécessairement identiques à des versets bibliques à propos de qualités spirituelles ou du fruit de l'Esprit. Ces choses devraient bien sûr être importantes pour vous, mais les valeurs peuvent comprendre vos attentes concernant la tenue vestimentaire, les comportements des uns envers les autres, et l'idée que vous vous faites de l'apprentissage. Dans presque tout ceci, les valeurs reflètent ce qui a de l'importance dans nos cultures institutionnelles.

Nous attachons plus d'importance à certaines valeurs qu'à d'autres, tout mariage en est une illustration. Ce qui compte beaucoup dans la famille d'un des conjoints n'a peut-être aucune importance dans la famille de l'autre. Lorsque surgissent des désaccords, il est bon de réfléchir à la raison pour laquelle ces choses sont si importantes à nos yeux. Les conflits les plus profonds émergent en général lorsque nos valeurs sont confrontées à celles des autres. Disons-le honnêtement : il existe des domaines pour lesquels il vaut le coup de se battre. Dans la plupart des instituts bibliques, unions d'Églises, organisations et familles, des batailles de valeurs importantes ont lieu. Nous devons identifier les enjeux pour lesquels il vaut la peine de se battre.

De même, identifier les personnes pour lesquelles nous avons du respect et de l'admiration est un exercice utile pour découvrir nos valeurs. Qu'est-ce qui a rendu ces personnes si importantes à nos yeux, positivement ou négativement ? Pourquoi leur opinion compte-t-elle autant pour nous ?

Le potentiel d'un conflit de valeurs augmente lorsque nous venons de cultures différentes. Dans certaines cultures, l'efficacité est indispensable, car : « Le temps, c'est de l'argent ! » Cependant, dans d'autres cultures, les relations sont en général bien plus importantes que le temps. Un étudiant cherchant à obéir à Dieu pourrait choisir de veiller toute une nuit avec un membre de sa famille ou un ami qui va mal, plutôt que de terminer un devoir à rendre pour le lendemain. Dans quelle mesure ceci est-il bien ou mal ? Dans notre planification, comment accorder la place qui convient aux valeurs différentes qu'ont nos étudiants et enseignants ?

Dans le monde africain par exemple, le bien de la communauté est une valeur essentielle. L'on tient également au respect de l'autorité des aînés, même s'ils n'ont pas eu une formation poussée. L'Écriture affirme que faire preuve de respect et maintenir l'unité sont des valeurs bibliques. Cependant, Américains et Européens considèrent souvent que ce qui compte est d'avoir raison et de défendre ses droits (ainsi que ceux des autres), indépendamment de l'âge, du sexe, de l'origine ethnique ou de la religion de la personne en question. La culture occidentale chrétienne suggère que puisque chacun est créé à l'image de Dieu, tous devraient développer ses dons au maximum, sans prendre en compte l'avis du groupe à ce sujet.

Ces valeurs sont de celles qui pourront entrer en conflit, y compris sur le plan éducatif. Les examens et la notation devraient-ils se focaliser sur les réussites individuelles, ou faudrait-il prévoir des travaux pour apprendre aux étudiants à travailler ensemble en équipe ? Un enseignant ou un administrateur doit-il jamais justifier ses choix à qui que ce soit, quelles que soient les circonstances ? Le personnel devrait-il prendre le thé avec les étudiants, ou faudrait-il prévoir une salle de repos et des pauses séparées pour les membres de l'équipe ? Nos valeurs (et notre culture) exigent-elles plus d'espace (et de confort) pour les bureaux des professeurs d'université titulaires que ceux des professeurs associés, qui eux seront plus grands que ceux des maîtres de conférence en début de carrière, qui à leur tour auront plus d'espace que ceux des chargés de cours, qui en auront plus que les maîtres-assistants, et ainsi de suite ? Ou bien un système hiérarchique bien huilé communiquera-t-il trop clairement à nos étudiants l'importance d'acquérir un statut et un niveau de confort lorsqu'eux-mêmes deviendront ministres du culte ? D'ailleurs, de quelle manière le statut social dicte ce à quoi les logements étudiants devraient ressembler actuellement ?

Nos croyances et ce qui nous tient à cœur influenceront inévitablement ce que nos étudiants apprennent réellement, que nous ayons eu l'intention de communiquer cela ou non. Nos points de vue sur la communauté, la propreté, la ponctualité, la pureté, la piété, la réconciliation, le pardon, le rôle du Saint-Esprit dans l'apprentissage, etc., auront nécessairement un impact sur ce qui est appris par nos étudiants. Nous devons discerner quelles sont nos valeurs afin que la planification de nos programmes et de nos communautés éducatives soit soigneusement, consciemment construite sur ce qui est fondamental pour nous. Une partie de ce processus devra inévitablement inclure l'évaluation (et peut-être même l'abandon) de certaines valeurs culturelles héritées du passé, qui ne sont peut-être pas pleinement bibliques. Afin d'être intentionnel dans ce que vous accomplissez dans votre formation, commencez votre processus de planification stratégique par l'identification et l'évaluation de vos valeurs fondamentales.

2. Réexaminez votre énoncé de mission

L'on a beaucoup écrit au sujet de l'élaboration des énoncés de mission ou de finalité de nos institutions. Ce sont des résumés de votre identité spécifique en tant que programme de formation. Un énoncé de mission devrait répondre succinctement aux questions suivantes :

- Qui êtes-vous ?
- Pourquoi existez-vous ?
- Pour qui (ou pour quoi) existez-vous ?
- Comment comptez-vous faire ce que vous allez faire ?
- Où le ferez-vous ? Et pour combien de temps ?

Aujourd'hui, quasiment chaque institution a déjà formulé un énoncé de mission. Avant de vous précipiter pour réviser, améliorer ou créer un tel document, il peut être utile d'organiser un ensemble de petits groupes de réflexion qui passeront en revue tous les aspects majeurs et mineurs de la totalité de votre programme à la lumière de votre énoncé de mission actuel. Y trouve-t-on tout ce qu'il faut ? Cet énoncé reflète-t-il fidèlement ce que vous essayez de faire et d'être ? Reflète-t-il toutes vos valeurs, ce à quoi vous attachez de l'importance ?

Prendre au sérieux votre énoncé de mission signifie se poser des questions telles que : Certaines de nos activités actuelles sortent-elles du cadre de notre énoncé de mission ? Si c'est le cas, votre planification stratégique devrait considérer sérieusement la pertinence de telles activités si elles ne contribuent aucunement à votre mission. Inversement, si vous concluez que ces activités étrangères à votre mission sont vraiment trop « importantes » pour être abandonnées, vous devrez probablement revoir votre énoncé pour les y inclure.

Parallèlement, votre énoncé de mission suggère-t-il de nouvelles activités ou domaines entiers de ministère que vous n'avez jamais proposés ? Si tel est le cas, le plan stratégique donnera des pistes pour mettre en route un projet d'établissement qui soit cohérent avec votre identité institutionnelle. Un bon énoncé de mission sera inclusif, couvrant tout ce que vous faites ou prévoyez de faire. Il sera aussi limitatif, tenant compte de ce que vous ne faites ou ne ferez pas.

La participation de la communauté plus large est l'un des aspects les plus importants de l'élaboration et de la redéfinition d'un énoncé de mission. Certes, une personne brillante pourrait rédiger la « mission idéale » pour votre programme de formation. Cependant, l'on ne devrait jamais laisser les idées d'une personne (surtout si cette personne a de l'autorité) devenir si sacrée qu'elle ne peut être remise en question, débattue ou modifiée.

Un bon énoncé de mission sera un résumé concis (et même mémorisable) de la finalité de votre programme. Il deviendra ainsi un point de repère à l'aune duquel votre programme peut être évalué. Tous les aspects de votre programme découlent-ils de ce que l'énoncé de mission dit de manière résumée ? En l'élaborant, en en discutant et en le réexaminant en groupe, le consensus autour de la mission sera plus large et l'unité sera plus grande dans sa mise en œuvre. De plus, découvrir les forces et faiblesses du programme actuel à la lumière de son énoncé de mission rendra la planification stratégique non seulement plus claire mais donnera de surcroît une nouvelle impulsion pour la réalisation effective des bons changements.

Gardez à l'esprit les évolutions dans les besoins de vos communautés, dans les réalités de votre programme et dans votre capacité à y répondre : elles affecteront votre énoncé de mission. Les organisations croissent et se modifient. Un bon processus de planification stratégique aide à rendre intentionnel cette évolution de mission. Parallèlement, la croissance d'une organisation peut aussi indiquer que l'énoncé de mission doit être révisé en conséquence. Dans les deux cas, c'est à ce texte qu'il faut revenir sans cesse dans notre réflexion sur notre programme, afin de déterminer ce qui doit être ajouté, remis en question ou conservé.

3. Faire une évaluation des besoins

Le travail préparatoire nécessaire pour la planification stratégique doit également considérer les questions suivantes :
- Qui a besoin de vous ?
- En quoi ont-ils besoin de vous ?
- Comment le sauriez-vous ?

Nous l'avons dit précédemment, une institution de formation ne peut pas être tout pour tous. Nous ne disposons ni des ressources financières, humaines ou physiques suffisantes, ni du temps suffisant pour accomplir tout ce dont l'Église ou la société a besoin. Si la formation théologique se définit comme le processus de proposer aux hommes et aux femmes la connaissance et les compétences nécessaires à un ministère fécond, qui sont ces hommes et ces femmes, et quels sont les ministères auxquels nous les préparons ? Si ceci est le contexte dans lequel nous avons l'intention d'œuvrer, alors nous avons besoin de bien connaître ce contexte.

Qui servons-nous ? L'on peut espérer, par exemple, que l'institution liée à une union d'Églises est vue par celle-ci comme le lieu principal où elle envoie ses étudiants pour être formés. Cependant, un nombre étonnant d'établissements ont été fondés par des unions d'Églises qui, pour diverses raisons, n'y envoient plus leurs jeunes. Si c'est votre cas, vous avez besoin de savoir pourquoi.

Et même si l'union d'Églises vous envoie ses étudiants, qu'attend-elle de vous exactement ? Souhaite-t-elle des moniteurs d'École du dimanche, des pasteurs, des implanteurs d'Églises, des enseignants d'institutions théologiques, ou des laïcs chrétiens prêts pour le monde du travail ? Désire-t-elle des séminaires de deux semaines proposés en une douzaine de lieux à travers le pays, ou générer une multiplicité de personnes titulaires d'une licence en théologie ?

Connaître les réponses à ces questions nous aide à mieux diriger nos efforts de formation. Bien qu'un certain nombre de fondements bibliques et théologiques doivent être appris par tous les étudiants, différentes tâches du ministère nécessitent différents types, ou niveaux, de formation. Nous devons savoir pour qui nous travaillons, et quels résultats nous visons dans nos démarches de formation, sans négliger les fondamentaux en théologie qui sous-tendent les résultats visés.

Il se peut que votre institution de formation porte le nom d'une union d'Églises, qu'elle reçoive un soutien financier important de celle-ci, et que son conseil d'administration et son personnel enseignant soient issus exclusivement d'Églises de cette union. Et pourtant, vos étudiants, eux, peuvent venir d'une variété d'Églises. Certains ne se préparent pas forcément à un ministère pastoral au sein d'une Église locale. Cela fait-il partie de votre « mission » de servir ces étudiants et leurs organisations ? Si la réponse est non, pourquoi consacrez-vous du temps, de l'argent et de l'énergie à faire ce qui ne correspond pas à votre mission ? Mais si la formation de cette catégorie d'étudiants en fait partie, quelles en sont les implications pour le genre de personnel enseignant dont vous avez besoin, les programmes que vous devriez proposer, et les personnes qui siègent à votre conseil d'administration ? Vous ne pourrez planifier votre réponse à ces questions stratégiques qu'après avoir clarifié qui sont vos étudiants, et quels sont leurs besoins réels[4].

---

4. N.D.E. : L'auteur sous-entend la nécessité d'une pédagogie différenciée qui tienne compte des besoins en perpétuel évolution.

Nombre d'institutions théologiques ne sont pas liées à une seule union d'Églises. Certaines ont été fondées par des missionnaires en tant que programmes indépendants, avec pour philosophie : « Construisons un bâtiment, enseignons la Bible, et les étudiants viendront. » Cette approche fonctionnait peut-être à une certaine époque, mais ces écoles pourraient être encore meilleures si elles prenaient le temps de recenser avec lucidité leur public : qui les considère (ou devrait les considérer) comme leur école de formation, et aussi qui ne les voit pas ainsi (et peut-être ne le fera jamais) ? Il est important d'identifier soigneusement quelles unions d'Églises, associations para-ecclésiales, ONG, groupes ethniques ou linguistiques vous considèrent comme étant « leur » établissement privilégié. Quelle région géographique touchez-vous (ou souhaitez-vous toucher) ? Votre formation vise-t-elle la préparation de futurs responsables (c'est-à-dire des jeunes), de responsables émergents, ou le renforcement des capacités des responsables actuels dans leur contexte ?

Le plus facile, dans l'analyse des besoins, est d'étudier vos étudiants actuels. De quelles Églises ou organisations sont-ils issus ? Pourquoi vous ont-ils choisis ? Qu'attendent-ils de vous ? Ne partez pas du principe que vous connaissez déjà leurs besoins et attentes. Parlez avec eux et avec leurs dirigeants de leurs besoins en matière de formation ! Connaître les réponses à ces questions vous aidera à évaluer la pertinence de votre travail de formation. Un dialogue continu vous tiendra informé à la fois des besoins de vos étudiants et de ceux de leurs Églises ou organisations. Se mettre à l'écoute de vos diplômés vous aidera aussi grandement à déterminer si vous avez bien équipé ces personnes pour les besoins réels de leur ministère. Que vous ayez réussi ou non à répondre à leurs attentes, gardez ce qui est bon et améliorez ce qui l'est moins.

Le plus difficile lors d'une analyse des besoins est d'étudier de manière « prospective » l'environnement dans lequel nous œuvrons. En quoi des facteurs sociaux, politiques ou économiques affectent-ils votre programme ? Quels sont les enjeux auxquels vos étudiants ont à faire face actuellement, et quels sont ceux auxquels ils devront être préparés à l'avenir ? Ces besoins pourraient inclure :

- Des tensions raciales, ethniques ou tribales
- Le fait d'appartenir à une minorité, en particulier une minorité opprimée
- L'injustice ou la corruption
- Des problèmes de santé publique tels que la malnutrition, le VIH/SIDA
- La guerre ou la guérilla
- Un nombre important de réfugiés
- Les difficultés économiques, y compris les vastes écarts entre riches et pauvres

- Les conflits interreligieux, tels que ceux avec l'islam, l'hindouisme, ou d'autres groupes
- Les problèmes urbains, comme la prostitution, les bidonvilles, la violence ou la drogue

Ces besoins font partie du contexte actuel qui entoure votre programme de formation, et celui où évolueront vos diplômés. Dans quelle mesure votre programme devrait-il répondre à ces besoins ? Le fait-il convenablement ? Les réponses à ces questions vous aideront à déterminer ce qui devrait être inclus dans votre plan stratégique (en vous rappelant, bien entendu, que vous ne pouvez pas être tout pour tous, car vous devrez faire des choix difficiles concernant ce qui est possible et ce qui ne l'est pas).

Une fois que nous aurons effectué notre analyse des besoins, nous pourrons plus facilement déterminer si notre programme d'enseignement et de formation est bien conçu (nous étudierons la conception de programmes d'étude de manière plus approfondie au chapitre 6). À ce stade, il est important d'élaborer soigneusement le profil de vos étudiants, pour bien les connaître, en vous posant les questions suivantes :

1. Que savent-ils déjà ? Ceci ne concerne pas uniquement leurs connaissances bibliques ou théologiques.
2. Que savent-ils déjà faire ? Quelles sont leurs compétences en termes de ministère, de capacité à étudier et de vie ?
3. Quel genre de personnes sont-ils déjà ? Quelles sont leurs qualités morales et leur comportement en général ?

Nous devons ensuite décrire les ministères que nos diplômés exerceront en réponse aux besoins de l'Église et de la société, y compris :

1. Que doivent-ils savoir pour pouvoir accomplir ces ministères ?
2. De quelles compétences précises auront-ils besoin en tant que praticiens dans ces ministères ?
3. Quel genre de personnes devront-ils être afin de bien accomplir leurs ministères ?

Si nous avons bien discerné les besoins des étudiants et cerné l'environnement dans lequel ils exerceront leur ministère, alors notre programme d'enseignement et de formation sera en mesure de décrire comment nous comptons les mener de leur niveau actuel jusqu'au niveau qu'ils devront avoir en sortant.

Si nous avons insuffisamment préparé nos étudiants à un ministère fructueux, nous pourrions aussi conclure que nous n'avons pas recruté les bons étudiants, que notre enseignement ne se fait pas au bon endroit, que nos enseignants ne sont pas ceux qu'il faut, ou que nos méthodes pédagogiques sont insuffisantes. En bref, nous devons effectuer des recherches approfondies pour comprendre lucidement ce que nous avons bien, mal ou pas du tout fait. Cette prise de conscience nous permettra de construire intelligemment un plan stratégique.

4. Menez une évaluation institutionnelle de vos forces, faiblesses et ressources

Avant la compilation ou la révision de votre plan stratégique par écrit, la dernière tâche préparatoire est l'évaluation des forces et faiblesses du programme de formation vu dans sa globalité. Chaque programme bien établi a déjà effectué un bilan d'une sorte ou d'une autre. Comment les résultats et la santé de votre programme de formation sont-ils perçus ? Comment vos enseignants, votre personnel, votre conseil et vos étudiants s'évaluent-ils ? Quelle valeur vos diplômés et leurs Églises accordent-ils à votre formation ? Qu'en pense la société laïque qui vous entoure ? Cherchez des moyens pour que votre communauté d'apprentissage puisse valoriser vos qualités, en notant des domaines spécifiques que Dieu a bénis. Identifiez ces grâces de Dieu et soyez-en reconnaissants.

C'est rassurant quand votre communauté d'apprentissage et la société environnante sont en accord dans leurs perceptions de l'institution et de la direction que celle-ci devrait prendre. Pour obtenir une vision d'ensemble réaliste, cherchez une variété de points, formels ou informels, suscitant un consensus général sur vos forces et sur vos faiblesses. En posant à de nombreuses personnes des questions simples au sujet de ces forces et faiblesses, vous préparez un moyen de conserver le positif et de d'améliorer ce qui est à changer.

En outre, un processus de planification stratégique requiert également une analyse systématique de chaque élément de votre programme de formation. La meilleure manière de procéder est d'organiser des petits groupes de travail qui examinent les détails et produisent des rapports écrits avec leurs conclusions et propositions de changements.

Chacun de ces groupes devrait commencer par une discussion sur les valeurs de l'institution et éventuellement une réaffirmation de ces dernières. Ils reviendront sur l'énoncé de mission, puisque celui-ci résume la finalité de votre programme et sert de point de repère pour les aider à évaluer l'efficacité de chaque élément de votre programme. Une évaluation attentive notera ensuite :

1. Ce qui est très bon et devrait être conservé.
2. Ce qui doit être renforcé ou rectifié pour l'améliorer.

3. Ce qui devrait être tout simplement abandonné.
4. Ce qui fait défaut et devrait être ajouté.

L'un des meilleurs outils pour une évaluation systématique et détaillée de votre programme est le recours aux manuels d'auto-évaluation qui accompagnent normalement un processus d'accréditation (par exemple celui d'une des neuf agences régionales d'évaluation affiliées au Conseil International pour la Formation Théologique Évangélique[5]). La liste suivante indique des domaines à examiner ainsi que des questions à se poser. La formulation exacte des questions est moins importante que le fait de vous assurer que vous avez bien abordé tous les domaines.

1. **Offre de formation.**
   Quel est le niveau de qualité de chacune de vos filières et des diplômes qui y sont associés ? Dans quelle mesure l'enseignement formel que vous dispensez réalise-t-il chez vos étudiants vos objectifs institutionnels, tels qu'ils sont présentés dans votre énoncé de mission et de finalité ? Comment les exigences de votre offre de formation se situent-elle par rapport aux critères des agences d'accréditation ou d'autres programmes proposant des diplômes comparables ?

2. **Développement des qualités morales et des compétences.**
   Quels signes de croissance et de maturité spirituelle se remarquent dans les vies de vos étudiants ? Dans quelle mesure cette croissance est-elle le résultat de vos démarches pour développer leurs qualités morales ? Quel effet votre environnement d'apprentissage a-t-il sur ce que vos étudiants assimilent réellement ? Quelle est l'efficacité de votre formation de terrain ? Vos étudiants font-ils des progrès visibles dans leurs compétences pratiques liées au ministère ?

3. **Développement professionnel de votre équipe enseignante et dirigeante.**
   Quel est le niveau de votre corps professoral (académique, pédagogique, pastoral, ou en termes d'expérience pratique dans d'autres domaines, etc.) ? Étant donné que les étudiants apprennent beaucoup de la vie de leurs enseignants, que faites-vous pour renforcer votre équipe enseignante ? (mentorat par des pairs ? coaching ?) Où en êtes-vous dans le développement professionnel d'une équipe d'enseignants nationaux ?

---

5. ICETE, http://www.icete-edu.org/ [consulté le 27 mai 2017].

4. **Direction organisationnelle et administrative de votre organisation, et les assistants.**
   Quel est le niveau d'éthique, de compétence, d'expérience et de formation de votre équipe dirigeante ? Quel est le degré de compétence et d'adéquation de votre équipe administrative ? Les responsabilités de chacun sont-elles bien claires ? Le travail est-il accompli de manière efficace ?

5. **Structures administratives et questions de gouvernance.**
   Dans quelle mesure vos règles et procédures administratives servent-elles les objectifs de votre institution de formation ? Sont-elles écrites et consultables par tous ? Dans quelle mesure fonctionnez-vous avec des règles et procédures qui ne sont plus en adéquation avec les réalités actuelles ?

6. **Développement de votre conseil d'administration.**
   Avez-vous un conseil d'administration de qualité (en termes de compétences individuelles, et de la présence des bonnes personnes) ? Quel est le niveau d'implication de ce conseil, individuellement et en groupe, dans la vie du programme ? Dans quelle mesure vos procédures de gouvernance sont-elles adéquates ?

7. **Développement des installations et des infrastructures, y compris un plan à long terme pour le site.**
   Comment évalueriez-vous l'adéquation des infrastructures et de l'équipement de votre site, y compris en termes de parc informatique et d'accès à Internet ? Comment pourriez-vous améliorer vos infrastructures en les partageant avec d'autres ou en empruntant aux autres ?

8. **Développement de la bibliothèque et de vos ressources informatiques.**
   Dans quelle mesure votre fonds documentaire correspond-il aux besoins des programmes que vous proposez ? Votre bibliothèque a-t-elle une politique de sélection des ouvrages ? Un plan informatique a-t-il été élaboré ? Que faites-vous pour le mettre en œuvre ? Vos enseignants et votre personnel savent-ils utiliser les ressources dont vous disposez pour la recherche ?

9. **Étudiants.**
    Quel est le niveau académique, émotionnel, spirituel, relationnel de vos étudiants ? Quelles sont les forces et les faiblesses de vos processus de recrutement étudiant ? Comment pourriez-vous identifier des candidats potentiels ?
10. **Relations avec les Églises et la société, carnet d'adresses.**
    Avez-vous de bonnes relations avec l'ensemble des Églises et des organisations qui vous envoient (ou non) des étudiants, du personnel et des fonds ? Comment évalueriez-vous ce que vous effectuez dans le domaine des relations publiques ?
11. **Procédures de financement et levée de fonds.**
    Quelle est la solidité de vos finances ? En particulier, quelle est votre capacité à trouver des fonds provenant de donateurs locaux ? Quelles sources de financement additionnelles pourraient être trouvées ? Peut-on soutenir votre programme par d'autres moyens que les finances ? Vos comptes sont-ils bien tenus ? Vos systèmes bancaires sont-ils adéquats et votre équipe financière compétente ?

5. Rédiger/revoir votre plan stratégique

La plupart des programmes de formation de responsables ont déjà un plan à long-terme. Ce document doit être réexaminé au moins tous les cinq ans. Si vous en êtes à ce stade, faites participer l'ensemble de la communauté éducative aux discussions concernant vos valeurs et votre mission, les besoins que vous voyez et pressentez autour de vous, vos forces et faiblesses dans vos tentatives pour répondre à ces besoins avec les ressources que Dieu vous a accordées. Lorsque vous aurez fait ceci, le moment sera venu de tirer des conclusions et d'établir les recommandations de ces différents groupes de travail.

1. Passez en revue vos discussions et conclusions à la lumière de vos valeurs fondamentales et de votre énoncé de mission. Avez-vous des activités qui ne correspondent vraiment pas à ce que vous êtes ? Quelle bonne raison avez-vous de les garder ? S'il n'y en a pas, trouvez une manière de les supprimer avec tact.
2. Étudiez vos rapports d'analyse des besoins, ainsi que vos évaluations générales et systématiques des divers aspects de votre programme. En examinant vos opportunités, forces et faiblesses, prenez le temps de prier, de rêver, et de planifier comment, concrètement, vous pourriez

faire certaines choses différemment. Quels éléments ont réellement été bénis, et devraient être conservés ? Comment pourrait-on les améliorer davantage ? Quelles failles pourraient être comblées ? Y a-t-il des éléments nouveaux à ajouter au programme ? Dressez la liste des activités précises que vous devriez et pourriez proposer.

3. Classez systématiquement, et par ordre de priorité les éléments de vos listes, afin que chaque changement suggéré soit bien réfléchi. Gardez à l'esprit que ceci n'est pas un processus simple. Pour chaque élément de la liste, répondez rigoureusement et de manière approfondie aux trois questions suivantes :

- **Résultats**. Qu'espérez-vous accomplir dans un domaine spécifique ? Votre réponse aura la nature d'une profession de foi, c'est-à-dire une déclaration de ce que vous croyez que Dieu veut que vous deveniez ou accomplissiez au cours des années à venir.
- **Processus**. Comment comptez-vous atteindre les résultats proposés ? De quoi aurez-vous besoin pour aller de la situation actuelle à celle que vous souhaitez atteindre ?
- **Ressources**. Que vous faudra-t-il engager, en termes de temps, de personnes, de locaux et de finances, pour atteindre vos résultats ?

Et si vous n'avez pas de plan stratégique : Rédigez-en un !

Suite à la première édition de l'Institut pour l'excellence de l'OCI à Nairobi en avril 1999, les représentants d'une des institutions participantes, une fois rentrés chez eux, se sont attelés systématiquement à ces questions de planification stratégique. Nés sous l'apartheid en Afrique du Sud, ils pouvaient voir clairement en revisitant leur histoire à quel point leurs valeurs avaient façonné leur offre de formation. Au lieu d'envisager un déménagement vers des locaux plus vastes en dehors de la ville, ils ont renouvelé leur engagement à la mission dans un contexte urbain. Celui-ci impliquait une expansion du plan de leur site, afin d'acquérir les propriétés adjacentes et en fin de compte posséder toute la rue. Revoir leurs valeurs leur a également permis de réaffirmer à quel point il était vital de travailler à la formation morale et spirituelle. Non seulement il fallait dépasser les barrières raciales, mais également celles créées par les dénominations ou liées aux rapports entre les hommes et les femmes. En étudiant les besoins de la ville qui les entourait, ils ont conclu qu'il faudrait élaborer une nouvelle initiative préparant leurs étudiants à répondre à la crise du VIH/SIDA. Ils ont aussi réfléchi à la manière dont les étudiants et le personnel pourraient tous répondre par des actes de compassion aux besoins de la société environnante.

Des groupes de travail ont non seulement réécrit l'énoncé de finalité et de mission de l'institution, mais toute l'offre de formation a été reconfigurée. Ils ont même conclu qu'il fallait changer le nom de l'établissement Evangelical Bible Seminary of Southern Africa (EBSemSA) en l'Evangelical Seminary of Southern Africa (ESSA) pour rendre son acronyme plus facile à prononcer[6].

Conclusion

L'existence d'un plan stratégique ne signifie pas que nous refusons de mettre notre confiance en la souveraineté de Dieu. Comme l'a dit le Dr John Bennett, feu président de l'Overseas Council, lors d'un atelier qu'il a animé en 1999 : « Chaque plan stratégique est une profession de foi, c'est-à-dire la verbalisation d'un futur non réalisé[7]. » Nous faisons des plans, comme Néhémie, afin d'être fidèles et fructueux dans l'achèvement les tâches qui nous ont été confiées. Notre plan devient une feuille de route pour l'avenir. Regarder en arrière, passer en revue ce qui a été accompli nous donnera une base pour valoriser ce que nous avons fait. Ceci devrait, nous l'espérons, nous fournir une excuse pour organiser une belle fête, à la gloire de Dieu.[8]

Questions de discussion au sujet de votre plan stratégique

1. Qu'est-ce qui est pour vous objet de satisfaction dans votre « plan stratégique », si vous en avez élaboré un ? Si votre plan ne vous donne pas assez satisfaction ou si vous n'en n'avez pas, nous vous encourageons à en établir un complet et de qualité.
2. Même si vous avez déjà une liste officielle et publique de vos valeurs institutionnelles fondamentales, demandez à vos co-équipiers de dresser leurs propres listes de ce qu'ils considèrent comme important

---

6. Vous pouvez en savoir plus sur cette formation créative grâce au lien suivant : http://essaadmin.dyndns.org/ [consulté le 27 mai 2017].
7. Propos entendus par l'auteur au cours de cet atelier.
8. Ce chapitre a été présenté lors de rencontres de l'ICETE au Royaume-Uni, en août 2003, et une version en a été publiée sous la forme du chapitre 3 de *Educating for Tomorrow: Theological Leadership for the Asian Context*, sous dir. Manfred W. Kohl et A. N. Lal Senanayake, Bangalore, SAIACS Press, 2002.

pour votre institution de formation. Puis, en petits groupes, synthétiser vos listes et réduisez-les à 5-10 « valeurs fondamentales ». En quoi vos listes se différencient-elles, et se démarquent-elles de la liste officielle des « valeurs fondamentales » ? Quels enseignements en tirez-vous ?

3. Dans quelle mesure votre énoncé de finalité ou de mission décrit-il de manière adéquate ce que vous êtes et tout ce que vous cherchez actuellement à faire ? (Si vous n'en avez pas, nous vous encourageons à en rédiger un.)
4. Qui a besoin de votre programme de formation ? Quelles Églises ou Œuvres font régulièrement appel à vous pour leurs besoins en formation de responsables ?
5. Listez les points forts que l'on reconnait à votre école. Comment pourriez-vous développer encore plus ces points forts ?
6. Quels sont les points faibles qui demandent à être renforcés ? Lesquels doivent être abandonnés ?
7. Votre contact avec les bénéficiaires de votre école permet-il de détecter de nouveaux besoins en formation à proposer et qui correspondent à la mission et à la finalité de votre école ? Si oui, quelles initiatives pourriez-vous prendre ?
8. Quelles procédures ou plans avez-vous mis en place pour passer en revue et remanier votre plan stratégique ?

Pour aller plus loin : lectures suggérées
Ouvrages et articles en français

BRIA, Ion, et al., sous dir., *Dictionnaire œcuménique de missiologie*, Paris/Genève/Yaoundé, Cerf/Labor & Fides/CLÉ, 2001.

ENGEL, James F., *Communiquer l'Évangile efficacement*, Abidjan, CPE, 1995.

GAUTHIER, E., et M. COUSIN-BERNARD, *Manager par projets*. Paris, Fernand Nathan, 2010.

IFA, *Le Conseil et la stratégie*, janvier 2009.

LINGENFELTER, Sh., et M. MAYERS, *Missionnaire en culture étrangère. Le défi de l'intégration*, Horizons culturels, Charols, Excelsis, 2009.

NELSON, Bob, *Le Management pour les Nuls*, 2e éd., Pour les Nuls, Paris, First éditions, 2006.

NÉRÉ, Jean-Jacques, *Le management de projet*, coll. Que sais-je ? Paris, PUF, 2015.

PAYA, Christophe, sous dir., *Dictionnaire de Théologie pratique*, Charols, Excelsis, 2011.

PETERS, Tom, et Robert H. WATERMAN, Jr., *Le prix de l'excellence. Les 8 principes fondamentaux de la performance*, trad. Michèle Garène et Chantal Pommier, coll. IDEM, Paris, Dunod, 2012.

PETERSON, Eugene, *Les trois angles de la croissance dans le service chrétien*, Sentier, Québec, La Clairière, 1998.

PIROLO, Neal, *Ceux qui envoient. Leur rôle et leur responsabilité*, Cap-de-la-Madeleine, Québec, Impact, 2000.

PORTNY, Stanley E., et Sandrine SAGE, *La Gestion de projet pour les Nuls*, Pour les Nuls, non daté.

ROCHAT, Didier, *Paul stratège exemplaire*, Chailly sur Montreux, RDF éditions, 2017.

SELMER, Caroline, *Concevoir des tableaux de bord*, Paris, Dunod, 2015.

THIETART, Raymond-Alain, *Le management*, coll. Que sais-je ? Paris, PUF, 2017.

VÉRON, Jacques, « La moitié de la population mondiale vit en ville », *Population et sociétés* 435, juin 2007.

Ouvrages et articles en anglais

BAER, Michael R., « Strategic Planning Made Simple », *Leadership* 10, Printemps 1989, pp. 32-33.

BANKS, Robert, *Reenvisioning Theological Education: Exploring a Missional Alternative to Current Models*, Grand Rapids, Eerdmans, 1999.

DOLENCE, Michael G., Daniel James ROWLEY et Herman D. LUJAN, *Working Toward Strategic Change: A Step-by-Step Guide to the Planning Process*, San Francisco, Jossey-Bass, 1997.

ESTERLINE, David, « A Planning Framework for Theological Education », *Ministerial Formation* 42, Juin 1998, pp. 14-22.

FERRIS, Robert W., *Renewal in Theological Education: Strategies for Change*, Wheaton, Billy Graham Center, Wheaton College, 1990.

HAWORTH, Jennifer Grant, et Clifton F. CONRAD, *Emblems of Quality in Higher Education: Developing and Sustaining High-Quality Programs*, Boston, Allyn and Bacon, 1997.

KOHL, Manfred Waldemar, et A. N. LAL SENANAYAKE, *Educating for Tomorrow: Theological Leadership for the Asian Context*, Bangalore, SAIACS Press, 2002.

PETERS, Tom, *Thriving on Chaos: Handbook for a Management Revolution*, New York, Harper Collins Publishers, 1987.

ROWLEY, Daniel J., et Herbert Sherman, *From Strategy to Change: Implementing the Plan in Higher Education*, San Francisco, Jossey-Bass, 2001.

4

L'excellence en matière de gouvernance

Les institutions de formation théologique sont comptables envers les élèves, le personnel et autres bénéficiaires de leur ministère. Elles sont conseillées et supervisées par des conseils d'administration et des comités consultatifs judicieusement conçus.

Dans ce chapitre, nous examinerons les fondements organisationnels sur lesquels reposent les institutions de formation. La question fondamentale est celle de la propriété morale : pour qu'une gouvernance[1] atteigne l'excellence, ceux qui en détiennent la propriété morale doivent en assumer la responsabilité. Que ce soit dans les mondes occidental ou émergent, la gouvernance est le moyen principal par lequel la direction des institutions de formation rend compte de son action. Dans ce chapitre, j'identifie trois niveaux où la gouvernance doit s'exercer : (1) au niveau des parties prenantes de l'institution, par des comités consultatifs qui les représentent ; (2) au niveau stratégique et fiduciaire, par un conseil d'administration ; (3) au niveau de la mise en œuvre, par le personnel exécutif de l'institution, sous la houlette de la direction. Nous étudierons les responsabilités de chacun.

---

1. N.D.E. : « La gouvernance en quelques mots n'est autre que la mise en œuvre d'un ensemble de dispositifs (règles, normes, protocoles, conventions, contrats…) pour assurer une meilleure coordination des parties prenantes d'une organisation, chacune détenant une parcelle de pouvoir, afin de prendre des décisions consensuelles et de lancer des actions concertées ». http://www.piloter.org/gouvernance-entreprise/definition-gouvernance.htm

Questions générales
1. Les conseils d'administration sont-ils utiles ?

Il est permis d'entrée de jeu de se poser la question : les conseils d'administration ont-ils une quelconque utilité ? La réponse se trouve dans une bonne compréhension de ce qu'est la gouvernance : aider les programmes de formation à rendre des comptes à ceux pour qui ils existent, tout en veillant fidèlement à l'accomplissement de ce qui avait été décidé. Un conseil qui fonctionne bien apporte une stabilité sur le long terme aux programmes de formation. Malheureusement, une idée claire du rôle fondamental de la gouvernance fait défaut à nombre d'institutions de formation théologique. Si leurs conseils d'administration ne fonctionnent pas bien, il leur manquera un fondement solide sur lequel bâtir leurs programmes. Les insuffisances de leur gouvernance est peut-être la principale faiblesse de nombreux établissements théologiques[2]. Comment pouvons-nous obtenir une gouvernance excellente ?

2. À qui votre institution de formation théologique appartient-elle ?

Les questions fondamentales concernant la gouvernance sont liées à la question de l'appropriation. À qui cette école appartient-elle ? À qui faisons-nous part de nos préoccupations institutionnelles ? Qui établit les règles que nous devons suivre ? Et qui nous aide à veiller à continuer de faire ce qui avait été initialement prévu par les fondateurs ?

Notre institution appartient-elle à l'État ?

D'après la réglementation à laquelle ils sont soumis, les organismes d'enseignement doivent répondre à certaines exigences des « autorités ». S'ils sont agréés par les autorités gouvernementales ou paragouvernementales, ils doivent normalement être dôté d'un conseil d'administration pouvant être tenu responsable pour toutes les activités de l'établissement. Cet aspect est important, dans nombre de pays, pour permettre à notre travail de formation de jouir d'une certaine crédibilité publique. Cependant, la plupart d'entre nous ne considérons pas que notre institution appartienne à l'État. Le ministère de l'Éducation nationale (ou toute autre instance légale) peut avoir un droit de regard sur les documents légaux concernant notre institution. Les membres

---

2. On pourrait dire que la gouvernance constitue soit la colonne vertébrale d'une institution, soit son talon d'Achille.

du conseil d'administration qui se réunissent uniquement pour remplir leurs obligations légales ne représentent pas vraiment les intérêts de ceux à qui l'institution appartient[3].

Notre institution appartient-elle aux salariés de l'école ?

Nombre d'institutions de formation paraissent fonctionner comme si leurs salariés permanents étaient leurs propres patrons sans en référer au conseil d'administration : l'équipe administrative et le corps enseignant rédigent leur propre énoncé de mission, et élaborent leur propre plan quinquennal. Ils établissent et appliquent les règles concernant leurs opérations internes. Ceux qui dirigent l'institution embauchent, licencient et s'évaluent mutuellement. Ils déterminent leurs propres salaires et budgets, et assument la responsabilité de lever et de gérer les fonds nécessaires à son fonctionnement. Ils se considèrent responsables dans trois domaines différents :

- La réglementation – Satisfaire les exigences gouvernementales concernant la légalité d'exister en tant qu'école ;
- L'accréditation – Assurer les institutions de niveau comparable que l'enseignement dispensé est au même niveau que partout ailleurs ; et
- La satisfaction sociale – contenter les bénéficiaires du programme en préparant bien les étudiants au ministère.

Ces trois aspects de responsabilités à remplir sont tous importants. De plus, une bonne partie de la mise en œuvre de la politique de gouvernance doit certes être assumée par l'équipe dirigeant l'établissement. Cependant, les institutions de formation qui visent l'excellence ne devraient pas être leurs propres patrons. Autrement, partager nos réussites et nos difficultés reviendrait à n'être comptables qu'envers nous-mêmes.

Notre institution appartient-elle à ses fondateurs ?

Dans les pays avec un passé colonial, les fondateurs d'institutions ont coutume de former une société dont les participants sont membres à vie pour s'assurer

---

3. N.D.E. : Les autorités nationales peuvent imposer des exigences aux établissements d'une part au titre légal d'association locale, d'autre part si l'État reconnaît les diplômes décernés par l'École. À ce titre, administrativement, l'État peut imposer à toute association de nommer un conseil d'administration qu'il tient pour responsable de l'Institution (c'est le président du conseil d'administration qui va en prison en cas de condamnation de l'école par exemple). Mais cette exigence juridique ne signifie pas que l'école appartient à l'État. Face à l'État, le conseil d'administration rempli des fonctions juridiques légales, mais celui-ci incarne aussi les valeurs et l'identité propre de l'établissement, pour tendre à atteindre les objectifs de la formation.

que l'objet statutaire de l'organisation est bien respecté. Il est possible que ces membres ne se réunissent jamais, et ne soient impliqués dans aucune décision courante de l'association. Même s'il y a également un conseil de surveillance ou d'administration, ce sont ces membres à vie qui sont considérés comme les « propriétaires » de la société.

Cette structure n'est pas adaptée à la majorité des établissements d'enseignement. L'existence d'un groupe issu des fondateurs qui ne sont tenus ni de se rencontrer ni de s'informer des activités de l'école constitue la porte ouverte à de sérieuses tensions avec le conseil d'administration de l'institution (ainsi qu'avec l'école elle-même), à mesure que l'offre de formation évolue en réponse aux réalités actuelles.

Il n'est pas non plus utile de considérer que les fondateurs (ou qu'eux-mêmes considèrent) que l'institution leur appartient. Il est juste d'honorer ceux qui ont fait naître et croître une institution, cependant, il devrait être clair qu'un programme de formation de responsables n'existe pas pour le bénéfice de ses fondateurs à la manière d'une entreprise.

Notre institution appartient-elle à ses bénéficiaires ?

Notre institution appartient-elle alors aux personnes qui bénéficient des services de l'établissement ? Absolument, si l'on considère que la propriété morale d'un établissement de formation est aussi l'affaire de celles, Églises et Œuvres, qui lui font appel pour former leurs responsables. Cette propriété morale est relativement facile à visualiser dans le cas d'institutions établies par des unions d'Églises fournissant personnel et finances dans le but de former des étudiants pour leurs Églises. C'est en quelque sorte « leur » programme de formation. L'union d'Églises établit les règles, recrute les enseignants et le personnel, sélectionne les étudiants, valide le programme d'enseignement et de formation et le budget, et alloue des fonds à son programme de formation.

La propriété morale est moins facile à discerner dans le cas d'écoles établies par des organisations ou des individus souhaitant proposer des options de formation à la communauté chrétienne au sens large ; le principe reste néanmoins le même. Tous ceux qui bénéficient de son offre de formation deviennent des parties prenantes de l'institution. Lorsque des Églises ou des associations chrétiennes investissent dans une institution en y envoyant leurs étudiants pour être formés, des professeurs pour y enseigner, ou des fonds pour lui permettre d'opérer, elles deviennent les parties prenantes de l'institution. Ces bénéficiaires peuvent justement avoir l'impression que cet établissement est « à eux ». Les organisations fondatrices deviennent parties prenantes de la même manière, non pas sur la base de ce qui a été fait dans un passé lointain, mais parce qu'elles continuent à bénéficier de ce qui est fait par et à travers cet établissement. Tous ces « propriétaires moraux » ont le droit de se sentir concernés, à travers l'entité gouvernante de l'école, par l'établissement des règles de fonctionnement de l'institution, étant donné que ce sont eux qui influencent le recrutement de ses enseignants et de ses étudiants, et la levée de ses fonds. Il est juste qu'ils soit informés concernant l'avancée de l'entreprise de formation, et de la direction et du fonctionnement en cours de ce qui est en quelque sorte « leur » programme de formation.

3. Quel est le rôle de l'appropriation dans la gouvernance ?

Pour développer des structures de gouvernance saines, la première étape est que les institutions de formation théologique sachent précisément pour qui elles existent. Elles doivent bien comprendre la composition de l'éventail des personnes qu'elles servent. Ceux qui la considèrent comme « leur » école doivent être reconnus, honorés et écoutés. Il n'est pas ici question d'une propriété légale ; celle-ci doit être précisée dans la constitution de l'école. L'appropriation n'est pas tant une question d'avoir « l'autorité sur » mais d'« assumer la responsabilité de » l'établissement. Si les « propriétaires moraux » sont ceux qui bénéficient de l'activité de l'école, il est dans leur meilleur intérêt que leur institution de formation soit gérée de manière excellente. La propriété morale est une notion flexible, sachant que de nouvelles parties prenantes s'impliquent, et des parties prenantes de longue date qui ne s'y investissent plus se retirent. Les propriétés légale et morale devraient toutes les deux être intégrées aux structures concrètes de gouvernance. Celle-ci doit s'exercer à trois niveaux :

1. Au niveau de l'autorité, par un large organisme représentant les parties prenantes de l'institution dans leur totalité (personnels, étudiants, Églises recrutant les élèves formés, conseils d'administration responsables juridiquement de l'œuvre, donateurs réguliers, etc.). Nous l'appellerons « l'assemblée générale », même si cela pourrait aussi être vu comme un comité consultatif.
2. Au niveau stratégique ou procédural, par un groupe plus restreint choisi pour son expertise et sa disponibilité qui définira la finalité de l'institution, développera des procédures opérationnelles, et surveillera leur mise en œuvre. Nous l'appellerons « le conseil d'administration ».

3. Au niveau de la mise en œuvre, par ceux qui gèrent l'institution de formation pour le compte des bénéficiaires, dans le cadre des procédures établies, afin de réaliser la vision et la finalité de l'institution. Son doyen ou président a la responsabilité de cette mise en œuvre et collabore à cette fin avec l'ensemble du personnel administratif et du corps enseignant.

Entités principales de la gouvernance
1. L'assemblée générale comme comité consultatif

Les institutions de formation rattachées aux unions d'Églises tiennent régulièrement des assemblées générales rassemblant des délégués des Églises de la dénomination en question. Normalement, l'ordre du jour prévoit des comptes-rendus sur les progrès du ou des programme(s) de formation de dirigeants de la dénomination. La responsabilité de veiller à la santé de ces instituts bibliques et facultés de théologie est généralement confiée à un groupe plus restreint choisi par l'assemblée ; néanmoins, ce groupe doit tout de même rendre compte à l'assemblée. L'assemblée générale conserve le droit d'approuver toutes les questions majeures concernant l'institution, telles que son budget et la désignation de son directeur ainsi que de son conseil d'administration.

Les institutions de formation sans lien dénominationnel ont besoin d'une assemblée générale du même genre. Cet ensemble devrait représenter tous les « propriétaires » et « parties prenantes » du programme. Il comprendra des personnalités issues d'Églises et d'associations chrétiennes qui estiment que c'est « leur » école. Puisque ce sont eux qui fournissent les enseignants, le personnel, les étudiants et les fonds du programme de formation, l'école doit régulièrement les tenir informés et leur adresser des rapports, pour leur permettre d'évaluer la santé de leur institution, et également leur faire part de leurs sujets de prière et besoins financiers. Ce groupe devrait avoir l'occasion de discuter de ces questions ensemble, ainsi que de fournir des retours concernant la réussite ou l'échec du programme d'enseignement et de formation. Cette assemblée générale devrait être convoquée au moins une fois par an, éventuellement en conjonction avec des événements majeurs se tenant à l'institution de formation, telles que les cérémonies de remise de diplôme, ou des semaines spéciales.

Ce groupe représentatif des « propriétaires » de l'école pourrait prendre le nom de comité consultatif, sa raison d'être étant davantage de conseiller et de fournir des retours plutôt que de diriger. Bien que l'assemblée générale puisse s'attribuer des pouvoirs importants tels que l'approbation du budget ou la validation des candidats proposés au conseil d'administration ou comme doyen de l'établissement, elle devrait se focaliser avant tout sur la question plus large des résultats et de l'impact de l'établissement, plutôt que sur les opérations courantes ou les détails. Les rencontres de et avec ce groupe devraient être planifiées de manière à obtenir un maximum de retours concernant les étudiants et les diplômés, ainsi qu'une idée de l'impact (ou de l'absence d'impact) de l'institution de formation. L'expertise au sein du groupe peut permettre à celui-ci de servir de forum ou de groupe de réflexion pour aider l'école à envisager des moyens nouveaux et créatifs de former, d'administrer, de lever des fonds, de recruter des étudiants, etc. Ces rencontres peuvent être des occasions excellentes pour la direction de l'école de se renseigner sur les tendances et les questions majeures du monde de l'éducation, de l'Église, ou de la société en général.

Ce groupe consultatif pourrait aussi s'intituler « comité de référence », les individus le composant étant des personnalités bien connues qui apportent leur caution à la formation offerte. Son importance et son influence ne doivent pas être sous-estimées. Il est donc impératif que ses membres soient à l'aise avec toutes les facettes de ce que l'institution de formation théologique cherche à accomplir, puisqu'ils sont les mieux placés pour prier pour elle avec discernement et pour faire connaître ses besoins et ses réussites dans le milieu chrétien au sens large.

2. Le conseil d'administration

Chaque programme de formation a besoin d'un conseil d'administration. Il s'agit d'un groupe plus restreint, assumant la responsabilité légale du programme de formation et de ses activités. Il œuvre, sous la responsabilité d'une assemblée générale, à l'élaboration de politiques et de règles régissant le fonctionnement de l'institution de formation, et à la supervision de l'ensemble des opérations de celle-ci.

La responsabilité principale d'un conseil d'administration est de s'assurer que l'institution de formation fait bien ce qu'elle est censée faire. En général, les statuts de l'établissement considèrent le conseil d'administration comme le responsable légal à qui l'école appartient (normalement par délégation de l'assemblée générale ou des divers organismes que les membres du conseil représentent). Il porte *in fine* la responsabilité de tous les aspects et de toutes les activités de l'organisation. Le conseil devrait définir et réaffirmer régulièrement la finalité ou la mission de base du programme de formation, ainsi que ses valeurs. Le conseil supervise l'élaboration et la mise en œuvre d'un plan stratégique qui est le reflet de la mission et des valeurs de l'école, alors qu'elle cherche à répondre aux besoins réels des usagers de l'établissement, dans les limites des ressources financières et humaines disponibles.

Un conseil d'administration ne devrait normalement pas compter plus de sept à douze membres. Si les réunions prennent toute la journée, le conseil ne devrait pas avoir besoin de se réunir plus de trois fois par an (deux rencontres officielles ainsi que sa participation à la retraite annuelle des salariés par exemple). Si les membres habitent suffisamment près pour pouvoir se retrouver facilement, ils peuvent choisir de se voir sur des demi-journées tous les deux ou trois mois.

Il est utile pour les institutions théologiques que les membres de leur conseil d'administration représentent un éventail de professions : ils ne devraient donc pas tous être des pasteurs ou des universitaires. Si la formation s'adresse à des personnes d'âges variés et issues de différentes dénominations, le conseil devrait être le reflet de cette diversité : c'est-à-dire être composé d'hommes et de femmes d'une variété d'âges et d'Églises. Le même principe s'applique aux institutions d'unions d'Églises. Si une proportion significative des étudiants, du corps enseignant ou des finances ont une origine extérieure à la dénomination, le conseil devrait inclure des membres représentant ces personnes. Si possible, il est également utile d'avoir des membres du conseil dotés de compétences précises, par exemple en ressources humaines, dans le domaine des finances, de l'administration, des médias ou du droit. Bien que certains salariés, y compris le doyen, puissent servir au conseil de par leurs fonctions, ils ne devraient pas être membres votants du conseil.

Il est avantageux que des personnes restent membres du conseil suffisamment longtemps pour bien connaître l'histoire et les opérations de l'institution de formation, et pour créer des liens avec les autres conseillers, ainsi qu'avec les salariés et les étudiants. Cependant, il est également bon qu'un membre du conseil ne considère pas son mandat comme étant à vie. Il est bon d'avoir une limite d'âge pour les conseillers (par exemple, 70 ou 75 ans) et de les limiter à deux mandats de quatre à cinq ans maximum. Ceci permet un renouvellement et la découverte de nouveaux points de vue. Le conseil devrait élaborer des procédures pour la nomination et la sélection de ses nouveaux membres. Ils devraient être choisis (ou validés) par l'assemblée générale selon des critères précisant les qualités ou expériences souhaitées ou requises des conseillers.

Les conseillers doivent se sentir suffisamment libres les uns avec les autres pour pouvoir s'exprimer ouvertement et honnêtement lorsqu'ils étudient les différents aspects de questions compliquées, y compris celles qui ont une charge émotionnelle. Il n'est pas nécessaire d'insister pour que toutes les décisions soient votées par acclamation unanime. Si certains ont des réserves sérieuses s'agissant d'une question précise, la décision peut en général être remise à plus tard. Les détails de la discussion devraient demeurer confidentiels et lorsqu'une décision a été prise, le conseil doit parler d'une seule voix. Les membres ne doivent pas continuer à exprimer leurs opinions personnelles de manière extérieure au conseil.

En tant qu'organe suprême de l'institution de formation théologique, le conseil d'administration élabore les règles et procédures régissant son fonctionnement. Il ne devrait pas se considérer comme un groupe d'experts dont le rôle est d'aider le personnel à faire son travail. Par exemple, au lieu de préparer un budget, le conseil devrait décider des critères qui rendent un budget acceptable ou non. Au lieu d'embaucher et d'évaluer le personnel et les enseignants, il élabore des politiques déterminant quelles sortes d'enseignants et de personnel administratif l'école peut (et ne peut pas) accepter. Le conseil effectue un suivi de ces procédures, pour vérifier qu'elles sont mises en œuvre correctement. Pour ce faire, il devrait passer par le doyen ou directeur, qui est la seule personne recrutée directement par le conseil. Le personnel administratif et enseignant rend compte au doyen, qui lui-même rend compte régulièrement au conseil concernant les progrès, problèmes ou questions nécessitant une discussion.

Un exemple de politique pourrait être : « Chaque membre du personnel administratif et chaque enseignant disposera d'un descriptif de poste comprenant des critères de performance. » Ou : « Chaque membre du personnel administratif et chaque enseignant sera évalué annuellement suivant les critères de performance correspondant à leur poste. » Le conseil ne rédige pas les descriptifs de poste, les objectifs de performance ou les procédures d'évaluation. Ce sont des questions de mise en œuvre qui devraient être du ressort de la direction de l'établissement. Nous examinerons ces questions plus en détail au chapitre suivant. Cependant, le conseil est responsable de s'assurer qu'il existe des descriptifs de poste et des critères d'évaluation pour chaque employé de l'école, et de la conduite d'évaluations annuelles du personnel, conformément aux procédures que le conseil a établies.

Lorsque les conseillers reçoivent un rapport du doyen (qui devrait arriver entre leurs mains sous forme écrite bien avant la réunion du conseil), ils le lisent attentivement (au lieu qu'on leur en fasse la lecture) à la lumière des procédures établies en train d'être mises en œuvre. Un conseil doit pouvoir comprendre si le programme de formation de dirigeants est en train de réaliser ses objectifs ou non dans le cadre des principes fondamentaux définissant sa mission.

Il arrive que le conseil d'administration doive valider des décisions prises par d'autres mieux placés pour cela, telles que la ratification de nominations de nouveaux membres du personnel administratif ou enseignant, la validation des dates d'événements, ou l'approbation du budget. Un « oui » symbolique est suffisant ; il ne faudrait pas consacrer trop de temps à revoir systématiquement ce qui, espérons-le, a été fait de manière compétente par la direction, à moins, bien entendu, qu'il s'avère qu'une politique établie par le conseil a été transgressée. Cependant, même en cas de manquement, le conseil ne devrait pas intervenir pour faire le travail du personnel, mais plutôt demander aux personnes responsables de le rectifier. Un conseil devrait consacrer son temps et son expertise à la discussion de questions de fond, telles que le genre d'enseignants dont l'école a besoin, ou les moyens de ressourcer et de former davantage le corps enseignant existant. Comme l'assemblée générale, le conseil d'administration a une fonction consultative, et devrait mettre à profit son expertise pour réfléchir de manière créative aux enjeux auxquels l'institution fait face, comme par exemple la découverte de nouvelles sources de financement, ou la découverte de nouveaux étudiants, enseignants, ou même de nouvelles catégories de bénéficiaires.

En général, un conseil détient la responsabilité légale de veiller à ce que les fonds soient levés et gérés comme il convient, avec la bonne documentation. Ceci est important, cependant il est encore plus important de vérifier si les fonds levés et déployés ont bien été adéquats pour permettre à l'institution de réaliser ce que, d'après ses valeurs et sa finalité, elle est censée accomplir. Dans tous les domaines, un conseil d'administration ne devrait pas se laisser distraire par les questions opérationnelles courantes. Sa tâche principale est de garantir l'efficacité et la fidélité de l'ensemble du programme de formation dans ce qu'il cherche à accomplir.

Responsabilités précises d'un conseil d'administration

La liste suivante des responsabilités du conseil d'administration d'une institution de formation théologique est la version adaptée d'une présentation faite par Nabil Costa, directeur exécutif de la Société libanaise pour l'éducation et le développement social, lors d'une rencontre de l'Institut pour l'excellence de l'OCI au Caire en février 2001.

1. **Un conseil d'administration a une dimension visionnaire :**
   - Formuler et soutenir la mission de l'institution (ses valeurs, sa finalité et sa confession de foi, etc.), et veiller sur le programme ou l'institution de formation pour s'assurer que ce fondement soit préservé.

- Prier et rêver au sujet de l'avenir du programme. Même si la plus grande partie du travail d'élaboration du plan stratégique est effectué par la direction et l'équipe enseignante de l'école, le conseil d'administration doit surveiller le processus de planification stratégique, puisque c'est sa responsabilité de faire du futur une réalité, en accord avec la finalité et les valeurs fondamentales du programme. S'il faut modifier des fondements, c'est au conseil de le dire.

2. **Un conseil a une dimension administrative et gestionnaire :**
   - Élaborer des procédures pour tous les aspects opérationnels de la formation et surveiller la santé de l'école grâce aux comptes-rendus du doyen, à la lumière de la finalité, des valeurs et des principes de l'institution.
   - Approuver le budget (en accord avec les principes établis par le conseil) et faire en sorte que des contrôles financiers adéquats soient en place pour permettre un emploi approprié des fonds.
   - Recruter, évaluer et encourager le directeur de l'institution (le doyen ou président) et les nouveaux membres du conseil.
   - Évaluer sa propre efficacité.

3. **Un conseil d'administration a une dimension de relations publiques :**
   - Bien connaître l'institution de formation, et la soutenir publiquement et dans la prière.
   - Aider l'institution à maintenir de bonnes relations avec ses donateurs, les églises, la société alentour, les médias, les anciens étudiants, et l'État.
   - Aider à trouver de nouveaux donateurs, tout en étant lui-même donateur.

4. **Un conseil a une dimension juridique :**
   - Être responsable, y compris légalement, par délégation des propriétaires, pour toutes les affaires fiscales, aussi bien que pour le bien-être général du ministère.

Responsabilités spécifiques des membres du conseil

Chaque conseiller devrait prendre très à cœur son rôle dans le conseil. Ce n'est pas un statut que l'on accepte afin de gagner en prestige ou d'améliorer son image dans la société. Ce n'est pas non plus un poste qui devrait être rémunéré, bien que, si le budget le permet, les déplacements puissent faire l'objet d'un remboursement. Personne ne devrait accepter une telle responsabilité à moins d'être prêt à prier régulièrement, à donner financièrement à l'institution, à se tenir informé concernant le programme et ses acteurs par la lecture de rapports et par des visites, et à participer activement à toutes les réunions du conseil.

Manfred W. Kohl, ancien vice-président du Développement international au sein de l'OCI, a partagé ce qu'il appelle la « règle de sept » au cours de nombreux Instituts pour l'excellence de l'OCI. Ce ne sont pas des règles rigides, mais des principes de sagesse à méditer. Selon la règle de sept, chaque membre du conseil devrait s'engager à :

1. Passer sept secondes par jour dans la prière pour l'école, sa direction et son personnel.
2. Passer sept minutes par semaine à lire la correspondance, les lettres de nouvelles et les rapports provenant de l'école, à appeler le doyen ou d'autres personnes pour avoir des nouvelles, et, si l'occasion se présente, à présenter la nature et les objectifs du programme de formation avec d'autres.
3. Consacrer sept heures par mois pour assister occasionnellement aux cultes ou aux temps de prière du personnel, ou pour déjeuner avec le doyen, les enseignants ou les étudiants.
4. Donner sept journées par an pour participer aux réunions régulières du conseil, ainsi qu'aux journées de prière et de planification exceptionnelles avec le conseil et le personnel.
5. Servir sept années comme conseiller afin de permettre une continuité et un engagement de qualité, mais ensuite de céder sa place pour donner à de nouvelles personnes, avec des idées nouvelles, l'occasion de servir, et afin de se libérer pour servir au sein du conseil d'administration d'autres organisations.
6. Consacrer les sept dernières semaines de son mandat à former son successeur afin d'assurer une passation simple et sans heurts, et pour expliquer les questions délicates ou importantes héritées du passé.
7. Partager (avec les autres membres du conseil) la charge de fournir 1/7 du budget opérationnel en s'engageant personnellement à soutenir l'établissement financièrement, en trouvant des amis et donateurs s'intéressant au ministère, et en aidant à ouvrir certaines portes et à relancer des contacts.

L'équipe exécutive ou administrative

Les salariés des institutions de formation théologique, nous l'avons vu précédemment, ne devraient pas se considérer comme leurs propres patrons. Néanmoins, certains rôles importants dans la gouvernance doivent être remplis par l'équipe administrative de l'établissement. La direction du programme de formation écoutera la sagesse et les conseils des dirigeants importants faisant partie de son assemblée générale. Elle aura besoin de leur soutien et de leur bénédiction, puisqu'il s'agit de « leur » programme de formation. Nous souhaitons qu'ils continuent à nous envoyer des étudiants, des enseignants et du soutien financier. La direction administrative d'une école respectera également son conseil d'administration, puisque c'est lui qui porte la responsabilité légale pour tous les aspects de notre institution de formation de dirigeants. La bonne gouvernance n'est pas qu'un livret contenant des règles et des principes. Les procédures doivent être appliquées et des rapports doivent être rendus afin que le conseil (et les propriétaires) soient satisfaits du fait que l'institution fait réellement ce qu'elle est censée faire. Bien entendu, il y aura besoin d'une équipe exécutive ou administrative pour aider à l'accomplissement des tâches administratives courantes de l'institution. Une équipe administrative compétente est le sujet de notre chapitre suivant. Cependant, avant de conclure notre discussion des questions de gouvernance, nous devons aborder la question du rôle et des responsabilités de la personne responsable de la mise en œuvre de la vision et des procédures de l'institution de formation. Cette personne peut prendre le titre de doyen, recteur, directeur ou président.

Le rôle du directeur dans la gouvernance

Au chapitre 2, nous avons discuté des qualités requises dans la vie de toute personne dirigeant des programmes de formation de responsables. Nous avons également avancé que toute personne prenant part à la direction d'une institution de formation théologique a quatre missions de base : (1) apporter une vision et un plan ; (2) constituer, préparer et encourager des équipes ; (3) assurer la formation continue des enseignants ; et (4) représenter l'établissement auprès du public.

Cependant, une seule personne est nommée directeur ou doyen de l'institution. Cette personne est embauchée par le conseil d'administration, et sa candidature est ratifiée par l'assemblée générale, pour assumer l'entière responsabilité de tout ce qui se passe au sein de l'institution. Par conséquent, les responsabilités du doyen doivent inclure au minimum les domaines suivants :

- La planification stratégique et les perspectives à long terme ;
- La planification opérationnelle et organisationnelle, y compris l'évolution du personnel ;
- Le budget annuel avec des rapports financiers réguliers et la préparation de l'audit annuel ;
- Le développement de l'équipe et la planification avec/pour le personnel-clé ;
- Les flux d'information réguliers/mensuels aux membres du conseil, assurant que les décisions prises par le conseil et les comités soient appliquées ;
- La représentation de l'établissement à l'extérieur, y compris la participation à des rencontres internationales ;
- La responsabilité ultime pour l'image institutionnelle, toutes les publications et les activités de marketing ;
- La préparation aux réunions du conseil d'administration et des comités et la présence à ces réunions.

Ce poste ne convient pas à un perfectionniste qui préfère tout faire tout seul. Il n'est pas adapté non plus à quelqu'un dont la passion exclusive est l'enseignement ou l'accompagnement pastoral. Que les enseignants ou les prédicateurs enseignent et prêchent de tout leur cœur et de toute leur âme. Un doyen fructueux, lui, devra partager son temps en trois parts plus ou moins égales :

1. Construire des relations avec le conseil d'administration et les membres de l'assemblée générale. Elles seront à la fois pastorales et dans le but de forger une vision. Il est important d'écouter les préoccupations du conseil et des personnalités représentant les parties prenantes de l'école. Le doyen fera part de ses propres préoccupations ainsi que de ce que Dieu fait dans l'institution de formation et à travers elle. Si le doyen consacre une part importante de son temps, régulièrement, à ces personnes clés, cela aura un impact positif sur la vie de l'institution de formation.

2. S'impliquer dans l'équipe exécutive ou administrative de l'école. Ceci comprendra des tâches administratives et de l'enseignement, mais devra également inclure l'habilitation d'autres personnes pour accomplir ce travail, et la formation à l'enseignement, afin de disposer

d'une équipe solide capable de travailler ensemble pour réaliser la mission de l'école. Nous étudierons une structure possible pour cette équipe dirigeante au chapitre suivant.
3. Les relations publiques. Ceci peut impliquer des interventions publiques pour trouver des fonds et des amis dans des contextes variés, ainsi que des conversations privées avec des amis récents et de longue date. Puisque le doyen incarne ce qu'est l'école, il faut y consacrer un temps important, pour que la crédibilité de celle-ci soit reconnue par les représentants de l'État, les autres institutions de formation, et la société en général.

Conclusion

Une bonne gouvernance fournit des bases solides aux programmes de formation théologique. Il faut que les usagers desservis par un programme de formation s'approprient réellement le travail de formation et développent des structures pour définir et préserver les valeurs et la finalité de l'institution. Un moyen-clé pour arriver à ce résultat est un doyen qui non seulement formera et habilitera les équipes qui mettront en œuvre la volonté du conseil d'administration et de l'assemblée générale, mais qui insufflera également la vision tout en prenant soin pastoralement des responsables-clé des parties prenantes de l'établissement.

Questions de discussion au sujet de votre gouvernance

1. D'après vous, à quoi servent le conseil d'administration et le conseil consultatif de votre établissement ? Quelle évaluation globale faites-vous de votre conseil d'administration (ou autre entité gouvernante) ?
2. Pour vous, à qui appartient l'établissement où vous travaillez ?
3. Dans quelle mesure votre conseil d'administration fait-il double emploi avec le travail de l'équipe dirigeante ou administrative ? Comment pourriez-vous aider le conseil à faire la distinction entre le travail de gouvernance et celui de l'équipe dirigeante ?
4. Y a-t-il un bon éventail de compétences parmi les membres de votre conseil d'administration ? Quel type de personne pourrait être ajoutée au groupe pour mieux équilibrer les compétences de celui-ci ?

Pour aller plus loin : lectures suggérées
Ouvrages et articles en français

Barvzen, Cyril J., *Néhémie, l'art de diriger*, Trois-Rivières, Impact, 2017.

Briner, Bob, et Ray Pritchard, *Diriger selon Jésus*, Genève, La maison de la Bible, 1999.

Dherse, Jean-Loup, et Hugues Minguet, *L'éthique ou le chaos ?* Paris, Éditions Petite Renaissance – Presses de la Renaissance, 2007.

Divers auteurs, « Qui est à la barre ? – l'exercice de l'autorité dans les églises issues de la Réforme », *Hokhma* 66, 1997.

Farmer, Jeanne, *Le ministère pastoral. Approche systémique de la gestion de l'Église*, Paris, Empreinte Temps présent, 2006.

IFA, *Comité de nomination : gouvernance et bonnes pratiques*, septembre 2011.

IFA, *La Gouvernance dans les grandes associations et fondations : Évaluer son Conseil d'Administration*.

IFA, *Structure de gouvernance de l'entreprise : critères de décision*, janvier 2013.

Johnson, Spencer, *Qui a piqué mon fromage ? Comment s'adapter au changement*, Neuilly-sur-Seine, M. Lafon, 2000.

Kuen, Alfred, *Le responsable. Qualifications et fonctions*, Saint-Légier, Emmaüs, 1997.

Lack, Rudi, *101 principes pour savoir diriger*, Corgémont, GLIFA, 2004.

Lhermenault, Étienne, « les compétences du futur pasteur », *Cahiers de l'institut,* Janvier 2008, http://www.ibnogent.org/files/cahier_janv_09.pdf [consulté le 26 mai 2017].

Maire Ch.-D., et Isaac Zokoué, « Mission et corruption », *Ichthus* 138, no. 5, 1986.

Mercier, Samuel, *L'éthique dans les entreprises*, Paris, La Découverte, 2004.

Oiry, Ewan, *De la qualification à la compétence, rupture ou continuité*, Paris, L'Harmattan, 2004.

Paya, Christophe, sous dir., *Dictionnaire de Théologie pratique*, Charols, Excelsis, 2011.

Pella, Gérard, Gilbert Vincent, Frédéric de Coninck, Jacques Blandenier, *et al.*, « Qui est à la barre ? L'autorité dans les Églises issues de la Réforme », *Hokhma,* n°66, 1997.

Poujol, Jacques et Claire, *Les conflits. Origines, évolutions, dépassements.* Empreinte, 1989.

Strauch, Alexander, *Diriger avec amour*, Lyon, Clé, 2007.

Wojtas, Sabine, *Les Ressources humaines pour les Nuls*, Pour les Nuls, Paris, First éditions, 2016.

Ouvrages et articles en anglais

BLACKMAN, Rachel, « Organizational Governance », *Roots* 10, 2006. Une excellente ressource disponible chez Tearfund Grande-Bretagne dans le cadre de la série ROOTS www.tearfund.org/tilz.

CARVER, John, *Boards That Make a Difference*, San Francisco, Jossey-Bass, 1990.

DRUCKER, Peter F., *Managing the Non-Profit Organization: Principles and Practices*, New York, Harper Business, 1990.

O'CONNELL, Brian, *The Board Member's Book: Making a Difference in Voluntary Organizations*, Washington, The Foundation Center, 1985. Surtout le chapitre 4 « The Role of the Board and Board Members » (p. 19-32).

5

L'excellence en matière d'administration

Les institutions de formation qui visent l'excellence ont des structures adaptées et adéquates, permettant à leurs programmes éducatifs de bien fonctionner. Une bonne gestion est le fruit du travail de personnes ayant des descriptifs de poste clairs, qui sont compétentes et qui se mettent au service des enseignants, des employés et des étudiants pour qu'un apprentissage fécond ait lieu.

À mon arrivée au Brésil, un collègue canadien et moi-même avons été sollicités par notre association de pasteurs locale pour démarrer une institution de formation théologique. Nous avons trouvé un bâtiment en U, autrefois un foyer de jeunes filles chrétiennes venues étudier dans la ville. Nous avons embauché des ouvriers pour transformer les quatre petites chambres en deux salles de classe, et la loge du gardien en bureau. La salle à manger est devenue notre bibliothèque, et quatre petites chambres dans une des ailes sont devenues l'hébergement des quelques étudiants habitant loin de la ville. Nous avons créé nos propres dossiers de candidature de recrutement d'étudiants, ainsi que des registres pour suivre les présences et consigner les notes. Nous avons ouvert un compte en banque et créé notre propre comptabilité. Nous avons acheté les quelques livres disponibles à l'époque en portugais chez des éditeurs brésiliens, et nous les avons classés sur les rayons de notre petite bibliothèque. Nous avons visité nombre d'Églises locales pour faire connaître notre institut, et invité quelques pasteurs à être chargés de cours dans ce nouvel établissement. Notre programme d'enseignement et de formation comportait essentiellement une compilation de programmes d'autres institutions de formation brésiliennes.

Nous avons établi les emplois du temps et les horaires des cultes en fonction des disponibilités des enseignants. Nous étions nous-mêmes enseignants débutants, mais nous avons fait ce que nous pouvions pour former les autres professeurs. Avec le recul, je me dis que notre travail n'était pas si mauvais ; cependant, nous avons tous les deux touché à un grand nombre de domaines auxquels nous ne connaissions pas grand-chose.

La majorité des programmes de formation sont initiés par des enseignants. Dans les premières phases de leur développement, ce sont les enseignants qui accomplissent la plus grande partie des tâches administratives, qu'ils soient doués pour cela ou non.

Malheureusement, dans nombre de cas, cet état des choses n'évolue pas nécessairement avec le temps. Au début du développement institutionnel, il est logique que les enseignants rédigent le programme d'enseignement et de formation, et l'enseignent. Ce sont eux les mieux placés pour définir les règles et pratiques académiques et donner leur avis sur l'admission des étudiants, le développement des bibliothèques et les besoins en termes de locaux et de matériel. Ils doivent également pouvoir donner leur opinion en ce qui concerne le budget. Ce n'est cependant pas une bonne chose qu'ils portent éternellement la responsabilité de veiller sur tout ce qui se passe sur le campus d'une faculté de théologie.

Lorsque les besoins en personnel d'une école augmentent, une spécialisation devient nécessaire. Pour que les étudiants soient bien préparés à leur ministère, il faut atteindre un bon niveau d'excellence dans trois domaines internes à la vie d'une école ; l'enseignement n'en est qu'un des trois. La majorité des gens comprennent l'aspect académique de l'apprentissage, nécessitant des livres, une salle de classe, des ordinateurs et des personnes douées pour enseigner. Cependant les domaines de l'administration et de la levée de fonds sont tout aussi importants pour le bon fonctionnement de l'école.

Dans ce chapitre nous examinerons les questions liées à l'administration et aux structures d'une école de théologie. Nous verrons que sa gestion requiert un directeur ou doyen qui supervise trois domaines distincts : affaires académiques, affaires administratives, et relations publiques/recherche de fonds. Nous étudierons également ce qui concerne les budgets, les descriptifs de postes, le recrutement de nouveaux collaborateurs et comment renforcer l'équipe administrative déjà en place.

Le défi de l'administration

Très peu de personnes se rendent compte des responsabilités accomplies quotidiennement par ceux qui ont des compétences d'administrateur (et pas uniquement d'enseignement), pour permettre à un programme de formation de fonctionner de manière opérante. Moins nombreux encore sont ceux qui comprennent les responsabilités à remplir pour qu'un programme ait un soutien financier suffisant. Il est impossible d'atteindre un bon niveau d'excellence dans l'apprentissage sans une équipe administrative compétente travaillant dans des structures administratives bien pensées. En effet, l'apprentissage a lieu à l'intérieur d'un système complexe ayant de nombreuses composantes qui doivent fonctionner simultanément.

Les programmes de formation de responsables ont besoin d'être administrés de manière optimale. Coordonner la logistique d'une institution de formation théologique est une tâche qui peut faire peur, quelle que soit la taille de l'établissement. Cela peut s'expliquer de la manière suivante : bien souvent, la plupart des structures, procédures et règles administratives ne sont pas le résultat d'un plan bien réfléchi, conçu pour servir les objectifs du programme de formation de manière cohérente. Au contraire, les structures, pratiques et principes sont souvent le reflet d'une longue accumulation de réponses à des situations particulières mise en place par des individus. Les directions des écoles héritent couramment de structures administratives qui sont trop compliquées par rapport aux tâches à accomplir.

Les structures simples sont à privilégier. Bien administrer implique de mettre en place et de coordonner une équipe qui accomplira tout ce dont votre programme de formation a besoin. Il n'est pas utile de simplement continuer à répéter les pratiques passées. En outre, nous ne rendons pas non plus notre administration plus efficace ou compétente lorsque nous embauchons des personnes qui n'ont pas forcément les qualités requises. Nous avons besoin d'un personnel ayant les compétences nécessaires au fonctionnement optimal de tout le processus de formation.

Une bonne administration se déroule en équipe. La personne qui assure l'accueil a le premier impact sur l'image de l'institution, gérant de manière personnalisée et dynamique les visiteurs et les communications téléphoniques. Dans cette équipe, on compte également sur ceux qui s'occupent de l'intendance, de la bibliothèque, du matériel pédagogique, des installations, de l'informatique, des admissions, de l'aumônerie des étudiants, du bon déroulement de l'enseignement, des archives, des finances, de la communication extérieure, etc. À titre d'exemples :

- Le programme d'enseignement et de formation est organisé pour que des enseignants qualifiés soient disponibles pour les matières à enseigner, et pour gérer l'affectation des salles de classe.
- Un(e) secrétaire pédagogique coordonne et met à jour les dossiers académiques, les descriptifs de cours, les résultats des examens et l'attribution des unités de valeur. Des assistants administratifs harmonisent les plannings, organisent des réunions, préparent les documents et veillent à ce que la correspondance de l'établissement soit à jour et bien archivée.
- Quelqu'un d'autre s'assure que les droits de scolarité ont été perçus, les bourses allouées selon les règles, et toutes les factures et les salaires versés.
- Des formateurs internes sont chargés du suivi et de la mise à jour de tout un éventail de compétences des équipiers.

Toutes ces tâches sont d'ordre administratif et la plupart d'entre elles ne devraient pas être faites par ceux qui sont principalement doués pour l'enseignement.

Nous faisons partie d'une communauté d'apprentissage. Les étudiants et le milieu environnant observent comment nous servons Dieu, d'une manière joyeuse et compétente... ou non. La manière dont le corps enseignant, l'équipe administrative et les autres membres du personnel se comportent les uns envers les autres et vis-à-vis des étudiants constitue aussi un exemple important à propos du corps de Christ. Pour le meilleur ou pour le pire, ce que nous faisons, et ce que nous sommes, ensemble, tendra dans une certaine mesure à se reproduire dans les églises et les ministères de nos diplômés.

Des structures administratives adaptées

Il faut quelqu'un aux commandes. Nous avons vu au chapitre précédent que cette personne – appelée doyen, recteur, président, directeur ou principal – a été choisie et habilitée par les structures de gouvernance de l'école pour mettre en œuvre des politiques permettant à l'institution de formation d'accomplir sa mission. Pour ce faire, une des responsabilités principales de cette personne sera de constituer, former et superviser une équipe dans au moins trois domaines différents, mais liés, où l'excellence est nécessaire :

- Affaires académiques
- Affaires administratives
- Relations publiques et levée de fonds

Dans un sens, tous ces domaines impliquent de l'administratif, car ils touchent à la logistique qui permet à un programme de formation de bien fonctionner. Cependant, puisqu'ils en recouvrent des aspects distincts, chacun devrait être pris séparément et placé sous la responsabilité d'une personne désignée pour diriger ce domaine précis. Selon la taille de l'institution, des administrateurs à plein temps ne seront pas forcément nécessaires. Ces responsables administratifs pourraient avoir comme titre « coordonnateur », « directeur » ou « vice-président ». Les compétences étant différentes, chaque coordonnateur ne devrait normalement être responsable que d'un de ces trois domaines. Cependant, les trois doivent collaborer étroitement sous la direction du chef d'établissement, étant donné l'importance des liens entre ces domaines.

1. Les affaires académiques

Ce domaine est sans doute le plus facile à conceptualiser. Nous savons qu'il faut trouver, former et renouveler des enseignants compétents. Nous devons élaborer un programme d'enseignement et de formation contextualisé permettant d'équiper les étudiants pour leur ministère. Des résultats et des méthodologies d'enseignement doivent être définis pour tous les cours, et leurs descriptifs doivent être élaborés, gardés et consultés pour assurer la qualité et l'harmonisation de chacun d'entre eux. Une formation sur le terrain et le développement des qualités morales doivent également être intégrés au programme global de formation. L'on peut adjoindre à l'équipe des affaires académiques un aumônier pour suivre la croissance spirituelle des étudiants. Une bibliothécaire peut également rejoindre cette équipe, vu l'importance des livres et des ressources électroniques pour l'apprentissage. Des principes régissant la notation seront nécessaires, ainsi qu'une conservation soigneuse des dossiers académiques. Quelqu'un doit également être chargé de créer un emploi du temps pour les cours, et un planning pour les salles de classe.

Le rôle de la direction pédagogique

C'est avant tout au directeur des études que revient la responsabilité de superviser l'élaboration et la gestion du programme d'enseignement et de formation de l'institution. Cette personne aura besoin de compétences organisationnelles et relationnelles, ainsi que d'une solide expérience en tant que formateur. Sa tâche principale consiste à constituer une équipe pédagogique solide attachée à la contextualisation du programme d'enseignement et de formation, afin que l'institution puisse réaliser ses objectifs liés à la préparation des personnes au ministère. Le directeur des études devrait avoir une bonne idée des forces et des faiblesses de l'offre de formation de l'établissement. Son rôle n'est pas principalement d'être un pionnier qui lance de nouvelles initiatives, mais surtout d'être un « gestionnaire » de personnes qui réaliseront diverses tâches liées les unes aux autres. Si le directeur des études réussit et se montre juste dans sa gestion, tous auront le sentiment d'une œuvre accomplie par l'ensemble de l'équipe. Les responsabilités de la direction académique comprennent au minimum ces sept éléments importants :

1. **Élaborer le ou les programme(s) d'enseignement et de formation.** Le processus d'évaluation et de révision du programme d'enseignement et de formation devra être supervisé pour s'assurer de sa pertinence. Les enseignants doivent comprendre le rôle que chacun d'eux est appelé à jouer pour rendre le programme opérant.
2. **Réaliser un consensus autour de la vision pédagogique.** Un corps d'enseignants est difficile à faire avancer ensemble dans la même direction. Un bon directeur des études saura créer une compréhension partagée de ce que chacun essaie de faire. Les relations sont importantes et les décisions doivent être prises de façon consensuelle. Jeanne P. McLean a écrit que le directeur des études sert de : « modérateur, négociateur, et de guide. Les directeurs des études dirigent en permettant aux autres de participer à la gouvernance académique et de réaliser leurs buts communs[1]. »
3. **Habiliter le corps enseignant.** Le directeur des études devrait élaborer un système d'évaluation régulière comportant les retours des étudiants et des collègues enseignants, pour aider les enseignants à mieux enseigner. Les professeurs devraient être encouragés à participer à des séminaires ou ateliers professionnels leur permettant de parfaire leurs compétences et de développer des relations avec leurs collègues. Ce processus est encouragé et facilité par le directeur des études, qui coordonnera également les initiatives permettant aux enseignants d'enrichir leurs qualifications.
4. **Suivre le développement des connaissances et des qualités des étudiants.** Le directeur des études devrait encadrer à la fois le travail de l'aumônier des étudiants et le programme de formation sur le terrain. Il devrait se tenir informé des progrès des étudiants dans ces

---

1. Jeanne P. McLean, *Leading from the Center: The Emerging Role of the Chief Academic Officer in Theological Schools,* Atlanta, Scholars Press, 1999, p. 74.

domaines, des questions et des problèmes qui se posent, et veiller à ce que des réponses adaptées y soient apportées.
5. **Résoudre des problèmes et des conflits.** Le directeur des études sert d'« instance d'appel » pour la plupart des questions académiques, y compris pour les demandes d'exceptions lorsqu'il est demandé qu'une exception soit faite, ou en cas de problème de discipline. Il sert de médiateur dans les conflits éventuels entre enseignants et étudiants, ou entre membres du personnel pédagogique.
6. **Établir le budget lié au programme d'enseignement et de formation.** C'est au directeur des études que revient la responsabilité de connaître et de proposer les besoins financiers, en personnel et en matériel pour permettre le bon fonctionnement du programme éducatif.
7. **Représenter le département académique.** Le directeur des études représente l'équipe académique dans son ensemble et devrait entretenir des relations étroites avec la direction globale de l'institution et avec son conseil d'administration. Lorsque des accords académiques doivent être conclus, c'est lui qui devra défendre le processus et proposer des conclusions.

2. Les affaires administratives

La gestion d'une institution de formation théologique repose sur de nombreux détails. Lorsque les personnes douées pour régler les petits détails ne s'en occupent pas efficacement, les effets en sont ressentis par tous. Dans une lettre à des responsables de missions datée de février 2006, le Directeur international de la mission SIM, a noté que l'absence de soutien administratif de qualité comptait parmi les facteurs principaux menaçant la santé et le bien-être des dirigeants. Il a mentionné la situation d'une personne qui : « a le cœur et la vision pour le travail en cours... mais le manque de soutien administratif est un poids pour lui. Cela l'empêche de s'investir dans le ministère et de réfléchir aux questions stratégiques, l'éloigne de son équipe, et prend son énergie – et pourtant il a un don pour diriger. »

Il existe au moins sept grands domaines nécessitant un bon soutien administratif pour que votre institution de formation fonctionne bien :

1. **Scolarité et admissions** – s'assurer que les candidats qualifiés sont admis et que leurs progrès dans leurs parcours d'étude soient bien consignés dans leur dossier.
2. **Assistance personnelle et aide administrative** – veiller à ce que les polycopiés ou la publication des sujets d'examens soient mis à la disposition des enseignants, que les intervenants lors de conférences ou les invités de l'institution soient bien accueillis, que les dossiers des étudiants et ceux des anciens élèves soient tenus à jour, et que toute correspondance provenant des candidats, d'anciens élèves de l'établissement, d'églises, de donateurs et autres, reçoive une réponse prompte et claire.
3. **Achats** – faire en sorte que l'école dispose de tout le matériel, de toutes les fournitures et ressources dont elle a besoin, y compris manuels, marqueurs, papier, classeurs etc.
4. **Entretien du matériel** – veiller à ce que tout le matériel de l'école (téléphones, ordinateurs, connexions Internet, photocopieuses, et véhicules) fonctionne correctement.
5. **Entretien des bâtiments et terrains** – s'assurer, en collaboration avec l'intendance, que salles de classes, bureaux, bibliothèque et salle de culte soient propres et bien entretenus, que le système électrique soit en bon état de marche, que les chaises et les tables des étudiants soient utilisables, que le campus dans son ensemble soit propre et sécurisé.
6. **Ressources humaines** – s'assurer que les salariés soient embauchés dans les règles définies par les lois en vigueur dans le pays, que leurs dossiers professionnels soient tenus à jour, que tous disposent de descriptifs de poste écrits et actualisés, avec un salaire et des avantages en nature bien définis pour chaque fonction.
7. **Finances** – veiller à ce que les frais d'inscription et les dons soient correctement enregistrés et encaissés, que les factures et les salaires soient réglés, y compris les cotisations sociales exigées par l'État pour tout salarié, que les budgets et les audits soient documentés selon les règles du pays. En effet, un manque de confiance concernant l'usage des fonds peut s'avérer fatal pour un programme de formation.

Le rôle de la direction administrative

Dans une entreprise, le directeur administratif est parfois appelé « directeur des opérations » car il a la responsabilité de superviser les détails permettant aux activités professionnelles de bien fonctionner. Sans exiger que les responsables administratifs soient des éducateurs expérimentés, il faut, pour réaliser les objectifs institutionnels, qu'ils aient de solides compétences organisationnelles et relationnelles, et soient convaincus de l'importance de la formation théologique. Leur rôle est de mettre sur pied, équiper et habiliter une équipe administrative solide, qui couvrira administrativement chacun des trois domaines nécessaires à un programme de formation caractérisé par l'excellence : affaires académiques, relations publiques/levée de fonds et, bien sûr, affaires administratives. Tout comme les directeurs des études, ils devront « gérer » intelligemment des personnes œuvrant à un ensemble de tâches complexes et variées.

Le directeur administratif en particulier devra comprendre à la fois les pièces maîtresses et les grandes lignes du processus éducatif de l'école. Chaque jour, de nombreux éléments ont besoin d'attention : le responsable administratif saura veiller à la fois à l'équilibre entre la gestion du quotidien et celle des enjeux à long terme requérant également de l'attention et des finances, tels que les investissements en matériel, en formation du personnel, ou l'entretien proactif des bâtiments du campus.

3. Relations publiques et levée de fonds

Étant donné que les organisations à but non lucratif ne peuvent fonctionner sans financement extérieur, il est important de garder en tête que les relations publiques et la levée de fonds font partie intégrante de la mission administrative au sens large de toute institution de formation. Les établissements de formation théologique doivent gérer les questions financières dans la transparence et avec sagesse. L'élaboration d'un budget est un exercice accompli par l'équipe dans son ensemble, tandis que la gestion des fonds revient à l'équipe administrative. Cependant, une personne doit assumer la responsabilité de trouver le financement dont l'institution a besoin. Ce domaine associe une mission de communication – où il s'agit de partager une vision, des récits de Dieu à l'œuvre – avec une mission de levée de fonds. Cet ensemble implique de trouver des donateurs prêts à investir dans la formation de responsables. Le concept des relations publiques requiert d'entretenir de bonnes relations avec les Églises qui envoient des étudiants, des enseignants et du personnel, et de trouver des fonds. Il implique également un lien régulier avec les diplômés de la faculté, ainsi qu'avec des entreprises, des fondations, des organismes et des individus clés. Pour permettre au ministère éducatif de l'école de prospérer, ce département de « relations extérieures » doit trouver des manières créatives de mettre en valeur les bons résultats et les besoins du programme de formation auprès de ceux qui croient en sa valeur.

Le rôle de la direction des relations publiques et du développement financier

Manfred Kohl appelle ce responsable « directeur de la communication et de la levée de fonds ». La personne responsable de ce domaine n'a pas forcément besoin d'être compétente ou expérimentée dans le domaine de l'éducation, mais elle doit être profondément convaincue de l'importance de la formation théologique. Elle n'aura sans doute pas non plus besoin d'être experte ni en gestion financière ni en coordination administrative. Elle devra en revanche être très compétente sur le plan relationnel et en matière de communication. Sa tâche sera de trouver, équiper et « gérer » une équipe qui puisse établir des relations à l'extérieur de l'établissement et partager des informations de la part de l'institution de formation aux anciens diplômés, aux Églises, au monde de l'entreprise et aux pouvoirs publics. Elle devra comprendre les forces et les faiblesses du programme de formation et savoir comment les communiquer de manière appropriée à ceux qui ont (ou devraient avoir) l'école à cœur. Elle saura comment demander de l'aide, et rendra des rapports réguliers à la gouvernance de l'école. Au chapitre 10, nous discuterons plus en détail comment le financement peut et devrait être développé.

Élaborer un budget

L'utilité d'avoir un budget semble aller de soi. Toutefois, dans de nombreux établissements, le manque de moyens chronique fait que nous utilisons le peu que nous avons pour répondre aux besoins les plus urgents. L'élaboration d'un budget nous permet d'établir des priorités dans ce que nous faisons. Il est donc bon de faire des choix, dans la prière, concernant l'usage que nous faisons de nos ressources. En mettant ces choix par écrit, nous obtenons un plan de développement financier qui peut faire l'objet d'une évaluation. Nous affirmons avec l'ensemble des autorités institutionnelles les choses importantes que nous voudrions pouvoir réaliser, *à condition seulement* de pouvoir trouver les ressources pour le faire. Notre budget s'intègre dans notre vision, nous permettant de communiquer nos besoins légitimes. Ainsi les destinataires de cette communication pourront se joindre à nous pour demander la provision de Dieu et pour réfléchir à leur propre participation financière éventuelle.

Un budget nous aide également à être de bons intendants. Tout ce que nous avons nous a été donné par Dieu (Ps 24.1) et nous ne sommes pas libres de l'affecter à celui ou celle qui crie le plus fort. Notre budget nous aide à exercer la maîtrise de nos ressources selon les décisions dûment prises préalablement. Cette maîtrise est particulièrement importante pour rester crédibles auprès de nos donateurs, car nous ne pouvons en bonne conscience employer des fonds pour *d'autres* choses que celles pour lesquelles ils avaient été donnés.

L'élaboration d'un budget institutionnel est en fin de compte la responsabilité du chef d'établissement, bien que dans les faits de nombreuses personnes y participent. Un budget doit en général être approuvé par le conseil d'administration et éventuellement par l'assemblée générale. Il doit être exhaustif et prendre en compte toutes les structures de l'institution. Ainsi, des fonds devront être alloués au programme académique (les salaires et avantages, le fonds bibliothécaire, le matériel et les fournitures pour l'enseignement), à l'administration (salaires et avantages, entretien, correspondance, terrains et bâtiments etc.), et pour la levée de fonds et les relations publiques (salaires et avantages, frais de déplacement, publications et communication, etc.). Un des meilleurs moyens de préparer un budget est d'examiner ce qui a effectivement été dépensé sur une année récente, et, à partir de là, de faire des projections concernant les besoins de l'année à venir. Les budgets doivent aussi comporter une réflexion quant aux sources de revenus possibles. Nous étudierons davantage les questions liées à la levée de fonds au chapitre 10.

Y-a-t-il un sureffectif de personnel administratif ?

À moins que votre institution de formation ne bénéficie d'un financement extrêmement généreux, le nombre de personnes que vous devriez employer comme enseignants ou comme administratifs sera limité. Il est facile de trouver des tâches pour lesquelles nous aimerions disposer de personnel, mais en réalité, l'on peut avoir trop d'employés pour trop peu d'étudiants. La plupart des écoles ne peuvent pas se permettre d'avoir sept enseignants pour seulement vingt étudiants. Il n'est pas financièrement raisonnable d'avoir un véhicule et un chauffeur pour le doyen uniquement. De même, il ne sera probablement pas rentable de faire fonctionner une cantine avec des repas cuisinés sur place si on ne sert que le déjeuner (et éventuellement les pause-café), à moins d'avoir un bon nombre d'étudiants et de salariés.

Si le campus est grand ou si de nombreuses filières de formation différentes sont proposées, l'on peut être tenté d'accumuler un nombre important d'agents de sécurité et d'entretien, d'enseignants et d'assistants. Mais une institution de formation ne devrait jamais avoir plus de personnel que d'étudiants. Ce principe est confirmé par les normes des associations d'accréditation dans le réseau du Conseil International pour la Formation Théologique Évangélique (ICETE – voir http://www.icete-edu.org). Dans les filières de doctorat ou de master, le ratio enseignants/étudiants pourrait être plus faible (par exemple un enseignant pour dix étudiants). De plus, aucune école ne devrait normalement avoir besoin de plus de deux employés dans des rôles d'assistance ou d'encadrement par enseignant. Ceci indique un ratio global d'un salarié pour trois ou quatre étudiants. Si ceci ne correspond pas à vos ratios, soit vous avez besoin de beaucoup plus d'étudiants, soit votre campus est trop grand ou trop coûteux, ou soit les structures de votre institution dépassent les besoins réels de l'œuvre[2].

Mise en garde : n'assumez-pas des responsabilités administratives inutiles

De nombreuses institutions de formation ont été créées par des personnes ayant une vision qui dépasse le domaine de la formation. Par exemple, le responsable d'un programme de formation de missionnaires peut vouloir voir s'implanter de nouvelles Églises ou envoyer ses propres diplômés comme missionnaires. Ou encore, le directeur d'une institution de formation théologique peut souhaiter utiliser le campus, ainsi que ses ressources administratives (y compris les étudiants et le corps enseignant), pour répondre aux besoins sociaux environnants. Ainsi, une institution peut rajouter à la gestion de son programme de formation la coordination de programmes de santé ou de développement communautaires ou encore de travailler sur le VIH-SIDA et la prise en charge des orphelins par la société civile. Ces projets sont alors gérés par le personnel de l'école, des fonds sont levés et administrés à travers la comptabilité de l'école, et leurs bâtiments peuvent héberger les équipes composées d'étudiants, de membres du personnel et de volontaires venus travailler dans le cadre de ces projets.

---

2. N.D.E. : N'oublions pas que tous les personnels n'ont pas besoin d'être à plein temps, qu'une personne peut endosser plusieurs responsabilités (partage d'un comptable et/ou d'un informaticien avec une institution, etc.).

L'évangélisation et l'aide aux nécessiteux sont des activités valables dans le Royaume de Dieu. Cependant, elles peuvent nous détourner de notre travail prioritaire, celui de la formation. Elles peuvent même devenir au fil du temps plus importantes que l'établissement de formation. Il ne faudrait pas que des activités annexes contrôlent l'institution. Si notre raison d'être est de former des dirigeants pour le ministère, il vaut mieux trouver des manières de travailler en parallèle, en amis et partenaires, dans des sphères distinctes. Si votre campus dispose de locaux vides, un bureau ou un bâtiment pourrait alors être alloué à une mission dont l'objectif est d'envoyer ou de soutenir des missionnaires ou de nouveaux implanteurs d'églises. Ou encore, un endroit pourrait être affecté à une association caritative créée pour coordonner des volontaires travaillant dans les dispensaires ou répondant aux besoins des orphelins du VIH-SIDA. Même si vos étudiants (et votre personnel) pourront tirer profit d'une collaboration avec de tels projets dans le cadre de leur formation sur le terrain, il est mieux que ces œuvres fonctionnent indépendamment du programme de formation. Coordonner des volontaires ou gérer de tels projets ne fait sans doute pas partie du cœur de votre mission. Ces entreprises ne devraient donc pas devenir la responsabilité ou la préoccupation principale de l'équipe de direction de l'école ou de ses efforts de levée de fonds. Les programmes tournés vers l'extérieur de l'école ont en principe besoin de leurs propres budgets, conseils d'administration, administrateurs et employés.

Descriptions de poste

Chaque personne qui travaille pour un établissement de formation théologique devrait avoir son propre descriptif de poste par écrit, détaillant son profil personnel et ses charges, et comment ceci s'insère dans la mission et la structure globales de l'école. Chaque collaborateur doit donc disposer d'une description des qualités morales et des critères de performance exigés pour le poste, et de la personne à qui il rapporte. Un bon descriptif de poste servira de base pour les évaluations ainsi que de guide pour le développement professionnel du personnel, suggérant des pistes de formation qui pourraient être exigées avant ou après la prise de poste.

D'après Peter Wiwcharuck[3], les informations suivantes devraient être fournies dans chaque descriptif de poste :

- L'intitulé du poste, et la date de rédaction de la version actuelle du document ;
- L'objectif principal de l'organisation dans son ensemble ;
- L'objectif principal de ce poste précis (c'est-à-dire un résumé du poste, ainsi que la position de cette personne précise dans l'organigramme complet de l'institution) ;
- Les liens hiérarchiques, détails, et limites de l'autorité du poste ;
- Les détails de chaque activité à effectuer.

Un descriptif de poste bien rédigé servira d'outil pour embaucher, donnant aux candidats un aperçu de l'autorité et des responsabilités du poste qu'ils envisagent. Une fois l'emploi accepté, il sert de référentiel, comme une sorte de contrat disant qu'ils ont donné leur accord pour faire ce que l'école attend d'eux.

Les descriptifs de postes doivent être rédigés pour le poste lui-même et non pas autour des dons d'une personne particulière. Néanmoins, il est bon de laisser à une personne la liberté d'orienter son poste en fonction de sa personnalité et de son expérience. Les descriptifs de poste doivent initialement être rédigés par la direction de l'école, en fonction de leur connaissance des besoins. Cependant, tous les descriptifs devraient être révisés à des intervalles réguliers. La personne la mieux placée pour cette révision sera celle qui est en poste actuellement, car c'est elle qui en connaît les fins et les moyens. Tout changement au descriptif de poste doit être approuvé par son supérieur hiérarchique. Le responsable et le salarié doivent tous deux avoir une copie du texte qu'ils ont validé, mais le département des ressources humaines de l'institution devrait conserver l'original de chaque nouvelle version du document.

L'embauche de nouveaux équipiers

La première étape de l'embauche de nouveaux membres du personnel est d'établir avec précision ce que nous recherchons. Puisque nous sommes une communauté œuvrant ensemble pour équiper les personnes au ministère, des personnes variées peuvent donner leur avis. Avons-nous réellement besoin d'un nouvel équipier ? Si c'est le cas, nous devons définir soigneusement la mission à

---

3. Peter Wiwcharuck, *Building Effective Leadership: A Guide to Christian and Professional Management*, Three Hills, Alberta, International Christian Leadership Development Foundation, 1987, p. 175-176.

accomplir, ainsi que les compétences, qualités morales et la personnalité requises pour faire ce travail. Même lorsque nous embauchons de nouvelles personnes pour lancer de nouveaux domaines d'activité, nous ne devrions pas modifier la forme ni compliquer la structure de l'institution. Nous travaillons ensemble vers un but commun. Tout salarié, qu'il soit nouveau ou ancien, doit s'insérer dans notre communauté et participer à notre effort collectif pour réaliser nos objectifs.

Votre programme de formation aura éventuellement un comité du personnel qui supervise le processus de recrutement. Habituellement, les directeurs des études et le corps enseignant souhaitent donner leur avis quant au type de personnel enseignant dont ils ont besoin. Le bibliothécaire participera au recrutement de ceux qui travailleront à la bibliothèque. Le conseil d'administration ou les Églises parrainant l'institution voudront peut-être ratifier les propositions concernant les personnes qui pourraient vous être utiles. À la fin, néanmoins, l'embauche effective de collaborateurs est la responsabilité du directeur ou doyen de l'institution de formation.

La recherche des personnes ayant les compétences, l'expérience, la personnalité, les qualités morales et la vision attendues ne devrait commencer qu'après l'élaboration d'un descriptif de poste clair et après avoir défini le montant de la rémunération et les avantages sociaux associés à celle-ci. Dans la plupart des pays, des lois encadrent le déroulement du processus de recrutement, comportant par exemple le suivi d'un calendrier indiquant le moment de publier l'annonce, la réception des candidatures écrites des employés potentiels, et les dates des entretiens d'embauches. Cependant, ces règles ne devraient pas nous empêcher de solliciter des candidatures de personnes qualifiées dont nous savons déjà qu'elles correspondraient bien au poste.

Toute candidature devrait inclure au minimum les informations suivantes : les coordonnées de la personne, son état civil, ses diplômes, ses emplois précédents, son engagement dans une Église locale, son adhésion à la profession de foi et au code de conduite de l'institution, et l'énumération de compétences spécifiques liées au poste. Voici une question utile à poser : « Pourquoi souhaiteriez-vous occuper ce poste dans notre établissement ? » En effet, nous avons besoin de collaborateurs non seulement compétents, mais qui croient aussi en ce que nous essayons d'accomplir.

À partir des candidatures reçues, déterminez qui est la personne la plus prometteuse. Des entretiens en tête à tête vous permettront d'avoir une idée de l'engagement spirituel de la personne et de sa compatibilité avec la mission et la philosophie de l'école. Nous devons déterminer ses compétences pour effectuer le travail, mais être également attentifs à ses passions et sa vision des choses.

Est-ce le genre de personne que nous voudrions intégrer dans notre équipe ? Il vaut mieux examiner une candidature à la fois, et mener ce processus à son terme avant de passer au nom suivant sur la liste. Cela n'exclut pas d'être en même temps à l'affût d'autres nouveaux équipiers.

Nous devons agir avec prudence pour éviter d'embaucher des personnes pour des tâches qui ne sont finalement pas à mettre en œuvre. En examinant des cas particuliers, vous pourriez bien en conclure que vous avez mis des efforts dans quelque chose qui n'a pas vraiment besoin d'être fait du tout ou qui ne requiert pas autant de personnes pour la tâche à accomplir. Dans ce cas, il vaudra mieux abandonner le projet plutôt que recruter de nouvelles personnes. Vous pourriez également vous rendre compte que le soutien administratif actuel a été tellement médiocre que le poste envisagé est quasiment impossible à mettre en œuvre. N'embauchez pas de nouveaux collaborateurs pour pallier des conflits interpersonnels ou l'incompétence d'un salarié. Dans chacun de ces scénarios, il faudra d'abord régler le problème de base : incompétence, conflits, ou soutien administratif des projets. Embaucher de nouvelles personnes ne permettra pas de résoudre la plupart de ces problèmes.

Renforcer l'équipe administrative actuelle

Il est souvent mieux d'équiper, d'encourager et d'autonomiser nos collaborateurs actuels plutôt que de chercher de nouvelles personnes. Le but principal d'une bonne administration est d'avoir une équipe de personnes en bonne santé émotionnelle, accomplissant de manière compétente ses responsabilités. Respectons nos équipiers pour ce qu'ils sont. Nous devons également leur fournir une couverture santé et des avantages convenables pour leur niveau de formation et de responsabilité.

Un autre moyen d'habiliter les collègues est de leur donner des retours réguliers et honnêtes sur leur travail. Les évaluations, s'appuyant sur les descriptifs de postes de chacun, devraient s'appliquer à tous. Elles nous aident à maintenir un niveau d'exigence élevé dans notre réalisation de la mission de l'école. Elles permettent aussi de détecter certains problèmes. Nous découvrirons peut-être que certains de nos collègues sont capables d'accomplir certaines tâches, mais pour lesquelles leur formation est insuffisante. Ou alors nous pourrons peut-être remarquer que certaines de leurs tâches ne correspondent pas à ce qu'ils font le mieux, et que quelqu'un d'autre de plus qualifié aurait pu beaucoup mieux faire. « Boucher des trous » avec les personnes que l'on a sous la main est problématique, entre autres parce que nous épuisons ces personnes tout en perpétuant une médiocrité professionnelle. Des descriptifs de postes clairs et des évaluations régulières peuvent aider à éviter cela.

S'aider mutuellement à grandir en compétences constitue un engagement important que nous prenons envers nos collègues. Le développement professionnel du personnel doit prendre une place importante dans notre projet institutionnel. Les meilleurs enseignants sont ceux qui continuent à apprendre. Le même principe est valable pour nos employés administratifs. Selon Peter Drucker : « souvent, on parle de syndrome d'épuisement (burnout) pour ne pas dire qu'on s'ennuie[4]. » En effet, nous n'encouragerons pas l'excellence si les enseignants et le personnel administratif s'ennuient et se retrouvent prisonniers de la routine. Notre devons être une communauté qui cherche constamment à découvrir comment nous aider les uns les autres à progresser. Nous examinerons davantage ces questions d'évaluation et de renouvellement au chapitre 12.

Nous devons aussi pratiquer l'encouragement et le soin pastoral auprès de nos équipes. Tous passent par des temps de crise émotionnelle, physique ou spirituelle, affectant inévitablement leur travail. Dans quelle mesure ces facteurs amènent-ils à une performance insuffisante dans le travail ? Administrer des personnes signifie que nous saurons comment les soutenir lorsqu'elles traversent des périodes difficiles.

Conclusion

Pour que nos initiatives de formation progressent vers l'excellence, de nombreuses tâches doivent être réalisées avec compétence. Les enseignants peuvent accomplir leur tâche l'esprit tranquille s'ils savent que des procédures structurelles et administratives efficaces sont en place. Nous devons pouvoir faire confiance aux capacités et aux qualités morales de ceux qui travaillent avec nous et autour de nous. L'excellence dans l'administration ne couvre pas uniquement le suivi des nombreux détails liés à notre travail. Elle comprend surtout la coordination des personnes qui assurent le bon fonctionnement du programme. Ce que nous sommes en tant que communauté d'apprentissage jouera un grand rôle pour façonner le regard que nos étudiants poseront sur les Églises qu'ils implanteront et serviront.

---

4. Peter DRUCKER, *Managing the Non-Profit Organization*, New York, Harper Business, 1990, p. 197.

Questions de discussion au sujet de votre administration

1. Comment vos structures administratives ont-elles évolué au fil du temps ?
2. Composez une liste de tous les détails pour lesquels il faudra progresser pour que votre institution de formation fonctionne bien. Qui a la responsabilité de s'assurer qu'ils sont bien pris en charge ?
3. Établissez (ou révisez) l'organigramme montrant les liens de travail entre les personnes dans l'accomplissement des tâches. Qui rend des comptes à qui ? Et de quelles manières rendent-ils des comptes ?
4. Chaque personne qui travaille pour votre institution de formation dispose-t-elle d'un descriptif de poste écrit ? Étudiez votre propre descriptif de poste : relevez ce qui correspond à vos responsabilités et ce qui gagnerait à être reformulé, ajouté ou ôté.
5. Essayez de décrire simplement comment est organisé l'administration de votre établissement. Quels types de suggestions pourriez-vous faire pour simplifier ou mieux organiser le travail de tous ?
6. Combien de personnes travaillent à plein temps dans l'administration de votre établissement, pour combien de professeurs et d'étudiants ? Quels commentaires vous inspirent ces chiffres ?
7. Décrivez les espaces dédiés à chacun des membres du personnel adminitratif et à chacun des enseignants dans votre école. Listez les éventuelles reconfigurations qui amélioreraient le confort du personnel.

Pour aller plus loin : lectures suggérées

Ouvrages et articles en français

Ballé, Catherine, *Sociologie des organisations*, coll. Que sais-je ? Paris, PUF, 2015.

Blanchard, Kenneth, et Norman Vincent Peale, *Éthique et Management : Réussir en restant intègre*, Paris, Les Éditions d'Organisation, 1988.

Champagne, Pierre, *L'organisation scolaire et universitaire*, Paris, PUF, 2003.

Chelly, Amine, et Emmanuel Frémiot, *Business plans pour les Nuls*, Pour les Nuls, Paris, First éditions, 2015.

Foucher, Jean-Luc, *Ressources inhumaines*, Paris, François Bourin, 2005.

Ide, Pascal, *Le burn out, une maladie du don : le comprendre, le reconnaître, le traiter*, Paris, Éditions Emmanuel, Quasar, 2015.

IFA, *Administrateurs et conflits d'intérêts,* novembre 2010.
IFA, *Administrateur : Gouvernance : l'esprit d'équipe,* La lettre de l'IFA, n° 27, février 2014.
IFA, *Rôle du Conseil d'Administration en matière d'éthique,* octobre 2012.
SCHMIDT, Jean-Pierre, *Mannuel d'organisation de l'entreprise,* Paris, PUF, 2002.
THIBAULT, Laurence, *La comptabilité tout-en-un pour les Nuls,* Pour les Nuls, non daté.

Ouvrages et articles en anglais

BRIGHT, David F., et Mary P. RICHARDS, *The Academic Deanship: Individual Careers and Institutional Roles,* San Francisco, Jossey-Bass, 2001.
DRUCKER, Peter, *Managing the Non-Profit Organization,* New York, Harper Business, 1990.
HAWORTH, Jennifer Grant, et Clifton F. CONRAD. *Emblems of Quality in Higher Education: Developing and sustaining high-quality programs,* Needham Heights, MA, Allyn and Bacon, 1997.
LANGFORD, David P., et Barbara A. CLEARY, *Orchestrating Learning with Quality,* Milwaukee, Wisconsin, ASQC Quality Press, 1995.
MCLEAN, Jeanne P., *Leading from the Center: The Emerging Role of the Chief Academic Officer in Theological Schools,* Atlanta, Scholars Press, 1999.
WIWCHARUCK, Peter, *Building Effective Leadership: A Guide to Christian and Professional Management,* Three Hills, Alberta, International Christian Leadership Development Foundation, Inc, 1987.
WOLVERTON, Mimi, Walter H. GMELCH, Joni MONTEZ, et Charles T. NIES, *The Changing Nature of the Academic Deanship,* ASHE-ERIC Higher Education Report, vol. 28, no. 1, San Francisco, Jossey-Bass, 2001.

6

L'excellence dans le programme d'enseignement et de formation

Il n'existe pas de système éducatif universel à « taille unique » standardisé pour tous les contextes. Un excellent programme de formation forme des étudiants spécifiques pour des ministères dans des contextes précis. Le programme de formation est enseigné de manière créative par des enseignants dont la vie est en harmonie avec leur enseignement.

Certains pensent que les diplômés des institutions théologiques n'acquièrent que des fondements bibliques, théoriques et pratiques déconnectés des réalités du ministère. Ceci expliquerait-il un manque d'enthousiasme général pour les programmes éducatifs dans les établissements de formation ? Le problème proviendrait-il du programme d'enseignement et de formation lui-même ?

Voici cinq situations qui posent le plus souvent problème concernant les formations :

1. Lorsque la formation s'avère incapable d'amener les étudiants à une croissance morale intentionnelle, ou d'enseigner des disciplines spirituelles. Malheureusement, il y a des lacunes morales criantes chez certains diplômés d'instituts bibliques et de facultés de théologie.
2. Lorsque la formation tend à décourager le zèle des étudiants pour l'évangélisation des non-croyants, et handicape ainsi les dirigeants des Églises en grande croissance. Lors de la Consultation globale sur

l'évangélisation mondiale (GCOWE) à Pretoria en juillet 1997, l'un des intervenants a déclaré que les écoles de théologie sont l'un des principaux obstacles à l'évangélisation mondiale.
3. Lorsqu'une formation classique s'avère incapable de transmettre les compétences pratiques requises pour un ministère de responsable d'Église et d'accompagnement pastoral.
4. Lorsqu'une formation ne prépare pas les diplômés à affronter les questions contextuelles telles que la corruption politique, les génocides ethniques et l'apartheid, ou l'inégalité entre les riches et les pauvres. Nombre de personnes pensent que ce qui est enseigné dans nos écoles théologiques manque de pertinence pour le monde dans lequel nous vivons.
5. Lorsque la formation n'est pas aussi efficace que d'autres formations et qu'il existe de meilleurs moyens de former les étudiants ailleurs : notre programme d'enseignement et de formation est-il basé sur des méthodes pédagogiques inadaptées au contexte ? Avons-nous manqué de tirer des leçons de ce que font les autres ?

Il est bon de prendre connaissance des institutions de formation qui produisent d'excellents diplômés. Soyons également prompts à entendre l'appel au renouveau émis par ceux qui accréditent les programmes de formation[5]. Cependant, si nous n'avons pas le sentiment d'enseigner « les bonnes matières de la bonne manière aux bonnes personnes », nous avons raison d'être inquiets. De quelle manière pouvons-nous évaluer notre propre programme d'enseignement et de formation de manière lucide, et dans quelle mesure celui-ci est-il à l'origine de nos problèmes ?

Dans ce chapitre, nous réfléchirons à la nature d'un programme d'enseignement et de formation. Nous verrons que Dieu a lui aussi son propre programme pour former des personnes choisies, en leur accordant des dons, en vue d'une vie sainte et d'un service empreint d'amour, par le biais d'une formation informelle, non formelle et formelle. Un bon plan d'étude tient compte de la part de la tâche éducative qui revient à nos écoles. Il se construit sur l'expérience et la connaissance déjà acquises par nos étudiants et les qualifie pour les ministères auxquels Dieu les a appelés. Nous verrons ensuite comment développer des qualités morales, concevoir un cursus, et utiliser et évaluer du matériel de formation.

---

5. Voir par exemple le Manifeste de l'ICETE, http://icete-edu.org/manifesto/Manifeste_ICETE_FR.pdf

Qu'est-ce qu'un programme d'enseignement et de formation ?

Le terme souvent employé pour parler du programme d'enseignement et de formation, *curriculum*, vient du Latin *currere*, qui veut dire « courir » ou « participer à une course »[6]. Cette course n'est pas tout d'abord celle d'un séminaire intensif sur un weekend, ou d'un semestre épuisant, mais celle d'une vie entière ! Vous noterez qu'un C.V., *curriculum vitae* (déroulement de la vie), décrit, à partir d'un modèle standardisé, tout ce à quoi nous attachons de l'importance au cours de notre existence (jusqu'à présent) : naissance, mariage, enfants, formation, expériences professionnelles, distinctions reçues, etc.

Notre propre « curriculum » est un *résumé*[7] de tout ce qui s'est produit en nous et à travers nous, grâce à ce qui s'est passé dans notre vie, et que nous rédigeons a posteriori.

Pour les Calvinistes, Dieu établit pour chacun un « curriculum » a priori. Ceci est profondément théologique. Dieu a un projet merveilleux pour ceux qu'il a adoptés comme ses enfants. Ainsi Paul déclare que « nous savons que tout contribue au bien de ceux qui aiment Dieu, de ceux qui sont appelés conformément à son plan » (Rm 8.28). Paul affirme également que « c'est Dieu qui produit en vous le vouloir et le faire pour son projet bienveillant » (Ph 2.13). Paul est confiant concernant ce qui arriverait à ses amis de Philippes, car : « celui qui a commencé en vous cette bonne œuvre la poursuivra jusqu'à son terme, jusqu'au jour de Jésus-Christ » (Ph 1.6). Durant toute notre vie, nous participons à un « programme d'enseignement et de formation » que Dieu met en œuvre en nous.

---

6. N.D.E. : Le Conseil de l'Europe définit le curriculum comme : « l'inventaire des activités liées à la conception, l'organisation et la programmation des activités d'enseignement ou de formation, incluant la définition des objectifs d'apprentissage, les contenus, les méthodes (y compris l'évaluation), les matériels et les dispositions relatives à la formation des enseignants et formateurs » (« Curriculum », dans CEDEFOP, *Terminology of European education and training policy*, Luxembourg, Publications office of the european union, 2014, p. 57. http://www.cedefop.europa.eu/files/4117_en.pdf [consulté le 6 juin 2017]). Perrenoud précise : « Historiquement, la notion de curriculum n'est pas un concept savant. Dans les pays anglo-saxons, on parle de curriculum pour désigner le parcours éducatif proposé aux apprenants, alors qu'en français on dira plus volontiers plan d'études, programme ou cursus, selon qu'on met plutôt l'accent sur la progression en les connaissances, les contenus successifs ou la structuration de la carrière scolaire » (Philippe PERRENOUD, « Curriculum : le formel, le réel, le caché », dans *La pédagogie : une encyclopédie pour aujourd'hui*, sous dir. Jean Houssaye, Paris, ESF, 1993, p. 61-76, Faculté de psychologie et des sciences de l'éducation, Université de Genève, 1993.

7. N.D.T. : Terme français employé aux États-Unis pour parler du C.V.

Dans le cadre des offres de formation théologique, un programme d'études peut s'envisager de plusieurs manières différentes, soit :
- Une liste de matières proposées.
- Un plan d'enseignement pour chacune de ces matières, mettant en œuvre une variété d'expériences d'apprentissage afin de conduire une personne à atteindre certains résultats prévus.
- Un plan didactique pour une unité d'enseignement (comme un programme pour enseigner certaines compétences informatiques, le management, ou une série de 13 leçons d'instruction chrétienne).
- Les effets d'ensemble d'une offre pédagogique globale.

Lorsque nous considérons l'impact d'une institution de formation, c'est ce dernier élément qui est le plus important. Le programme d'enseignement et de formation comprend tout ce que nous faisons qui contribue à la croissance des étudiants. Victor Cole a écrit qu'un programme d'enseignement et de formation est « la totalité du processus d'un plan d'action pédagogique[8] ». Les programmes d'études correspondent à notre manière de structurer l'ensemble du processus de formation. Cela comprend deux éléments de base :

1. **Un contenu à enseigner**. « Vous devriez apprendre _ceci_. »
2. **Une personne à équiper au plan moral et pour le ministère**. « _Vous_ devriez apprendre ceci. »

Les institutions de formation théologique ont parfois mis l'accent sur l'un de ces aspects au détriment de l'autre. Le contenu de la formation peut devenir un dépôt sacré de sagesse accumulée ou de traditions à transvaser dans le cerveau d'un étudiant, sans évaluer l'utilité de ces connaissances pour cet étudiant-là. Inversement, en se concentrant uniquement sur les compétences d'une personne en particulier, la formation peut se réduire à la maîtrise de techniques, avec peu de compréhension de soi et des fondements bibliques ou historiques minimes sur lesquels s'appuyer. Le contenu et la pratique sont tous deux importants.

Cependant, si un très bon enseignant peut aider ses étudiants à obtenir de bonnes notes portant sur le contenu et (dans la limite des capacités et aptitudes de l'étudiant) réussir à développer leurs compétences, aucun enseignant ne peut changer le cœur humain, ou, en fin de compte, modifier un esprit. La transformation spirituelle est l'œuvre de Dieu.

---

8. Victor Cole, *Training of the Ministry*, Bangalore, Theological Book Trust, 2001, p. 38.

Le programme de formation de Dieu

Lorsque nous organisons un programme de formation pour des étudiants adultes, soyons conscients de notre rôle dans le cadre du plan de formation tout au long de la vie que Dieu a pour l'étudiant. Nous avons besoin de savoir ce que Dieu a déjà fait dans la vie de la personne, et ensuite de trouver des moyens adaptés pour favoriser la poursuite de ce processus d'apprentissage et de croissance vers la maturité. Le C.V. de chaque individu devrait montrer les « œuvres bonnes » déjà accomplies pendant qu'ils étaient en train d'être conformés à l'image de Jésus. Cinq passages bibliques nous permettent de voir certains des principes du plan de formation de Dieu.

1. Dieu est déjà à l'œuvre (Rm 12.1-2)

Nous nous inscrivons dans le plan éducatif de Dieu lorsque nous nous offrons à lui comme des sacrifices vivants, acceptant par la foi, avec reconnaissance, ce que Dieu a fait pour nous et en nous. Nous ne pouvons pas nous changer nous-mêmes pour devenir bons de mauvais que nous étions, mais nous pouvons être transformés et renouvelés afin de connaître Dieu et sa volonté. Néanmoins, nous continuons à vivre dans un contexte particulier. La plus grande partie de ce que nous savons – notre vision du monde, nos valeurs fondamentales, et notre comportement de base (y compris de nombreuses mauvaises habitudes) – provient de notre environnement. Tandis que Dieu travaille en nous, il est important de prendre conscience des effets positifs, mais également négatifs, que notre contexte culturel a sur nous, afin de ne pas nous « conformer au monde actuel » (Rm 12.2).

2. L'apprentissage vaut bien des efforts (Pr 2.1-6)

Bien que la sagesse soit un don de Dieu, certaines responsabilités nous incombent, en tant que disciples, pour acquérir la sagesse et l'intelligence. Nous devons aborder sa Parole avec un cœur enclin à l'accepter et un esprit prêt à la garder en mémoire. Comme tout bon étudiant, nous devons être des apprenants actifs, posant des questions lorsque nous ne comprenons pas. L'apprentissage nécessite des recherches et des efforts, mais il est motivé par la valeur du résultat : révérer l'Éternel.

3. La formation vise l'obéissance (Mt 28.18-20)

L'ordre de mission de Matthieu 28 termine par ces mots : « et enseignez-leur à mettre en pratique tout ce que je vous ai prescrit. » Ceci suggère qu'il y a deux aspects importants du programme d'enseignement et de formation de Dieu : (1) Ceux qui doivent être enseignés comprennent *tous* ceux qui ont été évangélisés et baptisés ; (2) Ce n'est pas seulement le savoir et le savoir-faire qui comptent, mais aussi la mise en pratique de tout ce que Jésus a prescrit. Nombre de nos programmes de formation ne comportent pas un enseignement et un apprentissage qui mettent l'accent sur l'obéissance. Nous sommes parfois plus doués pour planifier des QCM, des examens sur table et des exposés.

4. Il faut enseigner, en mettant en pratique la vérité (2 Tm 2.2 ; 3.10-17)

Dans le programme d'enseignement et de formation de Dieu, il nous faut retransmettre ce que nous apprenons de Dieu dans sa Parole. Les Écritures sont le fondement nous conduisant au salut et nous équipant en vue du ministère. Que la Parole de Dieu soit utile pour : « enseigner, pour convaincre, pour corriger, pour instruire dans la justice » (3.16) indique qu'il y a des aspects à la fois positifs et négatifs au processus divin de formation. L'apprentissage implique d'ôter les faux raisonnements et la fausse doctrine (convaincre), et de comprendre ce qui est juste (enseigner). Apprendre à vivre et à servir implique de rectifier des comportements et des pratiques néfastes (corriger) tout en observant des exemples positifs et en accueillant des encouragements (instruire dans la justice). Les exemples humains jouent un rôle important dans le plan éducatif de Dieu. Timothée pouvait persévérer dans ce qu'il avait appris car il savait ce à quoi ressemblaient le contenu et la pratique dans la vie de ses maîtres. Timothée avait observé la façon de vivre de Paul, sa mission, sa foi, sa patience, son amour, sa persévérance, ses persécutions et ses souffrances. Dieu vise la maturité chez ses disciples, afin qu'ils soient formés et équipés pour toute œuvre bonne, par leur étude de sa Parole et les exemples de leurs enseignants.

5. Chacun doit être équipé pour utiliser ses dons (Ep 4.7, 11-16)

C'est uniquement lorsque chaque partie du corps de Christ fait son travail que « le corps tout entier, bien coordonné et solidement uni grâce aux articulations dont il est muni, peut tirer sa croissance et s'édifier lui-même dans l'amour » (v. 16). Tous les membres du peuple de Dieu ont des dons, même si tous n'ont pas les mêmes. Selon le programme d'enseignement et de formation de Dieu, les responsables d'Églises apprennent à former les autres pour faire le travail, en sorte que chacun soit équipé correctement pour utiliser les dons qu'il a reçus.

Ce qu'un programme d'enseignement et de formation n'est pas

1. Un programme d'enseignement et de formation n'est pas un « kit » à transmettre

La formation théologique n'est pas la transmission d'un « kit » prêt à l'emploi rigoureusement identique à celui qui nous a été donné. Nous avons tendance non seulement à enseigner de la même *manière* dont nous avons été enseignés, mais également à transmettre le contenu de ce qu'on nous a appris. Évitons de simplement ressortir les mêmes polycopiés et les mêmes manuels qui ont toujours été utilisés, surtout lorsque ces manuels n'ont pas été écrits pour le contexte et les besoins de l'étudiant en face de nous. Nous devons mener une réflexion critique pour déterminer si ce que nous faisons est conforme à la Bible, pertinent pour les vies de nos étudiants, et fécond pour les équiper en vue de leur propre ministère.

2. Un programme d'enseignement et de formation n'est pas une expérience monastique

Un programme d'enseignement et de formation est beaucoup plus qu'un contenu à absorber en trois ou quatre ans sur ou près d'un campus avec son foyer étudiant, ses chercheurs, sa bibliothèque, et ses bâtiments. Certains diplômés semblent avoir acquis leurs diplômes simplement en faisant acte de présence. Ils ont fait quatre années de théologie, et l'affiche en mettant en évidence leur diplôme chez eux. Cependant, ils n'auront pas appris grand-chose si leur vie n'a pas changé ou s'ils ont oublié une grande partie de ce qu'ils ont étudié.

3. Un programme d'enseignement et de formation n'a pas pour objet principal la préparation d'une élite, surtout si ce programme ne les prépare pas bien au ministère

Un programme d'enseignement et de formation n'est pas un parcours permettant aux diplômés de devenir une élite de personnes « spéciales » appelées à bénir les autres par leurs activités. Nous aurons échoué si nos diplômés (et leurs Églises) estiment qu'ils sont destinés à devenir les professionnels chargés de faire toutes les visites, tout le suivi pastoral, toute l'évangélisation, l'action sociale et l'administration. Nous aurons également échoué si notre travail de formation produit des animateurs qui présentent des cultes travaillés et attrayants chaque semaine pour distraire les « foules » venues prier et payer pour ceux qui font tout pour eux et pour leur plaisir.

La manière dont les étudiants apprennent

Une bonne formation équipe des personnes faites de chair et de sang pour des ministères concrets. Il n'existe pas de programme parfait destiné au monde entier et enseigné par les meilleurs professeurs du monde. Il n'existe pas non plus d'offre éducative unique qui puisse être utilisée partout avec n'importe qui. Une « taille unique » ne peut jamais aller à tout le monde. Les gens apprennent dans des contextes variés et de différentes manières. Puisque tous les étudiants sont déjà inscrits au programme éducatif de Dieu, il nous incombe de savoir où ils en sont dans leur cheminement avec Lui. Élaborer une bonne formation exige aussi une compréhension de l'environnement d'apprentissage des étudiants, afin de concevoir un programme d'enseignement et de formation adapté à chacun.

1. L'apprentissage « informel » ou « apprentissage expérientiel »

Une grande partie de ce que nous avons appris d'important ne nous est probablement pas venue par le biais de notre scolarisation formelle[9]. Notre

---

9. N.D.E. : Les politiques Européennes de l'éducation désignent par « éducation informelle » un : « apprentissage découlant des activités de la vie quotidienne liées au travail, à la famille ou aux loisirs. Il n'est ni organisé ni structuré (en termes d'objectifs, de temps ou de ressources). L'apprentissage informel possède la plupart du temps un caractère non intentionnel de la part de l'apprenant » (« Éducation

environnement continue à nous former. Ceci comprend à la fois les bonnes et les mauvaises influences que nous avons absorbées de notre famille, quartier, Église, travail et de nos amis. Nous avons « appris » comment regarder, quoi voir, et comment interpréter ce que nous avons vu. Dans une certaine mesure, nous reflétons sans doute inconsciemment les valeurs, les comportements et la vision du monde de notre arrière-plan culturel et familial. Tout comme ceux qui nous ont précédés, notre nature humaine égoïste nous apprend à manipuler, à créer des problèmes et à fuir les conflits. Même si, pour la plupart, nous désirons être transformés pour arriver à vivre autrement, nos projets de développement purement personnels échoueront puisque c'est Dieu seul qui peut transformer une personne de l'intérieur. Nous avons besoin que le Saint-Esprit de Dieu œuvre en nous dans le cadre de communautés chrétiennes saines.

Une bonne formation reconnaît l'importance de l'environnement et de la société environnante dans l'apprentissage. Notre personnalité et nos actes au sein de la communauté d'apprentissage auront la plus grande influence sur ce que nos étudiants apprendront véritablement de nous, et sur la manière dont ils l'apprendront. Nous désirerons les aider à développer une connaissance critique d'eux-mêmes et de leurs arrière-plans. Nous aurons recours aux petits groupes pour qu'ils puissent s'entraider à progresser. Nous donnerons de bons conseils en nous encourageant les uns les autres. Nous chercherons également à identifier les modèles qui stimuleront nos étudiants à vivre d'une manière qui glorifie Dieu.

2. Apprendre de manière « non formelle »

Nous avons tous appris bien des choses de manière non formelle[10] grâce à des petits groupes, des séminaires ou des ateliers. Même si vous n'avez gagné aucun crédit universitaire pour vos années passées à l'École du dimanche, vous

---

informelle », dans CEDEFOP, *Terminology of European education and training policy*, Luxembourg, Publications office of the European Union, 2014, p. 112). Par ailleurs, cette distinction entre éducation formelle et informelle est contestée en Europe (cf. S. Billett, « Critiquing Workplace Learning Discourses: Participation and Continuity at Work », *Studies in the Education of Adults*, vol. 34, no.1, 2002, p. 56-67, http://www.oce.uqam.ca/wp-content/uploads/2015/01/1306_billett_2002.pdf).

10. N.D.E. : Les politiques Européennes de l'éducation désignent par « éducation non formelle » : un « apprentissage intégré dans des activités planifiées qui ne sont pas explicitement désignées comme activités d'apprentissage (en termes d'objectifs, de temps ou de ressources). L'apprentissage non formel est intentionnel de la part de l'apprenant (« Apprentissange non formel », dans CEDEFOP, *Terminology of European education and training policy*, Luxembourg, Publications office of the European Union, 2014, p. 184).

avez appris des choses sur Dieu, du moins pourrait-on l'espérer ! Peut-être avez-vous été membre d'un groupe d'étude biblique, ou avez-vous participé durant un weekend à un atelier pour les couples, sur la mission, ou sur le témoignage personnel. Ou encore, peut-être avez-vous suivi une formation courte pour apprendre à vous servir d'un programme informatique, à réparer des moteurs de camions, ou à faire de la plongée sous-marine. Peut-être avez-vous lu un livre sur le VIH-SIDA. De nombreuses personnes sont tenues de se former dans le cadre de leur service. Les cours de théologie à distance proposent une formation continue pour permettre à ceux qui sont engagés dans un ministère de mieux l'accomplir. Certains sont devenus apprentis pour acquérir des compétences précises. Peut-être une personne plus âgée a-t-elle été votre mentor. Dans tous ces cas, il s'agit de manières d'apprendre non formelles. Les adultes apprécient les formations qui les aident à apprendre ce qu'ils choisissent d'apprendre.

Un bon plan d'étude inclura des thèmes précis sur lesquels les étudiants savent qu'ils ont besoin de formation. Par exemple, un cours sur le ministère pastoral pourrait consister, concrètement, en une série de séminaires sur les compétences qu'un pasteur devra posséder. Certains de ces séminaires pourront également être proposés en formation continue pour nos anciens élèves ou pour les responsables chrétiens de la région. L'on pourra faire appel aux compétences et à la sagesse des conducteurs d'Églises actuels pour encadrer des stagiaires ou pour des programmes de mentorat spécifiques destinés à certains étudiants.

3. Apprendre de manière formelle[11]

En entendant le mot « apprentissage », l'on pense normalement aux écoles et aux campus. Presque tout le monde a passé des années dans des contextes institutionnels d'apprentissage. Dans le cadre d'études formelles, le programme d'enseignement et de formation est un ensemble de contenus et de compétences définis qui doivent être enseignées dans un ordre déterminé. Il y a des prérequis pour y être admis et un niveau à atteindre pour obtenir le diplôme. Les étudiants

---

11. N.D.E. : Les politiques Européennes de l'éducation désignent par « éducation formelle » : un « apprentissage dispensé dans un contexte organisé et structuré (par exemple dans un établissement d'enseignement ou de formation, ou sur le lieu de travail), et explicitement désigné comme apprentissage (en termes d'objectifs, de temps ou de ressources). L'apprentissage formel est intentionnel de la part de l'apprenant ; il débouche généralement sur la certification » (« Apprentissage formel », dans CEDEFOP, *Terminology of European education and training policy*, Luxembourg, Publications office of the European Union, 2014, p. 99 http://www.cedefop.europa.eu/files/4117_en.pdf [consulté le 6 juin 2017]).

peuvent étudier à plein temps en journée ou en cours du soir, ou à temps partiel par un enseignement modulaire, dans des lieux variés, ou sur le campus pendant les weekends ou les vacances. Les études formelles peuvent inclure des programmes d'enseignement à distance, disponibles par correspondance ou en ligne.

Les programmes de formation théologiques sont des exemples d'apprentissage formel. Un bon plan d'étude utilisera avec sagesse le temps dont l'étudiant dispose pour les études formelles. Le nombre de cours pouvant être inclus dans le cadre d'un programme sur trois ou quatre années est limité. Il n'est pas nécessaire de proposer un enseignement exhaustif. De plus, chaque formateur doit se rappeler que les étudiants apprendront tout autant de leur formation informelle et non formelle que de ce qui se passe dans le cadre formel d'un cours. Ceci ne diminue pas l'importance des cours formels, mais devrait nous inciter à enseigner avec pragmatisme et humilité.

Ce qu'un plan d'étude doit être

La meilleure faculté de théologie ne peut pas transformer quelqu'un en pasteur ou en évangéliste. Elle peut, cependant, prendre ceux qui ont des dons pastoraux ou d'enseignement et les aider à mieux accompagner ou enseigner. La tâche d'équiper les étudiants en vue du ministère est complexe, étant donné que nous travaillons avec des étudiants qui nous arrivent avec une variété de dons, de capacités, d'expériences et de formations. Ils ont des centres d'intérêt, des motivations et attitudes, et des capacités d'apprentissage différents, surtout lorsqu'ils n'ont pas le même âge. Cette tâche est compliquée davantage par le temps relativement court dont nous disposons, associé à l'insuffisance de nos ressources et aux limites de notre équipe enseignante. Néanmoins, ce n'est pas notre rôle de tout faire, mais seulement de bien participer à ce que Dieu est déjà en train de faire chez nos étudiants. Un plan d'étude est la manière dont nous structurons notre partie du processus éducatif.

Un plan d'étude doit être construit en répondant à quatre questions de base :

1. Quelle est notre mission ?

L'objectif premier d'un programme d'enseignement et de formation théologique devrait être d'équiper des personnes pour des ministères concrets. Cependant, il existe de nombreuses sortes de ministères, et les gens ont besoin de se former tout au long de la vie. Votre institution de formation n'a ni la capacité ni la vocation de tout faire pour tout le monde. Comme nous l'avons vu au chapitre 3, nous devons connaître *notre* mission, *notre* finalité. Il faut bien réfléchir et beaucoup prier avant de nous éloigner de nos points forts pour viser des choses nouvelles. Par exemple, une institution de formation théologique avec de nombreux étudiants, réputée pour sa réussite dans le service de l'Église, ne devrait pas sans grande réflexion préalable rediriger son énergie et ses ressources pour se transformer en un programme d'enseignement et de formation avancées ne s'adressant qu'à une poignée d'étudiants potentiels, surtout s'il existe d'autres options d'études avancées dans la même région. De même, à moins qu'il n'y ait de solides raisons d'effectuer ce changement, une institution de formation théologique ne devrait pas négliger ses propres étudiants inscrits dans l'établissement pour commencer à s'investir dans une formation professionnelle laïque pour le grand public. Notre programme d'enseignement et de formation devra être la mise en œuvre de *nos* valeurs et finalités dans *notre* contexte.

2. Qui cherchons-nous à former ?

Nous devrons élaborer un profil des étudiants entrants afin de découvrir leurs dons, leur appel, leur expérience et leur formation antérieure. Bien les équiper pour le ministère nécessite de nous informer à leur sujet dans trois domaines connexes – le savoir, le faire et l'être :

- Que savent-ils déjà (et pas uniquement dans les domaines bibliques et théologiques) ?
- Que savent-ils déjà faire ? Quelles compétences et capacités possèdent-ils ?
- Quel genre de personnes sont-ils ? Que savons-nous de leur maturité et de leurs qualités morales ?

Les réponses à ces trois questions nous donneront un point de départ pour l'élaboration d'un plan d'étude personnalisé. Cependant, avant d'entamer la rédaction de notre programme d'enseignement et de formation, il est important de nous rappeler que c'est nous qui contrôlons l'admission à nos formations. Il est juste de demander aux étudiants de satisfaire à certaines exigences avant d'être admis. S'ils n'ont pas atteint un certain niveau scolaire ou acquis une certaine expérience du ministère, ils n'auront peut-être ni les prérequis pour apprendre, ni les connaissances et compétences de base pour pouvoir suivre au même rythme que les autres étudiants. Si un étudiant est un nouveau converti (ou si la question de la sincérité de sa conversion se pose), il n'est pas raisonnable qu'il entame une formation pour exercer des fonctions de responsable dans une Église. De même, si son appel au ministère est peu évident, ou si la personne n'a quasiment aucune expérience du ministère au sein de l'Église, il peut être sage de ne pas l'accepter ou de différer son admission. Nous ne sommes pas obligés de nous adapter à tout niveau auquel les étudiants peuvent se situer.

3. À quoi les formons-nous ?

Notre finalité est de préparer nos étudiants à la vie et au ministère. Nous devons comprendre de quelles connaissances et compétences précises ils auront besoin pour exercer de manière fructueuse les rôles qu'ils assumeront. S'ils sont appelés à devenir pasteurs, quelles sont les nombreuses compétences qu'un pasteur doit posséder ? S'ils vont devenir des missionnaires interculturels, qu'auront-ils besoin de savoir, ou de savoir faire, pour pouvoir être opérants en culture étrangère ? Quelles attitudes et qualités morales sont requises chez un missionnaire interculturel ?

4. Comment faire évoluer nos étudiants de leur niveau actuel au niveau désiré ?

Nous sommes ici au cœur même de ce qu'est un plan d'étude : conduire des étudiants à partir du niveau où ils se trouvent jusqu'au niveau qu'ils devront atteindre pour exercer un ministère fructueux. Que nous leur présentions une nouvelle information, les formions à de nouvelles compétences ou à vivre de manière juste, tout ce que nous incluons dans notre programme d'enseignement et de formation doit contribuer à cette finalité. Nous ne dispensons pas des cours uniquement parce qu'ils ont toujours été enseignés chez nous. Chaque cours doit compléter tous les autres afin d'équiper nos étudiants en vue de leur avenir.

À la fin des années 1990, trois institutions théologiques évangéliques relativement petites au Liban entamèrent des discussions sur le partage de leurs enseignants et de leurs locaux, afin de mieux former leurs étudiants. Pour ce faire, elles avaient besoin d'un programme commun aux trois écoles. Leur première tâche fut de faire le portrait, sous forme de récit, de ce à quoi elles voulaient que leurs diplômés ressemblent, dans les domaines de l'être, du savoir et du faire. Elles analysèrent ensuite chaque matière figurant alors à leurs formations respectives, pour voir en quoi elle favorisait résultat visé. Certaines matières n'y contribuaient pas. Ainsi, après deux années de discussion, le résultat fut un nouveau programme d'enseignement et de formation en quatre années mis en œuvre dans les trois institutions.

La première année consistait en un programme de disciplulat, centré sur l'« être ». Le programme d'enseignement et de formation était conçu pour donner une vision d'ensemble de la Bible, une compréhension solide de sa propre foi, et pour inculquer des habitudes en étude de la Bible, prière et évangélisation, valables pour tout chrétien. Le ministère bénévole dans l'Église locale (le « faire »), sur lequel était centré la deuxième année d'études, leur fut également présenté. Les étudiants de deuxième année acquéraient également des compétences de base en prédication, enseignement, mission et administration, et bénéficiaient d'une introduction à l'histoire de l'Église et à l'histoire des dénominations. Chacune de ces deux années s'achevait par une célébration valorisant leurs progrès, et sans mention d'échec pour ceux qui ne poursuivaient pas au niveau suivant. Seuls ceux qui faisaient preuve de dons pastoraux et d'un appel au ministère, et qui avaient bien maîtrisé les matières des deux premières années, étaient invités à rejoindre les troisième et quatrième années de la Licence en Théologie. Même si les deux dernières années avaient pour objectif majeur le « savoir », étant conçues pour donner des fondements à ceux qui allaient devenir des dirigeants dans le contexte du Moyen-Orient, chaque cours comprenait toujours des composantes touchant à l'« être » et au « faire ».

Les trois types de programme d'enseignement et de formation

1. Le programme implicite ou caché

Le programme implicite[12], ou caché, est ce que nous enseignons, sans que nous en ayons forcément l'intention. Un postulat en pédagogie est le suivant : nous avons tendance à enseigner de la manière dont nous-mêmes avons été enseignés. De même, nos étudiants imiteront nos attitudes, comportements, et méthodes pédagogiques, même si nous n'en avons pas parlé explicitement. Ils pourraient inconsciemment apprendre à donner davantage d'importance aux horaires qu'aux personnes – ou inversement – par l'influence du comportement de leurs enseignants. Ils formeront des attitudes à l'égard du statut social des autres en observant la taille de nos bureaux, nos titres, ou la manière dont nous traitons nos « subalternes ». Une prise de conscience de ce que nous communiquons implicitement entraîne des conséquences pour le programme d'enseignement et

---

12. Voir Perry SHAW, « Le programme implicite et le programme *non*-retenu », dans *Transformer la formation théologique*, Carlisle, Langham Global Library, 2015, p. 85-97.

de formation : nous devrions faire des choix, lorsque c'est en notre pouvoir, pour que notre programme implicite guide nos étudiants vers des attitudes justes.

2. Le programme non-retenu

Nous ne pouvons pas enseigner tout ce qui pourrait être enseigné : le programme « non-retenu » renvoie à ce que nous n'enseignons pas. Cependant, certaines de ces matières auparavant exclues de notre programme seraient peut-être plus adaptées pour préparer nos étudiants au ministère que certains sujets que nous avons toujours enseignés. Nos étudiants et le contexte dans lequel ils exercent leur ministère évoluent constamment. Il y a vingt-cinq ans, le besoin de former en vue du ministère dans le contexte du VIH-SIDA n'existait pas, alors que c'est devenu une nécessité urgente aujourd'hui. Quels autres éléments devrions-nous inclure dans notre programme d'enseignement et de formation explicite pour éviter des lacunes chez nos étudiants dans des domaines importants auxquels ils seront confrontés dans leur ministère ? Nos programmes sont devenus tellement chargés que, si nous ajoutons une matière, il faut en retirer une autre, devenue maintenant moins prioritaire.

3. Le programme explicite ou visible

Le programme explicite, ou visible, comporte la liste des matières proposées aux étudiants, et présentées dans notre prospectus. Les programmes d'étude des institutions de formation théologique sont en général construits autour de cinq domaines d'étude :
- Disciplines bibliques (y compris les langues) ;
- Disciplines théologiques ;
- Disciplines historiques ;
- Disciplines pratiques, telles que la prédication, l'accompagnement, ou le management d'Église ;
- Disciplines générales, telles que la psychologie, la sociologie ou l'anglais.

Tout cela mérite réflexion. Cependant, il faut faire face à la douloureuse réalité du temps limité dont nous disposons pour former nos étudiants en vue de leurs ministères. Élaborer un programme d'enseignement et de formation peut revenir parfois à « remplir des cases ». Une filière en trois ans, par exemple, avec quatre cours par trimestre sur six trimestres comporte 24 cases à remplir avec des cours proposés par les enseignants, comportant des descriptifs de cours, des objectifs, une séquence de thèmes à couvrir, des devoirs, des lectures imposées, etc. Nombre de responsables pédagogiques ont tendance à remplir ces créneaux avec des cours qu'ils ont suivis au cours de leurs propres études, et ensuite à les enseigner de la façon dont ce type de cours a toujours été enseigné dans cet établissement. Tout ceci ne constitue pas le meilleur moyen d'élaborer un programme d'enseignement et de formation. Nous devons faire des choix difficiles, en examinant consciemment ce qui permettra aux étudiants d'atteindre le niveau visé. Les cours offrant des savoirs fondamentaux devraient être équilibrés par ceux qui permettent de développer des compétences précises. Tous les enseignants doivent savoir comment leurs matières respectives complètent toutes les autres du programme d'enseignement et de formation pour préparer leurs étudiants au ministère.

Notre programme implicite (ce que les étudiants retiennent vraiment, que ce soit notre intention ou non) contribuera également à ce processus. Par exemple, lorsque nous les préparons à des fonctions pastorales, que leur apprenons-nous au sujet de la gestion du temps par *notre* manière d'utiliser notre temps ? Au sujet de la place de la prière dans un ministère par *notre* manière de prier ? Ou sur l'importance des autres par les relations que *nous* entretenons avec les autres ? Nous comportons-*nous* en bergers ou en gouvernants ? Leur enseignons-*nous* à devenir des pasteurs humbles ou des évêques arrogants ?

Le développement des qualités morales

La transformation du cœur humain est l'œuvre de Dieu. Dans ce cas, dans quelle mesure un programme de formation peut-il favoriser la maturité spirituelle chez ses étudiants ? Nous trouverons sans doute la réponse à cette question en comprenant à quel point notre environnement influence ce que nous apprenons. Nos étudiants (et notre corps enseignant) grandiront en Christ en faisant partie d'une communauté chrétienne où nous prenons au sérieux la présence de Dieu parmi nous.

Le corps enseignant et la direction d'une institution devraient réfléchir ensemble de manière créative à des pistes pour encourager la croissance spirituelle et la maturité parmi les étudiants. Voici quelques suggestions que d'autres ont essayées :

- Recruter un aumônier pour les étudiants qui servira de pasteur et de conseiller pour le personnel et les étudiants.
- Programmer des activités spirituelles régulières, telles que des cultes ou des petits groupes de prière.

- Les professeurs peuvent suivre individuellement des étudiants en tant que mentors afin de les aider à mettre en œuvre un plan pour leur propre croissance spirituelle.
- Les étudiants peuvent mesurer leur propre croissance spirituelle en tenant un journal de bord.
- Développer et appliquer des règles définissant une conduite acceptable dans la sphère académique – puis sanctionner de manière biblique ceux qui les transgressent.
- Programmer des événements spéciaux tels que des retraites, journées de prières, ou semaines avec une dimension spirituelle particulière.
- Inclure dans le programme des cours ayant trait à la formation spirituelle, ou sur l'évangélisation ou la famille chrétienne. Un cours sur la prière pourrait examiner l'enseignement scripturaire, ou avoir recours à des livres écrits par ceux qui pratiquent la prière de manière exemplaire, ou concevoir des exercices de prière pour aider les étudiants à évaluer leur propre vie de prière et à développer de nouvelles habitudes dans ce domaine.
- Prévoir une journée chaque semestre pour que les enseignants et les employés puissent discuter, de manière confidentielle, des questions liées à la croissance spirituelle de chaque étudiant inscrit à l'école. Puis prendre le temps de prier pour chacun individuellement.
- Encourager et superviser l'intégration de toutes les matières enseignées. Les professeurs doivent comprendre en quoi leurs matières contribuent au programme dans son ensemble, y compris la croissance spirituelle des étudiants. Toutes se complètent-elles bien, pour stimuler efficacement en eux les qualités morales dont ils auront besoin pour les ministères qu'ils exerceront ?

La conception d'un cursus ou d'un parcours académique

D'après George Posner et Alan Rudnitsky, des objectifs pédagogiques généraux expliquent pourquoi nous proposons notre formation[13]. Un plan d'étude définit les grandes lignes de ce que nous allons enseigner, et est construit autour de résultats d'apprentissage prévus. Notre « pourquoi » devrait se voir dans notre raison d'être institutionnelle, tandis que notre « quoi » se verra dans

---

13. George Posner et Alan Rudnitsky, *Course Design: A Guide to Curriculum Development for Teachers*, New York, Longman, 2001.

l'ensemble des cours que nous incluons dans notre programme d'enseignement et de formation explicite. Nous répondons à la question « comment ? » lorsque nous concevons nos moyens pédagogiques ou didactiques.

Pour que l'ensemble de notre programme d'enseignement et de formation soit excellent, chaque cours qui le compose doit être bien structuré et bien enseigné. De nombreuses ressources de qualité ont été conçues pour aider les enseignants à élaborer les cours qu'ils enseignent. Certaines figurent dans la bibliographie à la fin de ce chapitre.

Importer des programmes d'étude tout faits ou du matériel pédagogique élaboré par d'autres ne nous garantit pas d'atteindre l'excellence. Ils sont peut-être très bien faits et peuvent servir de ressources pour enrichir notre formation. Cependant, si nous cherchons à équiper *nos* étudiants en vue du ministère, nous devons éviter d'adopter tel quel le contenu et les méthodes pédagogiques de quelqu'un d'autre, sans les adapter au contexte et aux besoins spécifiques de nos étudiants.

Comme nous le verrons au chapitre suivant, les enseignants sont la ressource la plus précieuse de tout programme de formation. Les filières d'excellence disposent d'enseignants remarquables qui savent utiliser au mieux des outils de qualité pour former leurs étudiants. Ils sont plus que des contremaîtres qui veillent à ce que les étudiants remplissent bien leur cahier d'élève. Les enseignants tissent des liens avec leurs étudiants et appliquent des vérités à la vie de personnes qu'ils ont appris à connaître. Ils doivent avoir la liberté de s'appuyer sur leurs propres dons et expériences pour élaborer des cours qui répondent de manière adaptée aux besoins de leurs étudiants.

Une difficulté potentielle, lorsque nous donnons aux enseignants une entière liberté, vient de ce que chaque matière doit contribuer aux objectifs fixés pour le programme d'enseignement et de formation global ; en d'autres termes, il doit amener les étudiants de leur niveau actuel au niveau qu'ils ont besoin d'atteindre. Le plan d'étude d'un cursus ou parcours définira les grandes lignes de son contenu et de ses objectifs d'apprentissage. À son tour, chaque matière enseignée devra avoir son propre descriptif de cours dans un dossier. Ce document comportera des objectifs pédagogiques, un résumé sous forme narrative de ce que la matière doit couvrir, et précisera comment le contenu s'insère dans le programme d'enseignement de la formation. La personne dispensant le cours élaborera son propre plan didactique à partir de ce descriptif standardisé et le communiquera par écrit aux étudiants (avec une copie archivée au secrétariat) pour indiquer comment le cours sera enseigné, dans les faits.

L'excellence dans le programme d'enseignement et de formation

Par exemple, l'on pourra fixer à une personne désignée pour enseigner l'épître aux Romains trois objectifs pédagogiques prévus pour l'étude de ce livre biblique : (a) que les étudiants en viennent à comprendre et à s'approprier leur propre justification par la foi ; (b) que les étudiants soient capables d'expliquer un résumé de la théologie et de la pensée de Paul ; et (c) que les étudiants acquièrent des compétences en étude biblique inductive. Un bon enseignant permettra aux étudiants de réaliser les trois objectifs du module, tout en développant une pédagogie créative à employer durant les heures de cours, en accord avec ses propres compétences. Il n'aura cependant pas la liberté de traiter uniquement les chapitres 1-3, ou de négliger certains objectifs.

Un descriptif de cours devrait inclure :

- Une courte **description** du cours. Il s'agit d'un bref récit décrivant la matière que le module doit traiter et la logique qui l'intègre à l'ensemble du programme d'enseignement et de formation.
- Les **objectifs** du cours. Ceux-ci sont les objectifs pédagogiques convenus d'un commun accord par l'école pour cette thématique.
- Un **calendrier** précisant ce qui sera traité à quel moment. Il devrait inclure une indication des méthodes employées pour étudier différents aspects de la thématique. Ce planning devrait également indiquer les dates d'événements particuliers ou d'examens, ainsi que les dates limites pour rendre des devoirs.
- Les **exigences** du cours. Quels lectures ou devoirs seront demandés aux étudiants ? Y aura-t-il des études de cas, des travaux en groupe ou des recherches sur le terrain ? Des examens sont-ils prévus ? Le descriptif du cours devrait donner des indications sur la manière dont ces travaux seront évalués et la pondération des notes (ainsi que le coefficient attaché à la présence en classe et à la participation en cours). Veuillez noter que les évaluations doivent permettre à la fois à l'étudiant et au professeur de savoir si les objectifs du cours ont été atteints.
- Une **liste** des manuels ou des lectures obligatoires, ainsi qu'une **bibliographie** des ouvrages, articles, ou ressources en ligne permettant à l'étudiant de creuser le sujet plus en profondeur.

Un exemplaire du descriptif de chaque cours figurant au programme des formations de l'établissement devrait être conservé. Un dossier confidentiel pourra aussi être utilement conservé par la direction académique, comprenant les cours polycopiés du professeur, des copies d'examens et peut-être même des exemples de travaux étudiants d'une qualité exceptionnelle. À la longue, c'est le meilleur moyen de documenter la qualité de ce que font les enseignants dans leur mise en œuvre du programme d'enseignement et de formation. Un dossier complet sur chaque matière aidera également les nouveaux enseignants à s'appuyer sur la sagesse de ceux qui ont déjà enseigné ce cours.

Au chapitre suivant, nous verrons comment aider les professeurs à mieux enseigner. Nous examinerons davantage au chapitre 12 comment l'évaluation peut être utilisée pour améliorer le programme d'enseignement et de formation.

Utiliser du matériel d'étude

Rédiger tout votre matériel pédagogique peut sembler représenter beaucoup de travail inutile, étant donné que d'autres en ont déjà tant préparé. Néanmoins, puisque les auteurs s'adressaient en général à un public d'étudiants différent du nôtre, nous devons évaluer la pertinence de ce matériel pédagogique avant de nous en servir. Un enseignant devrait considérer les six questions suivantes avant de décider d'utiliser le matériel de quelqu'un d'autre :

1. Quelle est la finalité de ce matériel ? Est-elle suffisamment proche des objectifs du cours que j'enseigne pour me permettre de les atteindre ?
2. Quelles suppositions ont été faites à propos des utilisateurs ? Décrivent-elles bien mes étudiants, ou sont-ils trop différents pour que ce manuel puisse leur être utile ?
3. Quelle méthodologie est employée, et est-elle appropriée pour les utilisateurs qu'elle vise ? Est-elle aussi appropriée pour mes étudiants ?
4. Les séquences suivent-elles un enchaînement logique ? Sont-elles organisées de manière à nous permettre d'aborder correctement ce qui doit être traité ?
5. Comment utiliser au mieux ce matériel ? Nos temps d'enseignement sont-ils structurés de telle sorte que ces ressources puissent contribuer à l'apprentissage de nos étudiants ?
6. Quelles sont mes hésitations concernant ce matériel ? Y-a-t-il un parti pris ? Est-il limité en termes de ce qu'il peut apporter à mes étudiants ?

Rédiger votre propre matériel d'étude

Lorsqu'un professeur enseigne une matière depuis quelques années, il peut se sentir prêt à mettre en forme ce qui a réussi dans sa salle de cours pour permettre à d'autres de bénéficier de son expérience et de sa sagesse. Cependant, avant de vous atteler à la tâche difficile de rédiger votre propre matériel pédagogique, renseignez-vous sur ce qui a déjà été fait par d'autres, et déterminez pourquoi les ressources existantes sont insuffisantes. Vous devez savoir précisément qui a besoin de votre matériel pédagogique et pourquoi.

Les ressources pédagogiques doivent suivre un enchaînement logique et inclure des suggestions de méthodologies adaptées à ses usagers probables. Contrairement à ce qu'un enseignant a pu présenter et expliquer en salle de cours, un texte sera lu sans personne pour fournir des explications concernant les points obscurs. Ainsi un manuel ou un guide d'utilisation de votre matériel pédagogique sera utile ; cependant, cet outil lui aussi, sera utilisé par d'autres sans que l'auteur soit à proximité pour l'expliquer.

Arrangez-vous pour recevoir des retours critiques de collègues et d'amis au sujet de votre texte. Le mieux serait que vous testiez votre propre matériel d'abord, même si d'autres devraient également l'essayer pendant leurs cours avant publication, pour fournir des retours concernant ce qui était ambigu ou difficile à utiliser.

Conclusion

Vos étudiants sont issus d'un contexte en changement constant, et ils y retourneront pour leur ministère. Par conséquent, le profil de vos étudiants changera avec le temps, tout comme le profil de ce que vos diplômés devront savoir, savoir faire, et être. Ces changements signifient que vous devrez régulièrement repenser (et non simplement perfectionner) votre programme d'enseignement et de formation, afin d'aider vos étudiants à évoluer de leur niveau actuel à celui qu'ils auront besoin d'avoir atteint d'ici trois ou cinq ans. Il est bon de réviser (ou au moins de revisiter) le programme d'enseignement et de formation en entier à la fin de chaque cycle d'enseignement, tous les cinq ans par exemple.

Il faut du courage et de la créativité pour devenir une institution de formation théologique d'excellence. Votre programme d'enseignement et de formation ne devrait pas être avant tout le reflet des traditions de votre illustre passé, mais plutôt un moyen réfléchi d'équiper des personnes étudiant actuellement, pour les ministères concrets qu'elles exerceront.

Questions de discussion au sujet de votre programme d'enseignement et de formation

1. En réfléchissant à l'impact de votre formation, comment percevez-vous votre rôle à vous dans le plan d'apprentissage de Dieu pour vos étudiants ?
2. Si vous ne l'avez jamais fait auparavant (ou pas fait récemment), élaborez un profil type des étudiants qui sont venus étudier chez vous. Que savent-ils ? Que savent-ils faire ? Quel genre de personnes sont-ils ?
3. Avez-vous des étudiants qui n'auraient pas dû être admis car ils ne correspondent pas à ce profil ?
4. Que font vos diplômés après avoir terminé leur formation ? Si vous ne l'avez jamais fait auparavant (ou pas fait récemment), élaborez un profil type de ce qu'un diplômé doit savoir, savoir faire ou être, pour porter du fruit dans le ministère que Dieu a préparé pour lui.
5. Dans quelle mesure votre plan d'étude aide-t-il vos étudiants à passer de leur niveau actuel à celui qu'ils ont besoin d'atteindre pour être formés correctement en vue du ministère ? Dans quelle mesure des carences dans ce domaine proviennent-elles du programme d'enseignement et de formation, comme nous l'avons vu au début de ce chapitre ?

Pour aller plus loin : lectures suggérées
Ouvrages et articles en français

Alheit, Peter, et Bettina Dausien, « Processus de formation et apprentissage tout au long de la vie », *L'orientation scolaire et professionnelle*, 34/1, 2005, p. 57-83. http://osp.revues.org/563 ; DOI : 10.4000/osp.563 [consulté le 6 juin 2017].

Ardouin, Thierry, « Formation. Dis moi qui tu es ? Education Formelle – Non formelle - Informelle », EPALE, Plateforme électronique pour l'éducation et la formation des adultes en Europe, Commission Européenne, 09/06/2016 https://ec.europa.eu/epale/fr/blog/formation-dis-moi-qui-tu-es-education-formelle-non-formelle-informelle [consulté le 6 juin 2017].

Bédard, Denis, et Jean-Pierre Béchard, *Innover dans l'enseignement supérieur*, Paris, PUF, 2009.

Bernoux, Philippe, *La sociologie des organisations*, Paris, éditions du Seuil, 1995, 6e édition 2009.

CEDEFOP, *Terminology of European education and training policy*, Luxembourg, Publications office of the european union, 2014, p. 99 http://www.cedefop.europa.eu/files/4117_en.pdf [consulté le 6 juin 2017].

GARANT, Michèle, Caroline LETOR et Michel BONAMI, « Leadership et apprentissage organisationnel », dans *Travailler ensemble dans les établissements scolaires et de formation : processus, stratégies et paradoxes*, sous dir. Lise Corriveau, Caroline Letor, Danièle Périsset Bagnoud et Lorraine Savoie-Zajc, Bruxelles, De Boeck, 2010, p. 63-77.

HART, Sylvie Ann, « Apprentissage formel, informel, non-formel, des notions difficiles à utiliser... pourquoi ? » *Focus*, vol. 4, n°2, Juin 2013. http://www.oce.uqam.ca/article/apprentissage-formel-informel-non-formel-des-notions-difficiles-a-utiliser-pourquoi/ [consulté le 6 juin 2017].

LANARÈS, Jacques, « Piloter la qualité des programmes de formation : enjeux et perspectives », Présentation aux responsables de programmes de l'UCL, Profondval, le 15 septembre 2011.

MAUBANT, Philippe, « Des pratiques pédagogiques au plan de formation », dans *Pédagogues et pédagogie en formations d'adultes*, Paris, PUF, 2004, p. 143 à 203.

Numéro thématique : « Education non formelle et apprentissages tout au long de la vie », *Éducation permanente*, n°199, 2014. http://www.education-permanente.fr/public/articles/articles.php?id_revue=1728 [consulté le 6 juin 2017].

PERRENOUD, Philippe, « Les conceptions changeantes du curriculum prescrit : hypothèses », *Educateur*, numéro spécial « Un siècle d'éducation en Suisse romande », no. 1, 2002, p. 48-52. https://www.unige.ch/fapse/SSE/teachers/perrenoud/php_main/php_2002/2002_19.html [consulté le 6 juin 2017].

PERRENOUD, Philippe, « Curriculum : le réel, le formel, le caché », dans *La pédagogie : une encyclopédie pour aujourd'hui*, sous dir. Jean Houssaye, Paris, ESF, 1993, p. 61-76. https://www.unige.ch/fapse/SSE/teachers/perrenoud/php_main/php_1993/1993_21.html [consulté le 6 juin 2017].

PERRENOUD, Philippe, *Quand l'école prétend préparer à la vie... Développer des compétences ou enseigner d'autres savoir ?* Avec une postface de François Audigier, Paris, ESF, 2011. http://www.unige.ch/fapse/SSE/teachers/perrenoud/php_main/OUVRAGES/Perrenoud_2011_A.html [consulté le 6 juin 2017].

PERRENOUD, Philippe, « Du concept aux programmes : incohérence et précipitation », *Cahiers Pédagogiques*, n° 476, novembre 2009. http://www.cahiers-pedagogiques.com/Du-concept-aux-programmes%E2%80%89-incoherence-et-precipitation [consulté le 6 juin 2017].

Perrenoud, Philippe, *La fabrication de l'excellence scolaire : du curriculum aux pratiques d'évaluation*, Genève, Droz, 2ᵉ édition augmentée 1984/1995.

Perret, J.-F., et Ph Perrenoud, sous dir., *Qui définit le curriculum, pour qui ? Autour de la reformulation des programmes de l'école primaire en Suisse romande*, Cousset (Fribourg), Delval, 1990.

Roegiers, Xavier, *Des curricula pour la formation professionnelle initiale, La pédagogie de l'intégration comme cadre de réflexion et d'action pour l'eneignement technique et professionnel*, Bruxelles, De Boeck, 2011.

Roegiers, Xavier, *La pédagogie de l'intégration, Des systèmes d'éducation et de formation au cœur de nos sociétés*, Bruxelles, De Boeck, 2010.

Shaw, Perry, « Le programme implicite et le programme non-retenu », dans *Transformer la formation théologique*, Carlisle, Langham Global Library, 2015, p. 85-97.

Wittorski, Richard, « Professionnaliser la formation : enjeux, modalités, difficultés », Formation emploi, n° 101 janvier-mars 2008, http://formationemploi.revues.org/1115 [consulté le 6 juin 2017].

Wittorski, Richard, *Professionnalisation et développement professionnel*, Paris, l'Harmattan, 2007.

Wittorski, Richard, « La professionnalisation », Savoirs, vol. 17, no. 2, 2008, p. 9-36. DOI : 10.3917/savo.017.0009. URL : http://www.cairn.info/revue-savoirs-2008-2-page-9.htm [consulté le 6 juin 2017].

Ouvrages et articles en anglais

Alstete, Jeffrey W., *Accreditation Matters: Achieving Academic Recognition and Renewal*, ASHE-ERIC Higher Education Report, vol. 30, no. 4, San Francisco, Jossey-Bass, 2004.

Bates, A. W., et Gary Poole, *Effective Teaching with Technology in Higher Education*, San Francisco, Jossey-Bass, 2003.

Cole, Victor B., *Training of the Ministry*, Bangalore, Theological Book Trust, 2001.

Downs, P. G., *Teaching for Spiritual Growth: An Introduction to Christian Education*, Grand Rapids, MI, Zondervan, 1994.

Fisher, L. A., et C. Levene, *Planning a Professional Curriculum*, Calgary, University of Calgary Press, 1989.

Ford, L., *A Curriculum Design Manual for Theological Education: A Learning Outcomes Focus*, Nashville, TN, Broadman, 1991.

Gangel, Kenneth, et James Wilhoit, *The Christian Educator's Handbook on Teaching*, Victor Press, 1993.

HABERMAS, R., et K. ISSLER, *Teaching for Reconciliation: Foundations and Practice of Christian Educational Ministry*, Grand Rapids, MI, Baker Books, 1992.
HARRIS, M., *Fashion Me a People: Curriculum in the Church*, Louisville, KY, Westminster, 1989.
HART, D. G., et R. Albert MOHLER, Jr., *Theological Education in the Evangelical Tradition*, Grand Rapids, Baker, 1996.
LANGFORD, David P., et Barbara A. CLEARY, *Orchestrating Learning with Quality*, Milwaukee, ASQC Quality Press, 1995.
LEWY, Arieh, *Handbook of Curriculum Evaluation*, New York, UNESCO and the International Institute of Educational Planning, 1977.
LEYPOLDT, Martha M., *Learning is Change: Adult Education in the Church*, Valley Forge, PA, Judson Press, 1971.
POSNER, George J., et Alan H. RUDNITSKY, *Course Design: A Guide to Curriculum Development for Teachers*, New York, Longman, 2001.
Theological and Christian Education Commission (TCEC), *Training God's Servants: A Compendium of the Papers and Findings of a Workshop on "Training for Missions in Africa"*, Nairobi, Association of Evangelicals in Africa, 1997.
TOOHEY, S., *Designing Courses for Higher Education*, Buckingham (Great Britain), Open University Press, 1999.
VELLA, Jane, *How Do They Know That They Know*, San Francisco, Jossey-Bass, 1998.
VELLA, Jane, *Learning to Listen, Learning to Teach*, San Francisco, Jossey-Bass, 1994.
WIGGINS, Grant, et Jay Mctighe, *Understanding by Design*, Alexandria, VA, Association for Supervision and Curriculum Development, 1998.

7

L'excellence du corps enseignant

L'élément le plus important d'un programme de formation théologique, c'est son équipe enseignante. Les excellentes institutions de formation savent trouver, former et encourager leurs enseignants.

Selon Éphésiens 4.11, les enseignants sont donnés par Dieu à l'Église pour aider son peuple à mettre la vérité en action dans la vie quotidienne. Si vraiment notre travail éducatif se veut centré sur le développement des qualités morales et la préparation au ministère, il nous faudra des enseignants performants dans ces domaines. Nous n'avons pas besoin d'enseignants qui se contentent de lire aux étudiants les notes qu'eux-mêmes ont prises en faculté de théologie.

Comment identifier le type d'enseignant qu'il nous faut ? L'équipe enseignante dont nous disposons déjà est sans doute notre meilleur point de départ, même si, dans nombre d'établissements de formation, il peut s'agir d'un assemblage plutôt disparate de missionnaires « gratuits » ainsi que d'une poignée d'enseignants locaux à temps plein et à temps partiel. Nous ne pouvons pas aider ce groupe-là à gagner en performance uniquement en les envoyant tous faire des thèses.

Je préfère les termes *enseignant* ou *formateur* à celui de *professeur*, ou de *maître de conférences*. Un « professeur » est une personne ayant achevé des études avancées, et titulaire depuis de nombreuses années ; ce titre n'indique cependant pas forcément ce que la personne est réellement capable de faire. Dans l'esprit de certains, le terme de « maître de conférences », en revanche, réduit l'activité de cette personne à celle de donner des conférences. En effet, nous n'avons pas besoin de quelqu'un pour lire à nos étudiants ce qu'ils devraient pouvoir lire par eux-mêmes chez eux ou en bibliothèque. En revanche, les termes d'« enseignant » ou de « formateur » décrivent, dans l'esprit de beaucoup, quelqu'un qui aide les étudiants à apprendre.

Les bons enseignants sont la plus grande richesse de tout établissement de formation. Nous sommes bénis si nos enseignants savent bien équiper les étudiants et bien les accompagner pastoralement pour qu'ils soient prêts à assumer les ministères auxquels Dieu les a appelés. Ils doivent bien connaître leur domaine et bien montrer de par leur vie comment mettre en pratique ces connaissances. Nous voulons également qu'ils maîtrisent de bonnes techniques pédagogiques afin de pouvoir aider, avec créativité, leurs étudiants à comprendre le monde réel, aussi bien que le monde des idées et des livres. Les programmes de formation excellents favorisent le développement professionnel de leurs enseignants pour qu'ils deviennent ce genre de personne.

Facteurs entrant en compte pour développer un excellent corps enseignant

Une institution de formation peut avoir des enseignants en nombre suffisant pour les formations qu'elle propose, sans pour autant disposer d'un corps enseignant de qualité. Ils peuvent même tous être très diplômés. Cependant, même si nous avons le bon pourcentage d'enseignants, notre corps enseignant peut demeurer médiocre. Les cinq questions suivantes nous aideront à déterminer si nos enseignants contribuent à l'excellence de notre formation.

1. Ont-ils une formation spécifique dans les domaines pertinents ?

Les diplômes avancés sont importants, mais la pertinence de cette formation l'est encore plus. Le domaine d'études de l'enseignant est-il solidement lié au domaine qu'il doit enseigner ? Nous avons besoin de formateurs qui possèdent une connaissance approfondie de *leur* domaine d'enseignement, et pas simplement ceux qui ont démontré leur capacité à satisfaire aux exigences d'une université. Un doctorat en mathématiques ou en médecine ne rend pas automatiquement apte à l'enseignement des disciplines bibliques ou de l'histoire de l'Église.

Les enseignants qui ont appris, sous la direction d'un mentor compétent, à réfléchir et à mener des recherches dans leurs domaines d'enseignement, et dont les diplômes proviennent d'institutions crédibles, sont précieux. Les études avancées favorisent l'acquisition d'une compréhension générale des questions qui se posent aux étudiants, et la pratique pédagogique des enseignants sera nourrie par les exemples d'apprentissage qu'ils auront pu observer au cours de leurs études.

2. Ont-ils des compétences pratiques dans les domaines appropriés ?

Qu'est-ce qu'un enseignant sait réellement appliquer dans le domaine qu'il devra enseigner ? Il est normal d'attendre d'un enseignant en homilétique qu'il sache prêcher, que la pratique pastorale soit traitée par des pasteurs expérimentés, que les cours de relation d'aide soient proposés par des personnes ayant une formation et une expérience de l'écoute, que l'évangélisation soit enseignée par ceux qui partagent leur foi régulièrement, et que les formateurs en missiologie aient une expérience du ministère interculturel.

Nous devrions également exiger de nos enseignants des compétences en communication. Disposer dans notre équipe de personnes hautement qualifiées dans des domaines pointus ne nous aidera pas si elles sont incapables de communiquer clairement et de manière accessible aux étudiants. Des compétences linguistiques sont donc nécessaires. J'ai rencontré des missionnaires enseignants qui étaient brillants, mais qui pratiquaient la langue d'enseignement si rarement en dehors de leurs cours qu'ils arrivaient à peine à la parler en classe. Ceci n'est pas juste vis-à-vis des étudiants. Certaines exceptions peuvent être faites pour des professeurs invités experts dans un domaine précis, mais un corps enseignant composé essentiellement de personnes incapables de bien communiquer aux étudiants dans la langue de ces derniers n'est pas envisageable.

3. Sont-ils de bons modèles de vie ?

La brochure de toute faculté de théologie ou de tout institut biblique décrit la croissance spirituelle espérée pour les étudiants au cours de leurs années d'études. Le facteur principal de cette croissance chez les étudiants semble provenir de l'exemple de vie et de ministère de leurs enseignants. L'exemple de votre corps enseignant est-il édifiant ?

Timothée devait être un exemple par ses paroles, sa conduite, son amour, sa foi et sa pureté. Sa croissance dans ces domaines devait être tellement manifeste que chacun pouvait suivre ses progrès (1 Tm 4.12-16). Dans quelle mesure nos enseignants cherchent-ils avant tout à connaître et à aimer Dieu ? Les étudiants peuvent-ils observer la croissance spirituelle de leurs formateurs ? Dans quelle mesure les enseignants ressemblent-ils aux anciens décrits par Paul dans 1 Timothée 3 – irréprochables et respectés de tous ? Comment se conduisent-ils dans leur famille ? Participent-ils régulièrement à la vie d'une Église locale ? Respectent-ils les autres, ou profèrent-ils des paroles négatives sur d'autres, lors de leurs cours ou ailleurs ? Sont-ils respectueux envers les étudiants ? Sont-ils présents uniquement pour donner leurs cours, étant « trop occupés » pour se rendre disponibles aux étudiants à d'autres moments ?

Ces choses sont importantes, car ce que nous sommes est tout aussi important que tout ce que nous pourrions formuler dans nos cours. Dans ses mises en garde contre les faux prophètes dans Matthieu 7, Jésus ne dit rien au sujet du contenu de leurs propos. L'Écriture souligne l'importance de la vérité et d'une doctrine juste. Cependant, c'est aux fruits de sa vie, visibles par tous, que l'on reconnaît un faux prophète. Les responsables d'institutions de formation pourront aussi se rendre compte de l'excellence de leurs enseignants en les observant, et en tenant compte des évaluations appropriées de leurs collègues et étudiants.

4. Sont-ils doués pour l'enseignement ?

Nous avons déjà noté que les enseignants sont des personnes singulières, données par Dieu pour préparer son peuple pour le service (Ep 4.11-16). Ces enseignants qui sont des bergers – ou ces bergers qui enseignent – s'appuient sur leurs expériences et les Écritures pour aider leurs étudiants à atteindre la maturité, et les équiper pour toute œuvre bonne (2 Tm 3.17).

Nos enseignants ont-ils réellement reçu le don d'enseignement de la part de Dieu ? Faisons la distinction entre le don d'enseignement et les compétences que l'on peut acquérir pour mieux enseigner, mais reconnaissons que les deux sont liés. Chacun d'entre nous (y compris ceux à qui Dieu a accordé le don d'enseigner) peut approfondir sa connaissance des règles de base de la pédagogie afin de favoriser, de manière créative, le processus d'apprentissage des autres. Néanmoins, il paraît raisonnable que les corps enseignants des programmes de formation soient composés de ceux que Dieu a donné à son Église comme pasteurs-enseignants. Nous devrions pouvoir repérer ces personnes en voyant comment Dieu les utilise pour équiper d'autres pour le ministère.

5. Sont-ils prêts à progresser ?

Chaque enseignant devrait désirer progresser dans ses connaissances, dans l'obéissance et dans l'amélioration de ses méthodes pédagogiques. L'orgueil, le sentiment que nous savons suffisamment de choses, constitue un obstacle majeur à cela. J'ai connu, en Amérique latine, un médecin qui n'avait rien lu de nouveau dans le domaine médical depuis la fin de ses études, bien des années auparavant. Il n'est pas le seul à être dans ce cas, mais qui voudrait vraiment être soigné par une telle personne ?

Nos enseignants sont-ils si différents ? Certains formateurs craignent toute discussion, redoutant qu'un étudiant pose une question dont ils ne connaîtraient pas la réponse. Il arrive régulièrement que des modules soient dispensés par quelqu'un qui n'a rien changé à son cours depuis ses débuts dans l'enseignement il y a des décennies. Un corps enseignant adéquat est composé de ceux qui enrichissent constamment leur savoir par l'écoute et l'observation, étant décidés à continuer de croître et progresser. Quand j'étais jeune missionnaire, j'ai rendu visite à un collègue qui était au Brésil depuis plusieurs années et qui enseignait dans plusieurs endroits. Je lui ai demandé si je pouvais assister à ses cours afin d'en apprendre davantage sur la manière d'enseigner dans le contexte brésilien. Lorsque nous discutions après le cours, il déclara, les larmes aux yeux : « Vous savez, vous êtes la première personne qui soit jamais venue observer un de mes cours. »

Les enseignants du primaire et du secondaire dans nos pays reçoivent une formation pratique exigeante sur place, afin de les préparer à leurs responsabilités d'enseignement. La plupart doit également suivre une formation continue après avoir commencé à enseigner. Ceci est rarement le cas pour ceux qui travaillent dans des institutions de formation théologiques ou enseignent à l'université. Un doctorat est considéré en lui-même suffisant pour qualifier, en théorie, quelqu'un comme maître de conférences de l'enseignement supérieur à peu près partout, bien que de nombreux docteurs n'aient aucune idée de comment enseigner correctement. Pour devenir et demeurer excellent, un corps professoral doit être constitué d'enseignants qualifiés et ayant la volonté de continuer à progresser, y compris en pédagogie.

Une équipe enseignante de qualité est le fruit d'un plan stratégique bien élaboré. Pour apprendre à connaître nos étudiants, découvrir ce qu'ils savent et savent faire, pour discerner ce qu'ils devront être en fin d'études, avec des connaissances et des compétences précises, pour les conduire de leur situation initiale à cet objectif final, il nous faudra un certain type d'enseignant et de mentor.

Nous devrions commencer notre évaluation de l'excellence de nos enseignants en examinant de près les formateurs déjà parmi nous. Pour la plupart d'entre eux, nous aurons la joie de pouvoir affirmer la manière dont Dieu les utilise, tout en les aidant à devenir encore plus performants. Cependant, tous les détenteurs de diplômes ne sont pas faits pour enseigner. Si nous arrivons à la conclusion que certains de nos enseignants ne sont pas les bonnes personnes pour faire progresser nos étudiants, il nous faudra trouver le courage et le tact pour nous en séparer. Licencier des membres du personnel n'est facile dans aucune culture. Parfois, cela n'est même pas légal. Néanmoins, il est possible de trouver, dans la prière et avec sagesse, des manières d'encourager à partir ceux qui ne s'insèrent pas dans le projet. L'enjeu est trop important.

Prendre soin de nos enseignants

Si les enseignants sont satisfaits, ils seront moins attirés par l'herbe plus verte d'un pré voisin. Ils ont plus de chance d'être satisfaits lorsque leur environnement de vie et d'enseignement est sain. Dans ce cas, comment une institution de formation peut-elle être le type d'endroit où d'excellents enseignants veulent travailler et dans lequel ils peuvent continuer à croître et à progresser ? Sept domaines aideront nos enseignants à se sentir à l'aise et rassurés d'appartenir à une équipe enseignante excellente.

1. Sommes-nous au clair quant à notre identité, notre finalité et nos attentes institutionnelles ?

Les institutions de formation d'excellence savent pourquoi elles existent. Leur offre est construite de manière cohérente pour répondre aux besoins réels de la société qu'elles servent. Leur programme d'enseignement et de formation est conçu et régulièrement mis à jour dans le but d'aider les étudiants à passer de leur niveau initial à celui qu'ils devront atteindre. L'histoire, les valeurs et les pratiques de l'institution sont communiquées aux nouveaux arrivants. Des descriptifs de poste existent, chacun sait ce qu'il a à faire et comment cela contribue à l'objectif global du programme. Participer ensemble à une mission dont nous savons qu'elle en vaut la peine est un moyen formidable de rendre un programme de formation attractif aux enseignants que nous souhaitons voir nous rejoindre et rester parmi nous.

2. Pourvoyons-nous suffisamment aux nécessités de la vie des enseignants ?

Nous traiterons davantage cette question au chapitre 10, cependant la question du salaire et du logement est importante pour trouver et garder le type de professeur que nous recherchons. Nous devrons tenir compte de la couverture santé et du financement de leurs retraites ainsi que de l'éducation de leurs enfants. Si nous avons été prévenants et avons fait preuve de sagesse dans la sélection des avantages que nous proposons à notre personnel, nous serons intéressants à leurs yeux et réussirons à trouver et à garder les collaborateurs qu'il nous faut.

3. Prenons-nous bien soin des membres de notre communauté ?

Notre attitude en tant que communauté est très parlante pour nos étudiants, mais également pour nos enseignants et employés. Pour retenir et encourager des équipes enseignantes d'excellences, nous devons être des communautés qui savent encourager et prendre soin les uns les autres. L'exemple d'une communication ouverte doit être donné à tous les niveaux de la communauté académique. Les conflits doivent être résolus par les personnes concernées, si nécessaire par une intervention délicate. Tous, étudiants et personnel, doivent bénéficier d'un certain suivi pastoral, avec des créneaux pour le partage et la prière. Il faut prévoir du temps dans les descriptifs de poste pour des activités qui développeront et renforceront l'esprit communautaire. Nos établissements devraient être des lieux où il fait bon vivre et travailler.

4. Sommes-nous une communauté apprenante ?

Nous aborderons l'enjeu du renouvellement communautaire au chapitre 12, cependant, il vaut la peine de rappeler à nouveau que les bons enseignants sont ceux qui continuent à apprendre. Les institutions d'excellences programment et encouragent la participation à un ensemble d'activités sur site et hors site afin d'aider les enseignants à rester « à la pointe » et à mieux enseigner. Vous souhaiterez éventuellement organiser des séminaires animés par des spécialistes extérieurs, organiser des discussions guidées autour de questions clés, ou encore des temps d'échange consacrés aux travaux de recherche de vos salariés. Si nous attendons de nos enseignants qu'ils produisent de la recherche et des publications, il faut leur accorder du temps pour cela. Entreprendre des études formelles peut contribuer à un apprentissage continu de l'enseignant, tout en donnant l'occasion de se ressourcer, puisque de telles études permettent de recevoir, et non seulement donner. Nous examinerons une formation avancée formelle dans la suite dans ce chapitre.

5. Encourageons-nous les congés et les temps de ressourcement ?

Être un bon enseignant demande beaucoup de travail. Nous sommes ici face à deux défis. Le premier est le renouveau : il faut accorder aux enseignants du temps pour se tenir au courant de ce qui équipera au mieux chaque nouvelle génération d'étudiants en vue des ministères qu'ils exerceront. Nous ne voulons pas qu'ils enseignent de la même manière année après année. Les enseignants et le personnel ont besoin de temps pour la réflexion, aussi bien que pour la recherche et les lectures, afin de mieux comprendre et communiquer ce qu'ils enseignent.

Mais, voici le second défi : les trop nombreuses activités d'un enseignant peuvent miner son énergie. Une accumulation d'épuisement spirituel et émotionnel produit des personnes inopérantes et malheureuses. Certaines choisissent de couper complètement les ponts avec le monde de l'éducation, du moins pour un temps. Les membres du personnel ne devraient pas être incités à travailler vingt-quatre heures par jour, chaque jour de la semaine. Nous devons les encourager à respecter leurs jours de repos et à prendre leurs vacances. Des absences plus longues peuvent s'avérer également utiles. Les missionnaires, eux, ont normalement le droit de prendre un long « congé » régulièrement. Il s'agit surtout d'un autre type de travail, leur temps étant largement consacré aux visites d'Églises, mais il faut aussi y réserver du temps pour le repos et le ressourcement. Cependant, il est rare que des congés soient prévus pour le personnel national. En programmant et en finançant des congés périodiques pour le repos et le renouvellement, souvent appelés « congés sabbatiques », nous serons mieux armés pour conserver la bonne santé et la productivité de notre équipe pédagogique.

6. Encourageons-nous le réseautage ?

La participation à des conférences et réunions de formation régionales est un bon moyen d'acquérir de nouvelles idées et compétences. Le moral et la qualité de l'enseignement s'améliorent lorsque notre personnel peut tisser des relations avec des collègues d'autres institutions de formation de leur région. Prendre part à des conférences et réunions est aussi une manière de valoriser vos enseignants, qui acquièrent ainsi un statut et une reconnaissance, en particulier lorsqu'ils ont la possibilité de présenter ce qu'ils ont appris et accompli. Autoriser notre équipe pédagogique à proposer de temps à autre leurs cours dans d'autres établissements est une manière de les honorer, tout en favorisant le renouvellement par un changement d'environnement occasionnel. De plus, les échanges sont intéressants sur le plan économique puisque nous partageons notre expertise tout en empruntant l'expertise des autres. Un tel réseautage est un bon moyen d'acquérir de nouvelles perspectives en observant comment les autres abordent ce que nous aussi, nous essayons de mettre en œuvre de notre côté.

Pour permettre à tout ceci de se concrétiser, il faut accorder du temps, et parfois des allocations financières, aux enseignants. Ce type d'investissement vous aidera à conserver vos meilleurs éléments.

7. Disposons-nous de bonnes ressources documentaires ?

Ceux qui nous reviennent après des études à l'étranger se plaignent souvent de ne plus avoir accès aux nombreuses ressources disponibles là-bas. Nous n'avons pas besoin de reproduire les bibliothèques de l'étranger dans notre propre bibliothèque, mais en fournissant des ouvrages de références et des revues appropriées, ainsi que la possibilité de faire des recherches en ligne dans la mesure du possible, nous permettrons à notre corps enseignant de continuer à étudier et à croître. Nous aborderons l'excellence des bibliothèques au chapitre 9.

Trouver de nouveaux enseignants

Une fois que vous avez déterminé le profil de la personne que vous recherchez, et que vous avez une idée claire de ce que vous attendez d'elle, il y a différentes manières de recruter les bons enseignants pour votre programme de formation.

1. Développez vos propres enseignants

L'un des bons programmes de formation avancée en Afrique veille à observer ses étudiants pour voir s'il y en a parmi eux avec des dons et aptitudes pour devenir enseignant. Vers la fin de leurs études, l'école en invite un ou deux à rester une année de plus comme assistants pédagogiques. Au cours de cette année-là, ils enseignent de manière supervisée, et sont exposés aux activités et responsabilités d'un membre du corps enseignant. Si l'un d'entre eux est intéressé et fait preuve d'aptitudes exceptionnelles, l'établissement cherche des bourses pour une formation diplômante complémentaire. Une fois ses études achevées, l'ancien étudiant revient comme membre à plein temps du corps enseignant. Il s'intègre bien, précisément parce qu'il connaît déjà l'école et ses besoins. Ce système fonctionne bien et jusqu'à présent, l'on n'a pas observé de « fuite des cerveaux ». Même les assistants pédagogiques qui n'ont pas été invités à rester auront bénéficié d'un aperçu très utile du rôle d'un enseignant.

2. Ayez recours à des enseignants de modules

Il n'est pas nécessaire que chaque institution dispose de ses propres spécialistes dans chaque domaine d'enseignement. Une manière de partager les richesses de ceux qui sont qualifiés dans des domaines précis est au travers d'échanges entre enseignants pouvant dispenser des cours modulaires intensifs dans les établissements de l'un et de l'autre. Nous pouvons également puiser parmi les spécialistes nationaux ou internationaux prêts à enseigner des cours modulaires, surtout si nous couvrons (ou au moins proposons de couvrir) les frais de leurs voyage, gîte et couvert, ainsi que des honoraires corrects. Le mouvement vers l'internationalisation fait que certaines institutions de formation étrangères encouragent leurs professeurs à acquérir une expérience internationale. L'institution du professeur invité ou son Église locale peuvent être disposées à financer une bonne partie de leurs coûts.

Cependant, n'oubliez pas que tout enseignant gratuit ou disponible n'est pas forcément un expert, et que même les « experts » ont une capacité à enseigner très variable, surtout dans des contextes interculturels. Si une part trop importante de l'enseignement se fait par un étranger via un traducteur, cela aura un impact sur la qualité du programme de formation. Enfin, n'oubliez-pas que vous avez le choix de ne pas réinviter la personne à enseigner, si vous n'êtes pas satisfaits du résultat du module.

3. Tirez parti des praticiens locaux

L'enseignement n'est qu'une activité parmi tant d'autres pour la majorité des professeurs dans le monde non occidental. Notre personnel enseignant peut être composé en grande partie d'enseignants à temps partiel et habitant dans les environs. Ce peut être très bénéfique pour notre programme, ces personnes étant normalement plongées dans le ministère à plein temps, exposant davantage nos étudiants aux réalités quotidiennes d'un ministère. Il nous faut découvrir qui a une expertise que nous pourrions « emprunter » pour enrichir notre programme de formation. Il peut aussi être avantageux, financièrement, de recourir à des enseignants employés par d'autres organisations, Églises et missions, puisque nous n'aurons pas à les loger ni à leur fournir l'éventail complet des avantages sociaux requis pour des employés à plein temps.

En revanche, même les bons enseignants peuvent manquer de temps pour préparer leurs cours si leur occupation principale les accapare ailleurs. J'ai entendu des étudiants se plaindre de dirigeants célèbres d'unions d'Églises et d'associations qui soit annulent leurs cours, soit arrivent mal préparés. Il est aussi parfois difficile pour les chargés de cours ou les professeurs invités de s'intégrer dans la communauté d'apprentissage ou d'établir des relations de mentorat avec les étudiants.

4. Recrutez et embauchez les meilleurs enseignants que vous puissiez trouver

En Afrique, mais peut-être aussi partout dans le monde non occidental, les responsables d'Églises et d'institutions de formation savent qui possède des dons d'enseignement. Nous découvrirons peut-être que certains de nos chargés de cours les plus doués, ceux qui enseignent à merveille lors de modules ponctuels, souhaitent enseigner à plein temps. Notre problème n'est pas forcément de manquer de personnes qualifiées et disponibles, mais plutôt de moyens pour les embaucher. Comme nous le verrons au chapitre 10, nous devons consolider nos finances et notre capacité d'accueil pour pouvoir constituer et conserver un corps enseignant satisfaisant. Il vaut mieux qu'un établissement puisse disposer de ses propres enseignants, plutôt que de rester dépendant de personnel financé par l'extérieur. Les gens tendent naturellement à travailler pour ceux qui les paient, et si nous ne sommes pas ceux qui les rémunèrent, alors ce n'est pas pleinement pour nous qu'ils travaillent. Il est délicat de former et de gérer une équipe pédagogique composée de personnes « gratuites » qui nous ont été « offertes ». Au minimum, il faudrait que les enseignants « gratuits » (y compris les missionnaires) signent un protocole d'accord avec le programme de formation indiquant leur accord (et celles des agences les parrainant) pour remplir toutes les obligations prévues dans leur descriptif de poste.

Un moyen d'éviter de recruter de mauvais enseignants est de les observer à titre professionnel et personnel avant de leur confier un poste fixe. Bien entendu, nous devons vérifier les qualifications et écouter les recommandations au sujet d'une personne avant d'envisager de l'ajouter à notre équipe enseignante, mais il est bon également de l'observer et d'apprendre à la connaître avant de l'embaucher. Nous pouvons inviter un membre potentiel du corps enseignant à donner une série de cours magistraux ou de proposer un module intensif.

Les étudiants et les collègues peuvent donner des retours sur les qualités personnelles, relationnelles, pédagogiques et de communication de la personne, ainsi que sur ses connaissances dans le domaine. Un enseignant potentiel peut aussi être intégré dans des activités sur le campus, ou sociales, afin de voir s'il s'accorde bien avec la communauté et son esprit.

Ceci est également valable pour le personnel missionnaire de l'établissement. Même si l'enseignement doit parfois être dispensé avec l'aide d'un traducteur, il faut exiger que l'enseignant missionnaire potentiel, s'il en a la moindre possibilité, fasse le genre de visite évoquée ci-dessus. Même si ce n'est pas faisable, tous les nouveaux membres du corps professoral, y compris les missionnaires, devraient passer par une période d'essai permettant d'observer leur vie et leur pratique de l'enseignement. Il est bien plus facile de ne pas embaucher une personne que d'essayer de se séparer de quelqu'un qui ne fait pas l'affaire.

5. Développer des partenariats

La plupart des programmes de formation non occidentaux entretiennent des liens étroits avec des organisations extérieures et avec leurs unions d'Églises respectives. Il est possible que nos institutions forment une grande partie des dirigeants actuels de ces organisations et Églises, mais peu d'entre elles envoient des enseignants en retour. Nous devons les appeler soit à apporter des fonds pour que nous puissions embaucher certaines des personnes de qualité disponibles, soit à mettre à notre disposition une personne de qualité que nous puissions accueillir comme tout autre membre du corps enseignant potentiel.

Renforcement du corps enseignant en encadrant formellement les études approfondies complémentaires

Nous sommes tous conscients du coût financier des études à l'étranger, des dangers d'une formation non contextualisée et de la fuite des cerveaux. Il est encourageant de voir de nombreux étudiants d'un bon niveau s'inscrire dans des programmes de formation avancée plus près de chez eux. Quel rôle une institution de formation devrait-elle jouer pour encourager le développement professionnel de son propre corps enseignant dans le cadre d'études formelles ? Les questions suivantes sont importantes pour évaluer les enjeux des études avancées pour les enseignants.

1. Qui décide si une personne donnée devrait entreprendre des études avancées ?

En Amérique du Nord, en Europe occidentale et dans une grande partie de l'Amérique latine, les étudiants postulent tout simplement auprès de l'établissement où ils désirent étudier. À l'autre extrême, prenons l'exemple de notre Église au Mozambique qui avait sélectionné tous nos étudiants à notre place. Personne d'autre (ni l'école, ni les étudiants) n'avait son mot à dire concernant le choix des inscrits. Nous nous sommes ainsi retrouvés avec des membres des familles des pasteurs, dont certains n'avaient même pas vraiment envie d'être là. Aucun de ces deux extrêmes n'est pleinement satisfaisant.

La faculté ou l'institut biblique où la personne enseigne déjà devrait assumer la responsabilité du développement professionnel de son équipe enseignante. Il nous faut un plan stratégique qui mette en priorité la formation continue de tout notre personnel. Si les personnes ont le droit d'exprimer à tout moment leur désir d'être davantage formées, c'est notre responsabilité institutionnelle d'étudier leurs requêtes à la lumière de nos besoins en personnel et de notre perception des capacités pédagogiques des personnes. Même si les gens sont libres de négocier la poursuite de leurs études, c'est l'institution de formation qui devrait gérer le plan stratégique déterminant qui s'engage dans des études avancées avec la bénédiction et les encouragements financiers de l'institution. Nous laisserons la porte ouverte aux malentendus et à la fuite des cerveaux si nous laissons les donateurs ou organismes choisir leurs propres candidats pour étudier dans des contextes très éloignés de leur culture d'origine.

2. Quelles sont les possibilités autres que les formations longues occidentales ?

Une institution cherchant des enseignants de qualité doit également exiger qu'une réelle progression académique ait lieu. Sachez que, de plus en plus, l'on trouve des programmes avancés de qualité dans divers points du globe. Il est également possible de suivre une formation à distance (tout en restant dans son propre pays) proposée par de nombreux programmes de formation internationaux. Renseignez-vous bien avant d'opter pour l'envoi d'une personne à l'étranger pour des études avancées. Dans aucune situation je ne recommanderai l'envoi de quelqu'un hors de son pays pour des études de licence ou même de master, malgré l'appât de bourses généreuses de la part d'établissements étrangers. Même si ceux-ci désirent proposer à leurs étudiants un cadre d'étude agréable et riche culturellement, en réalité, peu d'étudiants étrangers pourront bénéficier de l'attention nécessaire pour les préparer sur le plan pratique aux ministères qu'ils exerceront à leur retour dans leur pays.

Partir étudier à l'étranger se justifie davantage pour un doctorat, ou pour approfondir un domaine d'intérêt spécialisé. Il peut être utile d'élargir ses horizons, de tisser des relations à vie avec des collègues étrangers, de travailler avec des mentors reconnus internationalement ou d'avoir un accès facilité à la recherche. Toutes ces considérations peuvent l'emporter sur les désavantages liés au contexte et au coût. Certains considèrent même qu'étudier en Occident fournit d'excellentes opportunités pour forger des liens avec des donateurs susceptibles de soutenir à long terme leurs projets institutionnels dans leur pays. Ces raisons vous sembleront peut-être suffisamment convaincantes pour envoyer vos enseignants étudier au loin. Cependant, sachant que de nombreux érudits et directeurs de recherche de premier plan rentrent travailler dans leur ville ou pays, et étant donné les changements dans la manière dont se conduit la recherche grâce à Internet (et des vols bon marché), il existe de nombreuses possibilités pour se former sans quitter complètement son propre cadre de vie. Ces options comprennent un nombre croissant de programmes évangéliques de doctorats régionaux, ainsi que des universités laïques de qualité sur place. Ne vous précipitez pas sur ce qui ne sera peut-être pas la meilleure solution sans avoir étudié attentivement les autres possibilités.

3. En cas d'études à l'étranger, comment minimiser la déconnexion d'avec son contexte ?

Étudier à l'étranger est souvent une expérience difficile et solitaire. Rester en contact régulier avec ceux qui sont partis étudier à l'étranger est une des choses les plus importantes à faire pour les aider. Leur envoyer des courriels réguliers et prendre des temps de prières particuliers pour leurs besoins par exemple permet de ne pas les oublier. Les responsables en voyage dans leur région devraient faire le détour pour leur rendre visite. S'il est possible d'intégrer le coût des trajets dans leur bourse, il faudrait qu'ils reviennent chez eux périodiquement pour rester conscients des réalités de leur futur contexte d'enseignement, ainsi que pour permettre aux autres de conserver une confiance élevée en eux.

Les institutions de formation de qualité ont un conseiller à l'écoute des étudiants étrangers. Il faut que tous les mentors académiques soient formés pour savoir aider les étudiants qu'ils suivent à appliquer leurs recherches et leurs connaissances acquises à leurs besoins particuliers. Chacun de ceux qui ont été sélectionnés pour être boursiers par l'association Langham Partnership par exemple ont la bénédiction d'avoir des équipes de prière et de soutien là où ils étudient. Les membres de ces équipes les invitent régulièrement chez eux et dans leurs Églises, et vérifient qu'ils n'ont pas besoin d'aide avec les détails de leur vie quotidienne dans un pays étranger. Langham Partnership cherche aussi à encourager l'interaction entre étudiants étrangers, entre autres en suscitant des discussions pour les aider à réfléchir à comment ce qu'ils apprennent s'accorde avec les besoins et réalités de leurs situations d'origine.

4. Comment financer la formation avancée du corps enseignant ?

Qui paie commande. Il est donc important de savoir qui finance les bourses, et quelles sont les conditions de ce financement, car cela peut influer sur qui le membre du corps professoral considère comme son employeur véritable une fois diplômé. Puisque les donateurs ont également leurs propres objectifs, faites tout votre possible pour mettre ces partenaires financiers au service de votre institution. Le développement professionnel de votre corps enseignant devrait faire partie de votre plan stratégique et financier. Il est bon que vous continuiez à fournir logement et salaire à la famille de la personne engagée dans des études avancées. C'est au programme de formation (et non à la personne concernée) de prendre contact avec amis, Églises, fondations et l'établissement d'accueil lui-même pour obtenir une assistance à la formation des membres de son corps professoral. Les fonds reçus pour la bourse devraient normalement être gérés par l'école et non par l'enseignant concerné. Ceci n'implique pas d'écarter les personnes qui partent étudier (ni leurs Églises ou familles) des activités de levée de fonds. Elles aussi accorderont de la valeur à ce qui leur aura coûté. Cependant, il vaut sans doute mieux encourager les enseignants à trouver des fonds personnels pour couvrir leurs besoins personnels, comme des livres, ou pour leurs dépenses courantes, et laisser la responsabilité de couvrir les frais d'études et de voyage à l'institution de formation employant l'enseignant.

Vous encouragerez vos enseignants par cet investissement en eux à travers votre aide à la poursuite de leurs études. Ils vous reviendront pleins de reconnaissance si vous avez suffisamment veillé à ce que leurs besoins soient couverts durant leurs études.

Un avantage à investir dans vos propres enseignants

L'Université Shalom de Bunia (USB)[1], située au nord-est de la République Démocratique du Congo, est une institution de formation prise dans la tourmente politique et économique des dix dernières années. Depuis 1961, l'USB propose une offre de qualité à plusieurs unions d'Églises évangéliques, dont une licence en théologie, un master en deux ans et, plus récemment, des études doctorales. L'université a réussi à rester ouverte, même quand la guerre a pénétré dans la ville de Bunia.

À cause de l'instabilité politique du pays, les missionnaires ou professeurs invités ne pouvaient quasiment plus venir enseigner dans l'établissement. L'USB a donc pris la décision stratégique de développer ses propres enseignants, qui n'auraient pas à quitter le pays si la situation s'aggravait à nouveau. Entre 1996 et 2005, l'institution a envoyé au moins huit enseignants se former à un niveau avancé. Trois ont été envoyés en Afrique du Sud, un en France et un aux États-Unis pour effectuer des études doctorales. Au niveau master, trois sont allés au Kenya, tandis qu'un étudiant a été envoyé à une faculté-sœur en République centrafricaine. Au moment où j'écris ces lignes, tous sont rentrés à Bunia pour enseigner.

Conclusion

Il est impératif pour les programmes de formation théologique excellents d'avoir un corps professoral adéquat, avec des enseignants qui veulent continuer à apprendre et à progresser durant toute leur carrière. La formation avancée formelle du corps enseignant n'est qu'une partie de ce processus. Une institution de formation doit mettre en place et favoriser un environnement où les enseignants peuvent travailler aisément et efficacement. Elle doit avoir le courage de se séparer de ceux qui n'ont pas le bon profil, et être attentive à trouver et faire progresser ceux qui l'ont. Elle doit également être proactive pour structurer et financer des opportunités de formation continue – formelle et informelle – pour tout son corps professoral. Bâtir et entretenir une équipe enseignante excellente est sans doute la chose la plus importante que vous puissiez faire pour renforcer la qualité de votre institution de formation.

---

1. Anciennement appelée Institut Supérieur Théologique de Bunia jusqu'en 2007.

Questions de discussion au sujet de vos enseignants

1. Votre corps enseignant est-il composé d'enseignants, de professeurs ou de maîtres de conférences ? Pourquoi avez-vous choisi ces termes ?
2. Dans quelle mesure votre corps professoral est-il adéquat ? Quel est l'obstacle principal vous empêchant d'avoir une équipe enseignante plus appropriée ? Que pourriez-vous faire pour permettre à vos enseignants actuels de progresser ?
3. Prenez-vous suffisamment bien soin de vos enseignants en sorte qu'ils se réjouissent de servir au sein de votre communauté apprenante ?
4. Qu'est-ce qui pourrait être fait pour aider vos enseignants à mieux progresser, ainsi qu'à être en bonne santé émotionnelle et spirituelle ?
5. Avez-vous un plan de formation avancée et continue pour votre corps professoral ? Fonctionne-t-il correctement ?

Pour aller plus loin : lectures suggérées
Ouvrages et articles en français

BLOCHER, Henri, « Enseignant, théologien », dans *Dictionnaire de théologie pratique*, sous dir. Christophe Paya, Charols, Excelsis, 2011, p. 308-315.

BUCHHOLD, Jacques, « De l'Église à la Faculté », *Théologie évangélique* 9, no. 1, 2010, p. 89-99.

IDE, Pascal, *Le burn out : une maladie du don*, Paris, Éditions Emmanuel, Quasar, 2015.

KUEN, Alfred, *Jésus, Paul et nous, formateurs*, Saint-Légier, Emmaüs, 2000.

KUEN, Alfred, *Le responsable, qualification et fonctions*, Saint-Légier, Emmaüs, 2009.

LIENHARD, Fritz, « La Théologie en stages », *Études Théologiques et Religieuses* 4, 1999.

MASLACH, Christina, et Michael P. LEITER, *Burn-out : des solutions pour se préserver et pour agir*, traduction de Véronique Gourdon, Paris, Les Arènes, 2016.

MIÉVILLE, Vincent, « Stages », dans Christophe Paya, sous dir., *Dictionnaire de Théologie pratique*, Charols, Excelsis, 2011.

PAYA, Christophe, sous dir., *Dictionnaire de Théologie pratique*, Charols, Excelsis, 2011.

PETERSON, Eugene, *Les trois angles de la croissance dans le service chrétien*, Sentier, Québec, La Clairière, 1998.

ROHNER, Jean, « La communication et ses fondements », *Ichthus* 136, no. 3, 1986.

SANDERS, Paul, « Formation », dans *Dictionnaire de théologie pratique*, sous dir. Christophe Paya, Charols, Excelsis, 2011, p. 401-406.

WIHER, Hannes, McTair WALL, Émile NICOLE, Christophe PAYA, Jacques BUCHHOLD, Bernard HUCK, Charles-Daniel MAIRE et Christopher WRIGHT, *Bible et mission, Vers une théologie évangélique de la mission*, vol. 1, coll. REMEEF, Charols, Excelsis, 2012.

ZORN, Jean-François, *La missiologie. Émergence d'une discipline théologique*, Genève, Labor & Fides, 2004.

Ouvrages et articles en anglais

BOICE, Robert, *The New Faculty Member: Supporting and Fostering Faculty Development*, San Francisco, Jossey-Bass, 1992.

BRIGHT, David F., et Mary P. RICHARDS, « Faculty Development », dans David F. Bright et Mary P. Richards, sous dir., *The Academic Deanship*, San Francisco, Jossey-Bass, 2001, pp. 148-177.

COLLINS, Jim, *Good to Great*, New York, Harper Collins, 2001.

GANGEL, Kenneth O., et Howard G. HENDRICKS, *The Christian Educators Handbook on Teaching*, Grand Rapids, Baker, 1988.

HENDRICKS, Howard G., *The 7 Laws of the Teacher*, Atlanta, Walk Thru the Bible Ministries, 1987.

LUCAS, Ann F., et associés, *Leading Academic Change: Essential Roles for Department Chairs*, San Francsico, Jossey-Bass, 2000.

MIDDAUGH, Michael F., *Understanding Faculty Productivity: Standards and Benchmarks for Colleges and Universities*, San Francisco, Jossey-Bass, 2001.

WILKINSON, Bruce H., *The 7 Laws of the Learner*, Oregon, Multnomah Press, 1992.

8

L'excellence des locaux

Les institutions de formation excellentes ont des locaux adéquats et bien entretenus pour soutenir l'enseignement, l'administration et la recherche.

Une institution de formation n'a pas toujours besoin d'un campus, mais elle doit exister quelque part. Même si la plupart des cours sont dispensés hors site en ayant recours à des technologies de l'enseignement ou à des chargés de cours, l'école a tout de même besoin d'un quartier général. De nombreuses institutions de formation innovantes ont certes démarré dans des locaux d'emprunt, mais tôt ou tard elles éprouvent le besoin d'avoir un endroit où se sentir « chez elles ». Au minimum, elles doivent disposer de bureaux pour l'équipe administrative, les dossiers et les archives, ainsi que d'une bibliothèque/centre de ressources adéquate pour les cursus proposés. Il faut sans doute au moins une salle de réunion pour des séances de réflexion collective, de formation du personnel et des enseignants, ou ponctuellement, pour un cours intensif. Des logements pour le personnel ou les professeurs invités pourront aisément compléter ces éléments de base. Toutefois, il ne faut pas devenir un complexe d'habitation si vous n'êtes pas un campus résidentiel !

S'agrandir n'est pas forcément s'améliorer. Comme nous le noterons au chapitre 11, la nature changeante de la formation des adultes, associée aux nouvelles technologies de l'éducation, fait que la formation a de plus en plus lieu dans de multiples endroits. Les établissements de formation du futur fonctionneront sans doute comme des centres de ressources théologiques desservant un certain nombre de cursus hors site, plutôt qu'un lieu unique regroupant tous les enseignants, cours, livres et étudiants. Nous découvrirons peut-être qu'il nous faudra moins d'espace à l'avenir qu'actuellement, au prix toutefois d'un réaménagement majeur de l'espace dont nous disposons.

Un doyen ne devrait pas forcément posséder toutes les compétences d'un entrepreneur en bâtiment ! Néanmoins, les projets immobiliers étant souvent les travaux les plus grands et les plus chers qu'entreprennent les institutions de formation, la direction de ces dernières doit bien prendre en compte les questions en rapport avec l'acquisition et l'entretien de locaux excellents. Dans ce chapitre, nous nous demanderons si nous utilisons au mieux notre patrimoine, et si nous en prenons soin comme il le faudrait. Nous l'avons vu au chapitre 3, un plan du site fait partie du plan stratégique. Mais quelle image renvoyons-nous à travers nos locaux ? Comment concevoir, gérer et financer les bons projets pour obtenir le cadre matériel qu'il nous faut ?

Faire un usage optimal de vos locaux

Votre plan stratégique devrait déterminer les besoins en espace (superficie et type) de votre institution de formation. Si les finances ne représentaient aucun obstacle, la plupart des facultés seraient tentées de repartir de zéro dans un nouvel endroit. Bon nombre de nos campus, petits et grands, n'ont pas été conçus d'une manière optimale. Ce sont souvent des accumulations aléatoires de bâtiments construits à diverses périodes dans l'histoire de l'institution avec les fonds disponibles à cette époque. Toutefois, avant de tout recommencer, il vaut la peine de vérifier si les locaux actuels vous suffisent. Tirez-vous bien parti de l'espace existant ? Vos locaux existants vous serviraient-il mieux s'ils étaient réaménagés ou reconfigurés ?

Votre plan stratégique devrait déterminer de combien d'espace, et de quel type, vous aurez besoin dans cinq à dix ans. Votre plan de mise en œuvre devrait inclure des suggestions précises quant aux parties à modifier et celles à construire. Ce plan ne devrait pas uniquement donner une estimation des coûts, mais indiquer les responsables du budget et de la mobilisation des fonds nécessaire. Heureux le programme de formation qui a préparé un bon plan stratégique !

Plans du site

Un plan du site représente de manière détaillée l'aspect futur de vos locaux. Il est bon que les étudiants, enseignants et employés rêvent ensemble à l'avenir de votre campus, bien qu'un tel plan nécessite généralement la contribution d'un expert. Des amis compétents, sur place ou à l'étranger, proposeront peut-être leur aide bénévole, mais cette tâche est suffisamment importante pour qu'il vaille la peine de rémunérer une personne avec les compétences et connaissances nécessaires pour la réaliser correctement. Quelle devrait être votre capacité en termes d'électricité, de téléphone, d'eau ou d'évacuation des eaux usées, et où faudrait-il l'installer (ou non) ? Le terrain permet-il de creuser partout des fondations solides pour les bâtiments ? Le flux normal des étudiants et d'autres nécessitera quel genre d'allées et de routes carrossées ? Quelles sont les exigences légales concernant les routes et parkings ? La taille maximale des bâtiments sur un terrain donné est-elle limitée ? Le Plan d'occupation des sols (POS) autorise-t-il certains types de construction et pas d'autres ? Quel style de chapelle ou d'amphithéâtre sera abordable financièrement ? Quelle distance devrait-il y avoir entre les résidences étudiantes et les logements des professeurs, ainsi qu'avec tous les autres bâtiments ? Les bruits du voisinage empêcheront-ils vos étudiants de travailler ? La pollution d'usines à proximité est-elle dangereuse pour la santé ? Etc. La plupart d'entre nous n'avons aucune idée des réponses à ces questions. Il nous faut des experts qui pourront nous les fournir. Il est insensé de démarrer un projet sans avoir de plan du site à long terme, et sans comprendre ce qui peut ou non être fait.

Plans et budgets d'entretien

Un de mes amis a été accueilli par un institut biblique dans un pavillon pour les invités qui a commencé à s'effondrer la nuit même où il y dormait. (J'ai vu les photos du mur affaissé et de la toiture défoncée !) Ce n'est pas cela, l'excellence des locaux ! Nous ne devrions pas gérer nos ressources en réagissant aux situations de crise, rattrapant comme nous pouvons l'entretien qui aurait dû être fait en temps et en heure. Il est indispensable d'avoir des collaborateurs ayant des compétences pratiques et organisationnelles pour superviser nos locaux et propriétés. Un programme d'entretien comprenant un budget est également nécessaire pour prendre correctement soin de nos biens. Les institutions de formation lèvent parfois des fonds considérables pour la construction d'un nouveau bâtiment, sans savoir comment cet édifice sera entretenu une fois les travaux achevés. Malheureusement, il est souvent plus facile de mobiliser des fonds pour construire du neuf que pour entretenir de l'existant. Je connais au moins deux campus construits selon les rêves des donateurs. L'institution n'avait pas besoin de tant d'espace, et n'a maintenant pas les moyens d'entretenir ce qu'elle possède. Nous ne devrions pas construire ce qui ne peut pas être bien entretenu.

Quelle image cherchez-vous à donner ?

Des bureaux pour le corps enseignant, des salles de culte ou une bibliothèque peuvent être construits mais être inadaptés à notre mission. Un responsable d'Église m'a confié qu'il était choqué par les logements étudiants d'une de nos institutions théologiques. Les chambres n'étaient pas d'un luxe ostentatoire, mais il avait le sentiment que nous étions en train de susciter de telles attentes parmi nos diplômés qu'ils ne seraient plus prêts à servir dans les Églises de son union à moins qu'on ne leur propose un logement de qualité comparable, voire meilleure. Il ne s'agit pas de sacrifier la sécurité ou l'esthétique afin d'aboutir au résultat le moins cher. Il est cependant facile de voir trop grand en termes de construction. Les institutions théologiques ne devraient pas devenir des monuments à leur propre gloire où à celle de donateurs aimant investir dans de grands projets qui porteront leur nom.

Il faut garder un équilibre entre le développement du campus et celui du programme de formation. Des bureaux, une chapelle ou une bibliothèque vastes ou coûteux peuvent dissuader les Églises et les petits donateurs de participer aux frais de fonctionnement : en voyant ses beaux bâtiments et bureaux, ceux-là peuvent en déduire que l'établissement a déjà tout ce qu'il lui faut. Des locaux surdimensionnés peuvent aussi nourrir du ressentiment en interne, le personnel ou les étudiants soupçonnant la direction de l'institution de s'intéresser davantage à la recherche de fonds pour les bâtiments que pour les salaires ou les ressources d'apprentissage des étudiants. Certains types de constructions peuvent même être l'objet de taxes que les facultés ne paient pas habituellement.

Des projets de construction adaptés

La fonction et l'échelle de nos projets doivent être adaptés au nombre d'étudiants, enseignants ou employés à desservir. Il sera moins cher de payer le billet d'avion de chacun de vos doctorants pour les envoyer une fois par an travailler dans une bibliothèque à l'étranger que de consacrer une fortune à l'acquisition de ressources que peu d'étudiants consulteront. Vous n'avez pas besoin de dortoirs ou de salles de classe pour 500 étudiants si vous n'avez actuellement que 50 inscrits.

Il faut aussi s'assurer que le projet soit adapté à votre contexte culturel et qu'il reflète bien vos objectifs et valeurs. Une institution de formation au Kenya était poussée par les autorités à construire des bureaux de tailles différentes pour chacune des nombreuses catégories de salariés de l'établissement. En accord avec les normes culturelles locales honorant davantage les personnes de statut supérieur, il fut demandé que le bureau du directeur soit un peu plus vaste que celui du directeur adjoint, qui devait être plus vaste que ceux des professeurs, qui devaient être plus vastes que ceux des secrétaires, et ainsi de suite... En plus d'augmenter les coûts des bâtiments administratifs, cela allait également à l'encontre de l'engagement de l'école de promouvoir l'égalité entre les membres de son personnel. L'institution resta fidèle à ses valeurs, et réussit à faire accepter un projet beaucoup plus simple.

Des locaux adaptés doivent bien évidemment tenir compte des conditions climatiques locales. Des « experts » extérieurs ne sauront peut-être pas construire sans inclure de chauffage central ni de climatisation inutiles et chers. Dans les régions très chaudes, les bâtiments auront probablement des cours ouvertes, des hauts plafonds et des fenêtres à des emplacements étudiés pour fournir une ventilation naturelle. Les entrepreneurs locaux sauront concevoir des structures permettant d'éviter la chaleur de la lumière directe du soleil l'été, tout en l'exploitant l'hiver. Ils comprendront aussi des facteurs tels que les vents dominants, et comment éviter le bruit et la pénétration de fortes pluies.

Des projets de construction bien conçus

Avant de démarrer un projet de construction, nos idées et croquis doivent aboutir à des plans détaillés et un plan directeur qui devront être soumis à plusieurs échelons administratifs. Vous aurez besoin de l'aide d'experts pour le faire correctement. Il faudra s'informer sur la réglementation et obtenir des permis de construire, vérifier que le terrain ne pose pas de problèmes pour la construction, et qu'il n'y a pas de complications potentielles concernant les chemins, les routes, l'aménagement paysager, l'évacuation des eaux ou le raccordement à l'électricité, à l'eau et au tout-à-l'égout. Une certification spéciale sera peut-être nécessaire pour câbler le site pour un accès à Internet ou un réseau de communication interne. Les questions de sûreté peuvent être très compliquées car elles touchent à des aspects différents d'un projet. L'aide d'un juriste pourra être nécessaire pour certains contrats légaux.

Il faudra obtenir plusieurs devis pour trouver un entrepreneur compétent et favorable à votre mission (celui-ci ne devrait probablement pas être un parent proche d'un dirigeant de votre établissement). Vous vous apercevrez sans doute que recourir à des entreprises et des ouvriers locaux ne vous reviendra pas seulement moins cher mais se révélera un bon moyen d'améliorer votre image et celle de votre établissement dans le voisinage.

Un projet bien conçu ne comportera pas uniquement un programme d'entretien continu ; il comprendra également une réflexion sur l'ameublement et le matériel du nouveau local : tables et chaises, tableaux blancs, ordinateurs, etc. Cela ne sert pas à grand-chose d'avoir un beau nouveau bâtiment s'il est mal adapté !

Financer vos projets de construction

Les projets de construction nécessitent en général des campagnes massives de levées de fonds. Pour être efficace dans ce domaine, il faut impérativement démontrer en quoi votre offre de formation sera meilleure grâce à ce projet. En d'autres termes, tous vos projets immobiliers doivent être le fruit de votre plan stratégique.

Il n'est pas prudent d'entamer des travaux avant d'avoir reçu des fonds suffisants, ou des promesses fermes de dons. Cet exercice est délicat car l'on ne peut préparer de plans précis sans promesses fermes de financement, mais la plupart des donateurs ne s'engagent pas avant de savoir qu'il y a des plans précis. De plus, il faut des fonds pour lever des fonds : souvent, les donateurs ne promettent pas leur part avant de savoir que d'autres promesses ou dons ont déjà été reçus.

Nous examinerons la levée de fonds plus en détail au chapitre 10. Cependant, l'on notera qu'il est bon de commencer tout projet de levée de fonds en mobilisant un maximum de personnes de la localité. Les donateurs internationaux auront plus de chances de s'intéresser au projet en voyant les dons et l'enthousiasme qu'il suscite localement. Il est bon que le projet puisse être réalisé par étapes, en étant déjà utile en l'état si des fonds supplémentaires n'étaient jamais rassemblés. Les phases ultérieures pourront être mises en œuvre au fur et à mesure que les fonds deviennent disponibles, et si le besoin est encore d'actualité.

Les estimations des coûts de construction doivent être faites soigneusement par des experts. Certains fonds devront être disponibles dès le départ pour les honoraires d'architecte, les autorisations administratives et l'achat de matériaux. Cependant, il faut se mettre d'accord sur la manière dont seront couverts les frais récurrents. Les entrepreneurs sérieux vous fourniront un schéma des opérations de construction vous permettant de comparer les progrès réalisés au calendrier prévu. D'autres prestations ne seront réglées qu'une fois les étapes complétées. Il pourra être judicieux de nommer votre propre représentant pour suivre de près chaque aspect du projet immobilier.

Les projets de construction dépassent souvent les estimations initiales pour diverses raisons, cependant les entrepreneurs sérieux savent maîtriser leurs coûts. Il est normal de prévoir une marge de 10 % dans le budget pour les imprévus, bien que les changements devenus nécessaires au fur et à mesure du processus de construction doivent être réglés en accord avec le contrat initial. Les travaux ne devraient pas commencer avant que ces points n'aient été clarifiés. Il est normal de retenir 5 % du dernier paiement jusqu'à ce que vous ayez vérifié que tout a bien été fait selon le contrat signé.

N'oubliez pas d'envoyer des photos et des rapports d'avancement à tous les donateurs au fur et à mesure que le chantier progresse, en y joignant une explication de toutes les recettes et dépenses liées au projet (et pas seulement de leur propre participation). Si les donateurs visitent le chantier, il ne faudrait pas qu'ils découvrent de mauvaises surprises. Et une fois le projet terminé, prenez soin d'inviter tous vos voisins et partenaires pour fêter publiquement tout ce que vous avez terminé !

Conclusion

Si nous avons bien travaillé à développer un plan stratégique, il nous sera plus facile d'évaluer si nos locaux sont suffisants pour notre usage ou s'ils doivent être étendus. Nous trouverons comment tirer le meilleur parti de nos locaux actuels[1], et ne construirons ou ne reconstruirons que ce qui améliorera réellement la qualité et la pertinence de notre offre de formation. Bien que nous devions entretenir soigneusement notre patrimoine, nous ne devrions pas tirer plus de fierté de nos locaux que de nos diplômés. Nos locaux ne sont qu'une ressource à notre disposition parmi d'autres pour poursuivre notre mission de préparer les étudiants au ministère.

---

1. N.D.E. : Par exemple, en mettant nos locaux à la disposition d'autres usagers pendant les périodes de congés scolaires et en les utilisant pour créer des manifestations au bénéfice du public.

Questions de discussion au sujet de vos locaux

1. Votre plan stratégique vous permet-il de bien comprendre de combien et de quelle sorte d'espace vous avez besoin actuellement ? Savez-vous de combien vous aurez besoin dans les cinq prochaines années ? D'ici dix ans et plus ?
2. Dans quelle mesure restructurer ou réaménager des bâtiments existants répondrait-il à vos besoins actuels et futurs ?
3. Avez-vous un plan du site ? Un programme et un budget d'entretien ?
4. Quelle image de votre institution vos locaux renvoient-ils aux autres ?

Bibliographie historique

« Règlement pour la construction et l'ameublement des maisons d'école... arrêté par le conseil supérieur de l'instruction publique et promulgué par arrêté ministériel du 17 Juin 1880 ». Extrait de la *Revue Pédagogique*, Paris, Delagrave, 1881. http://gallica.bnf.fr/ark:/12148/bpt6k5818370c [consulté le 6 juin 2017].

Narjoux, Félix, *Les écoles normales primaires : construction et installation*, Paris, Delagrave, 1880, http://gallica.bnf.fr/ark:/12148/bpt6k935877g/f62. image [consulté le 6 juin 2017].

Narjoux, Félix, *Les écoles publiques en France et en Angleterre : construction et installation, documents officiels, services extérieurs, services intérieurs, salles d'asile, mobilier scolaire, services annexes*, Paris, Morel, 1877. http://gallica.bnf.fr/ark:/12148/bpt6k5710046z [consulté le 6 juin 2017].

Narjoux, Félix, *Les écoles publiques, construction et installation en Suisse : documents officiels, services intérieurs et extérieurs, bâtiments scolaires, mobilier scolaire, services annexes*, Paris, Morel, 1879. http://gallica.bnf.fr/ark:/12148/bpt6k96437726 [consulté le 6 juin 2017].

9

L'excellence des bibliothèques

Une excellente bibliothèque est constituée de manière systématique suivant des critères de sélection basés sur l'énoncé de mission de la bibliothèque et sur celui de l'école. Un personnel formé ordonne ce fonds pour qu'il soit le plus utile possible à la fois aux étudiants et au corps enseignant. Les excellentes bibliothèques contemporaines ne comprennent pas seulement des ressources imprimées. Elles tireront parti au mieux de l'information disponible à l'échelle mondiale à travers les technologies de l'information.

Une bibliothèque devrait être l'une des principales ressources d'une institution théologique. Elle sera peut-être l'élément le plus onéreux de son infrastructure. Les formations théologiques ont besoin de bibliothèques utiles et utilisées. Une bibliothèque met à la disposition des étudiants et enseignants les ressources nécessaires au soutien des cours dispensés. Elle constitue un lieu de recherche permettant aux étudiants de bénéficier de la réflexion des autres et d'accéder à des illustrations, échantillons et modèles de leurs réalisations. Les bibliothèques nous aident à nous rappeler notre histoire en préservant archives et documents historiques. Elles devraient contenir des outils de référence à jour tels que des dictionnaires, encyclopédies, atlas, commentaires et outils linguistiques. Elles doivent recevoir et conserver magazines, journaux et revues professionnelles.

Pourtant, dans nombre de pays émergents, les bibliothèques ne sont pas toujours traitées comme un aspect important du processus éducatif. Beaucoup d'étudiants (et d'enseignants) ne savent pas nécessairement utiliser une bibliothèque. Celle-ci manque souvent de budget et sa collection se compose souvent de livres, vieux dictionnaires et commentaires qui ont été offerts. Personne ne se sert de la bibliothèque en dehors des horaires habituels lorsque les étudiants la transforment en salle d'étude pour lire les manuels qui y sont conservés en multiples exemplaires.

Il nous faut, avant même d'essayer d'améliorer notre collection, aider les étudiants et le personnel à comprendre le rôle d'une bibliothèque et comment elle peut être utilisée pour contribuer à l'excellence de nos programmes de formation. Le personnel de la bibliothèque doit également apprendre à mieux servir les enseignants, étudiants et employés en leur fournissant une présentation et explication du fonctionnement de la bibliothèque et de l'utilisation de ses ressources.

Dans ce chapitre, nous réfléchirons également aux caractéristiques d'une bibliothèque, et à comment nous pouvons développer ses collections et former son personnel. Nous verrons également comment soutenir le développement d'autres bibliothèques, y compris celles de nos propres étudiants.

Qu'est-ce qu'une bibliothèque ?

Une bibliothèque est une collection de livres et d'autres ressources didactiques ordonnée en vue de leur utilisation. Cette définition comporte plusieurs mots-clés :

1. **Une bibliothèque est une collection et non une accumulation**. Nous ne devrions pas nous laisser impressionner par le nombre de livres dans les rayonnages d'une bibliothèque. Ce qui compte, c'est que chaque ouvrage soit présent en raison de ce qu'il apporte à l'ensemble. Un exemplaire de la biographie de Richard Nixon durant la campagne électorale américaine de 1972 n'ajoutera strictement rien à votre collection théologique. Pour assembler, et non seulement accumuler dans notre bibliothèque, nous devons savoir quels types d'ouvrages peuvent venir en appui des cours que nous proposons à nos étudiants. Nous devons également connaître les ressources existantes et le budget dont nous disposons, afin d'établir soigneusement des priorités dans nos acquisitions pour renforcer notre fonds.
2. **Une bibliothèque comprend de la documentation, pas seulement des livres**. Elle devrait inclure des magazines et périodiques traitant des réalités sociales ou politiques de la région aussi bien que des

revues professionnelles dans les domaines couverts par le programme d'enseignement et de formation, tels que les études bibliques, la mission, la théologie pratique ou l'éducation. Une bibliothèque comportera probablement du matériel vidéo et audio, comme des prédications ou des documentaires, qui fournissent un contexte ou des illustrations pour le programme. Les bibliothèques devraient proposer de plus en plus d'outils électroniques et de CD permettant aux étudiants et professeurs d'avoir accès à des quantités inimaginables de documents de recherche via Internet. Elle pourrait aussi posséder des documents d'archives pour nous aider à nous souvenir de l'histoire de l'institution, des unions d'Églises ou des œuvres chrétiennes régionales.

3. **Une bibliothèque est ordonnée**. Bien évidemment, les ouvrages ne sont pas simplement entassés sur des étagères. Ils peuvent être organisés en grandes catégories telles que Bible, mission, ou accompagnement pastoral, ou en employant des systèmes de classification détaillés tels que la Classification Décimale Universelle ou la Classification décimale de Dewey. L'objectif étant d'organiser les ressources pour que l'on puisse les trouver, n'utilisez pas un système trop compliqué.

4. **Une bibliothèque doit être utilisée**. Au Moyen Âge les parchemins manuscrits étaient enchaînés aux bureaux ou conservés sous verrous dans des malles afin de les préserver. Vous possédez peut-être des documents historiques précieux qui doivent être protégés. Néanmoins, l'objectif, pour ce qui concerne la plus grande partie de votre collection, doit être de l'utiliser et non de la protéger. L'emplacement d'une bibliothèque, ses heures d'ouverture et le système d'emprunt doivent être choisis afin de rendre les ressources accessibles aux étudiants et professeurs, et non pour la convenance personnelle des bibliothécaires.

Bâtir la collection de votre bibliothèque

Une bibliothèque contenant 20 000 ouvrages non pertinents ou obsolètes est bien moins utile que si elle comprenait 2 000 ouvrages soigneusement sélectionnés. Elle devrait avoir une politique de sélection établissant des priorités quant à ce qui peut être inclus ou non dans la collection. Elle devrait également avoir une politique de tri pour se séparer de ce qui ne devrait pas y figurer. Tous les dons en livres ne méritent pas d'être mis sur nos étagères. Nous ne pourrons pas non plus acheter chaque livre ou revue désirés. Des choix doivent être faits suivant des priorités.

De nombreuses personnes devraient être impliquées dans l'élaboration d'une politique de sélection. Une fois formulée, celle-ci devrait être officiellement approuvée par la direction et le corps enseignant. Cette politique doit aborder les questions suivantes :

- Qui seront les usagers de la bibliothèque ? Les étudiants uniquement ? Les enseignants préparant leurs cours ? Les doctorants pour leurs recherches avancées spécialisées ? Les pasteurs et dirigeants laïcs de la région ? Le grand public ?
- Qui est habilité à décider de l'acceptation de dons et de l'achat d'un ouvrage particulier ?
- Quelle procédure doit être suivie afin que les bibliothécaires sachent quelles ressources doivent venir en appui des cours proposés ?

Le livre *The Librarians' Manual* est un excellent outil développé par l'Association of Christian Librarians' Commission for International Library Assistance (CILA, http://www.acl.org/cila.cfm). Ce manuel préconise qu'une politique de sélection applique les principes suivants :

> La priorité devra avant tout être donnée aux publications demandées régulièrement les plus nécessaires dans le cadre du programme d'enseignement et de formation actuel, et pour le développement de nouveaux cours déjà planifiés.
>
> a. Les étudiants ont besoin de livres rédigés dans une langue non-technique et adaptée à leur niveau pour compléter les manuels de base ou les polycopiés de cours.
>
> b. Les enseignants ont besoin de publications abordant certaines thématiques plus en profondeur. En maintenant l'équilibre entre l'achat d'ouvrages classiques ayant fait leurs preuves et des documents-sources récents ou secondaires, votre collection devra servir avant tout à compléter le programme d'enseignement et de formation.
>
> c. Il faudra veiller à ce que le nombre de publications achetées pour chaque matière soit raisonnablement équilibré.

d. En général, l'achat de manuels de base [pour la bibliothèque] ne devra pas être envisagé, puisqu'ils sont chers et rapidement dépassés. (Adapté du chapitre 3 du *Librarian's Manual*)[1]

Il n'est pas idéal que la bibliothèque soit le lieu principal où les étudiants accèdent à leurs manuels. Il serait mieux qu'ils acquièrent leurs propres exemplaires des livres qu'ils étudient. Ainsi, ils pourront constituer leur propre bibliothèque théologique. Dans bien des cas, cette dernière sera la seule à laquelle nombre d'entre eux auront accès pour le restant de leur ministère.

Vos enseignants sont la meilleure source de suggestions concernant les livres et documents dont votre bibliothèque a besoin, même si les réalités budgétaires et le besoin d'équilibrer le fonds impliqueront que vous ne pourrez pas acheter tout ce qu'ils demanderont. Une partie du budget de la bibliothèque devra être employé pour maintenir à jour une collection de revues et périodiques professionnels en appui des cours dispensés et de leurs enseignants. Des fonds seront également nécessaires pour l'achat d'ouvrages de référence onéreux, y compris en version électronique. Heureusement, il n'y aura peut-être même pas besoin d'acheter certains ouvrages de référence et revues, puisque l'on trouve de plus en plus de documentation de qualité gratuitement sur Internet. La question principale dans tout cela étant votre budget. Vous ne devriez pas consentir à cette situation sans rien dire s'il est ridiculement petit. Les agences d'accréditation exigent en général un minimum de volumes. Elles désirent également qu'une partie fixe du budget opérationnel de l'établissement (au moins 3 % dans bien des cas) soit alloué à l'achat de livres.

Très peu de dons spontanés d'ouvrages que l'on vous enverra de l'étranger seront réellement utiles pour votre bibliothèque. Les réceptionner pourrait même vous coûter davantage qu'ils ne valent si vous ne pouvez pas les recevoir hors taxe ou à taux réduit. Il serait bien mieux que quelqu'un vous envoie une liste de livres parmi lesquels choisir ceux qui seront réellement utiles. S'ils sont en mauvais état, ils ne devraient même pas être proposés. Il devra être clair que tous les ouvrages donnés seront soit intégrés dans la collection existante, soit partagés avec une autre bibliothèque, soit vendus.

Vous pouvez vous informer sur l'enrichissement de votre collection de différentes manières. Comme nous l'avons dit, un bon point de départ sera d'être à l'écoute des suggestions des enseignants contenues dans leurs bibliographies de cours. Nous pouvons nous extasier devant les catalogues des éditeurs, mais

---

1. LeAnne HARDY, Linda LAMBERT, et Ferne WEIMER, *The Librarian's Manual, Revised and Expanded Edition,* Cedarville, OH, ACL, 2008, p. 33.

les fonds limités pour l'achat de livres nous rappellent à la réalité suivante : il est sage de ne faire son choix qu'après s'être assuré de la qualité des ouvrages par la lecture de recensions. Il peut être utile de rendre visite à d'autres bibliothèques pour voir ce qu'elles possèdent (particulièrement les revues). Vous découvrirez aussi les ouvrages à racheter lors des inventaires annuels de votre collection entière, vous permettant de voir ce qui manque (ou qui tombe en miettes). Si vous choisissez de retirer un livre de votre collection, les informations le concernant devraient être effacées de votre catalogue.

Vos bibliothécaires devront tenir à jour quatre listes différentes :

1. Une liste de livres que vous espérez acquérir une fois le budget disponible.
2. Une liste de livres prêts à être commandés.
3. Une liste de livres déjà commandés (afin de ne pas les commander une deuxième fois, par inadvertance, durant les mois d'attente de la livraison).
4. Une liste de livres reçus, en cours de traitement, et pas encore mis sur les rayonnages (pour que les professeurs impatients sachent que les livres dont ils ont besoin sont quasiment prêts).

Faire partie d'un réseau de bibliothèques avec une institution catholique ou une université laïque peut s'avérer très avantageux. Votre bibliothèque inclura une bonne collection d'ouvrages évangéliques que vous pourrez partager avec elles. En retour, elles posséderont, nous pouvons l'espérer, tous les autres ouvrages, et seront disposées à les partager avec vous. Vous pourrez soit permettre à leurs étudiants et professeurs d'utiliser votre bibliothèque, avec des droits d'accès à la leur pour vos étudiants à vous, soit développer un système de prêt entre bibliothèques.

Une bibliothèque peut croître de manière exponentielle lorsqu'elle acquiert l'infrastructure, le matériel et l'expertise lui permettant de tirer parti de la quantité impressionnante d'informations et d'articles de recherche disponibles grâce aux nouvelles technologies. Les étudiants auront besoin d'aide pour filtrer qualitativement ce qu'ils trouveront. La recherche bibliographique peut être faite en ligne, certains livres et revues étant disponibles gratuitement. Le libre accès aux collections des autres facultés n'est pas encore une réalité partout, même s'il existe différents projets pour numériser tout ce qui existe[2].

---

2. Voir par exemple : http://books.google.com/ ou http://scholar.google.com/.

Ainsi, des possibilités existent peut-être pour démultiplier nos collections dans un avenir relativement proche. Les abonnements en ligne à des revues peuvent être chers, mais en valoir la peine, s'ils permettent d'accéder à certains périodiques utiles à vos étudiants et enseignants.

Les infrastructures de la bibliothèque

De la même manière que ceux qui ne cuisinent pas ne devraient pas à eux seuls concevoir des cuisines, la tâche de décider comment concevoir et construire une bibliothèque ne devrait pas revenir aux seuls enseignants, administrateurs ou architectes. Pour créer une bibliothèque fonctionnelle, il vous faut l'aide d'un bibliothécaire formé. Demandez de l'aide si vous envisagez de construire une bibliothèque ou de ré-agencer celle que vous avez, surtout si vous ne disposez pas déjà d'un bibliothécaire formé.

Des infrastructures excellentes doivent disposer d'un espace suffisant et confortable pour toutes les activités en lien avec la bibliothèque. Pour des raisons de sécurité, il ne devrait y avoir qu'une entrée principale (avec des issues de secours, bien entendu). Le bureau de prêt devrait être situé à l'entrée pour que les emprunts puissent être retournés facilement et que rien ne puisse être sorti de la bibliothèque sans avoir été emprunté selon les procédures.

La recherche commence en général en consultant le catalogue de la bibliothèque. Par conséquent, lui aussi devrait se trouver près de l'entrée principale ; il sera ainsi également à proximité d'une personne capable de répondre aux questions. Si vous avez un catalogue électronique, assurez-vous qu'il est facile à utiliser et que vous avez accès sur place à un bon support informatique. Les publications de la réserve devraient aussi être conservées à proximité du bureau de prêt, même si les périodiques et journaux les plus demandés peuvent être placés là où les gens peuvent s'asseoir et parler sans gêner les autres. Une bibliothèque a besoin d'une pièce séparée avec un espace de travail comportant de nombreuses étagères pour les fournitures et les livres devant être traités ou réparés.

Les livres doivent être sur les rayonnages et à la disposition des étudiants. Afin de permettre à votre collection de s'agrandir, les livres ne devraient pas occuper plus de 70 % d'un rayonnage donné. Contrairement aux idées reçues, la plupart des livres ne disparaissent pas de la bibliothèque, même si cela peut sembler être le cas s'ils ont été rangés au mauvais endroit. Il vaut mieux laisser une personne formée à cette tâche remettre à leur place les livres qui ont servi.

Si une bibliothèque contient des ordinateurs, et à fortiori s'ils sont connectés à Internet, il vous faudra un lieu sûr où les conserver ainsi qu'un système de mots de passe pour contrôler qui a accès à Internet (et sans doute un système pour bloquer l'accès aux sites inappropriés). La chaleur et l'humidité pouvant réduire d'un-tiers la durée de vie d'un PC, les coûts d'installation et d'utilisation de la climatisation peuvent être inférieurs à ceux de remplacement d'appareils s'usant plus vite que nécessaire.

Toutes les bibliothèques ont besoin d'un éclairage adéquat et de moyens pour atténuer le bruit et les échos. Si possible, une bibliothèque devrait avoir un système de circulation de l'air pour limiter la poussière et l'humidité. Puisque toutes deux agressent les livres, les coûts d'installation, d'entretien et d'exploitation d'un système de régulation du climat peuvent se justifier par la baisse des coûts de remplacement des publications.

L'espace d'étude nécessaire dépend de nombreux facteurs. Pour les étudiants en doctorat ou master, l'allocation d'un espace personnel semi-privé sera utile pour leurs recherches. S'agissant de tous les autres, l'espace nécessaire dépend des usages. Si tous les étudiants doivent faire leurs devoirs en bibliothèque au même moment, il vous faudra de la place pour autant de tables et de chaises qu'il y a d'étudiants. Cependant, si votre salle d'étude n'est pas utilisée de cette manière, il faudra enquêter afin de vous faire une idée des modes d'utilisation, et planifier en conséquence. Certains étudiants n'ont pas d'espace pour étudier à la maison et peuvent travailler en bibliothèque sans que cela soit requis. Faites en sorte que votre bibliothèque ne paraisse pas surpeuplée.

Le personnel

Les bibliothèques devraient être gérées par des personnes qui savent ce qu'elles font. Les personnes travaillant dans les bibliothèques ont tendance à aimer les livres et à bien connaître la théologie, mais à avoir besoin d'acquérir des compétences organisationnelles ou bibliothécaires ; ou bien à avoir reçu une formation technique en gestion de bibliothèques, mais à ne pas bien connaître le genre de livres que l'on trouve dans une institution de formation théologique. Le bibliothécaire idéal est formé et compétent dans les deux domaines. Si votre bibliothécaire est diplômé en bibliothéconomie[3], il peut être utile de lui permettre

---

3. Bibliothéconomie : « Originellement entendue comme l'ensemble des techniques et savoir-faire nécessaires à la gestion d'une bibliothèque dans ses différentes dimensions, la bibliothéconomie recouvre la politique documentaire, la politique de services, la gestion des ressources (humaines, financières, matérielles), les processus

d'assister à des cours ou même d'entamer un diplôme en théologie. Si votre bibliothécaire est diplômé en théologie, il sera avantageux de l'encourager à se former à la gestion d'une bibliothèque. Des formations officielles sont disponibles dans de nombreuses universités des pays émergents ainsi qu'à distance. Vous pouvez aussi encourager votre bibliothécaire à participer à des ateliers ou à être conseillé par un bibliothécaire expérimenté d'un établissement plus important dans la région, ou d'une bibliothèque universitaire locale.

Les bibliothèques n'ont pas toutes les moyens d'avoir un bibliothécaire à plein temps diplômé en bibliothéconomie. Cependant, vous êtes peut-être arrivé à la conclusion que votre bibliothèque a suffisamment d'importance pour que vous essayiez d'obtenir les fonds pour cela. Il est raisonnable de réserver 10 % de votre budget opérationnel pour maintenir une bonne collection pour votre bibliothèque, l'embauche d'un personnel adéquat, et la climatisation d'un bâtiment bien équipé.

Plusieurs établissements pourraient choisir de partager un bibliothécaire professionnel qui formera et supervisera le personnel chargé de la gestion quotidienne de chacune des bibliothèques. Bien qu'il existe des systèmes en ligne de classification des livres, vous aurez quand même besoin d'experts pour traiter ou acheter vos livres. Au Canada, par exemple, il existe une façon centralisée de commander les nouveaux ouvrages : le CIP. En France les bibliothécaires des instituts et facultés de théologie commandent directement chez les différents éditeurs, sur proposition des enseignants. Tous les ouvrages, ainsi que les revues, publiés en France sont consultables au catalogue de la Bibliothèque Nationale de France (BNF, http://catalogue.bnf.fr). Pour l'Afrique francophone, il est possible de commander des livres dans les librairies chrétiennes du pays, comme aussi auprès de Livr'Afrique, qui diffuse la littérature chrétienne à prix subventionnés pour les éditeurs développe des dépôts dans différents pays d'Afrique (voir http://livrafrique.com). Il est bien entendu toujours possible de commander directement chez les éditeurs, mais les frais de port, et les frais bancaires sont souvent élevés[4].

---

de traitement et de communication des documents, l'automatisation des tâches, etc. », http://www.enssib.fr/le-dictionnaire/bibliotheconomie [consulté le 6 juin 2017].

4. Pour une liste non exhaustive d'éditeurs évangéliques, voir http://livrafrique.com/partenaires/.

Comment aider ceux qui n'ont/n'auront pas facilement accès à une bibliothèque

Sans remettre en cause l'importance des bibliothèques pour la croissance et l'apprentissage de nos étudiants, notre programme implicite a pu leur donner l'impression que l'apprentissage n'a lieu que lorsque nous écoutons des experts en cours et que nous allons à la bibliothèque pour faire les lectures imposées. Un enseignant peut aussi donner l'impression que si quelque chose n'a pas été dit par un expert, ou ne se trouve pas dans une note de bas de page, ce n'est probablement pas vrai. Sachant que nombre de nos diplômés ne suivrons peut-être jamais un autre cours officiel, et qu'ils n'auront probablement pas accès à une bibliothèque après la fin de leurs études, le « programme implicite » leur apprendra que leurs années d'apprentissage seront peut-être bientôt derrière eux.

Nous avons besoin de méthodes pédagogiques qui aident les étudiants à comprendre que l'on peut apprendre et faire des recherches de nombreuses manières. Nous voulons certes qu'ils apprennent à aimer les livres, mais ils doivent également être capable d'apprendre des connaissances des autres et d'accorder de la valeur à leurs propres recherches sur le terrain, car c'est cela qui les aidera à savoir quels thèmes aborder dans leurs prédications hebdomadaires.

Nous pouvons soutenir de plusieurs manières la création d'une variété de « bibliothèques » :

1. **Les bibliothèques personnelles des étudiants.** Chacun d'entre eux devrait commencer à se constituer sa propre bibliothèque, construite autour des manuels clés et des ouvrages de référence de base. Ceux-ci les aideront à revoir et à transmettre ce qu'ils ont appris en formation.
2. **Les mini-bibliothèques d'Églises.** En tant qu'institution, nous pouvons élaborer des projets coopératifs particuliers dans le cadre de notre engagement continu envers nos diplômés, leur permettant de créer des bibliothèques dans les Églises qu'ils serviront. En enseignant et en formant leurs propres membres, ils auront l'occasion de les aider à apprendre à partir de documents imprimés.
3. **Des bibliothèques de base pour des centres d'étude.** Les programmes de formation à distance (que nous aborderons au chapitre 11) auront besoin de bibliothèques de base pour les étudiants qui étudient dans ou à travers ces centres. Il sera peut-être possible de prêter des livres à un tel centre pour un cours précis, ou d'élaborer des CDs ou du matériel sur support informatique en appui de la formation à distance que nous proposons.

4. **Du matériel électronique.** Si nous créons du matériel de formation à distance accessible sur Internet, il nous faudra trouver comment rendre disponibles sur un site Web ou sur CD les lectures obligatoires dans le cadre de ces cours.

Conclusion

Après leurs études à l'étranger, de nombreux enseignants éprouveront un sentiment de manque concernant les bibliothèques utilisées pendant leurs études. Puissiez-vous développer le genre de bibliothèque qui non seulement sera un excellent soutien pour votre formation, mais suscitera une nostalgie chez vos diplômés !

Questions de discussion au sujet de votre bibliothèque

1. Vos professeurs et étudiants savent-ils bien utiliser votre bibliothèque ?
2. Votre collection est-elle adéquate ? Disposez-vous d'une politique pour sélectionner et retirer des ouvrages ? Pourquoi (pas) ?
3. Vos locaux et votre personnel sont-ils adéquats ? Avez-vous, ou pouvez-vous accéder à l'expertise dont vous avez besoin pour créer une bibliothèque excellente ?
4. Comment pourriez-vous développer un consortium de bibliothèques, avec d'autres, pour mieux partager vos ressources ?
5. Comment pourriez-vous trouver davantage de ressources financières pour améliorer votre bibliothèque ?
6. Dans quelle mesure êtes-vous préparés à gérer l'impact que la technologie aura sur la manière de configurer et d'utiliser les bibliothèques ?
7. Comment pourriez-vous aider vos étudiants et diplômés, ainsi que leurs ministères, à développer leurs propres bibliothèques ?

Pour aller plus loin : sites Internet suggérés

Recherche bibliographique : Infosphère (recherche de l'information, généraliste) http://sites.uclouvain.be/infosphere/sciences_humaines/module4/index.html

Indexation bibliographique, les référentiels utilisés par la Bnf, http://www.bnf.fr/fr/professionnels/anx_catalogage_indexation/a.referentiels_sujet.html#SHDC__Attribute_BlocArticle9BnF

Indexation Dewey, http://www.ebsi.umontreal.ca/jetrouve/biblio/dewey.htm : http://www.udcsummary.info/php/index.php?lang=fr&pr=Y

Catalogues et réseaux de bibliothèques

Réseau Valdo (bibliothèques protestantes francophone) : http://www.valdo-net.fr/

Réseau Beth (bibliothèques européennes de théologie) : http://theo.kuleuven.be/apps/press/beth/

Réseau ATLA American Theological Library Association : https://www.atla.com/Pages/default.aspx

Réseau RERO (catalogue des bibliothèques universitaires de suisse francophone), https://www.rero.ch/libraryview.php?id=10

SUDOC (Cotologue des bibliothèques universitaires françaises), http://www.sudoc.abes.fr//DB=2.1/#

WordCat (Catalogue des bibliothèques universitaires de plusieurs pays occidentaux), https://www.worldcat.org/default.jsp

SHPF (Catalogue de la Société d'histoire du protestantosme français), http://shpf.cassioweb.com/

Revues protestantes numérisées

Théologie évangélique (FLTE) : http://flte.fr/lire/articles-en-ligne/

Revue Réformée (Institut Jean Calvin) : http://larevuereformee.net/

Études d'Histoire et de Philosophie Religieuses (EHPH-Faculté de théologie protestante de Strasbourg) : http://www.rhpr.net/fr/index.html

Études théologiques et religieuses (ETR, Faculté de théologie protestante de Montpellier) http://www.cairn.info/revue-etudes-theologiques-et-religieuses.htm

Revues scientifiques numérisées

CAIRN (sciences humaines et sociales) http://www.cairn.info/

PERSEE (sciences humaines et sociales) http://www.persee.fr/

REVUES.ORG (sciences humaines et sociales) http://www.revues.org/

Gallica (anciens ouvrages, iconographie etc. BNF) http://gallica.bnf.fr

Archive.org (anciens ouvrages en ligne) https://archive.org

Books Google (extraits d'ouvrages récents et anciens) https://books.google.com
Projet Gutenberg (anciens ouvrages européens) https://www.gutenberg.org

Autres ressources numériques

IESR (ressources internet sciences religieuses générales) http://www.iesr.
   ephe.sorbonne.fr/ressources-pedagogiques/ressources-internet
Trésor sonore (diffusion audio évangélique, conférences de
   théologiens), http://www.tresorsonore.com
Canal-U (Ressources vidéos scientifiques universitaires) : https://www.
   canal-u.tv
Canal-2 TV (Ressources vidéos scientifiques universitaires) : http://www.
   canalc2.tv

Pour aller plus loin : lectures suggérées

BENOIT, Luc de, *Batissez votre bibliothèque : Bibliographie annotée dans une perspective évangélique*, Saint-Legier, Emmaüs, 2005.
Carbone, Pierre, *Les bibliothèques*, coll. Que sais-je ? n° 3943, Paris, PUF, 2017.

10

L'excellence dans la levée de fonds

Une excellente institution de formation dispose d'un financement suffisant pour réaliser ce qui est prévu dans son plan stratégique. Elle assume la responsabilité de sa bonne santé financière, et tend constamment vers l'autonomie. Elle entretient de bonnes relations avec les amis, Églises et pasteurs de son réseau, et en particulier avec ses anciens étudiants diplômés. Elle entretient des partenariats sains, en particulier avec ceux qui lui envoie des étudiants à former.

La formation de responsables est une œuvre stratégique pour le Royaume de Dieu, car elle vise à équiper le peuple de Dieu pour l'exercice de ministères, afin que l'Église grandisse et se fortifie. Hudson Taylor a dit que l'œuvre de Dieu, accomplie selon les voies de Dieu, ne manquera jamais de ressources. Pourtant une large majorité d'institutions de formation semble manquer de beaucoup de choses. Pourquoi ? Comment pouvons-nous renforcer nos finances ?

Dans ce chapitre, nous voulons réfléchir au financement des institutions d'enseignement théologique. Étant donné l'importance de la formation de responsables pour la santé de l'Église, il nous faut examiner les raisons pour lesquelles tant d'institutions peinent dans le domaine des finances. Qu'est-ce qui motive les gens à donner, ou les empêche de donner ? La bonne santé financière n'arrive pas uniquement par l'augmentation du nombre de donateurs de l'étranger. Il n'est guère probable non plus que nous résolvions tout en trouvant des donateurs locaux, en augmentant les frais de scolarité ou en gérant des projets générateurs de revenus. Le développement financier demande du travail, qui nécessite des efforts créatifs et diversifiés, et s'appuie sur des relations que nous avons ou pourrions avoir.

Pourquoi nous est-il difficile de disposer de suffisamment de ressources ?

Les centres de formation théologique, dans leur grande majorité, sont loin de disposer de fonds suffisants. Il y a des raisons positives et négatives à cela. Celles qui sont mentionnées ci-après ne correspondent pas forcément toutes à votre situation, mais nous allons en examiner quelques-unes qui expliquent pourquoi certains établissements de formation peuvent se retrouver en difficulté financière.

1. Il nous faut apprendre la dépendance spirituelle

Il peut être difficile pour ceux qui possèdent tout de dépendre de Dieu. Si nos bases financières sont totalement assurées, nous aurons tendance à oublier à qui appartient vraiment tout ce que nous possédons. Il est important d'établir des budgets et de bien gérer nos ressources. Mais il est également bon d'avoir besoin de prier chaque jour pour notre pain, aussi bien que pour notre santé, notre sécurité, les salaires et les factures d'électricité. C'est là ce que signifie « chercher d'abord le Royaume de Dieu » (Mt 6.33). Lorsque les étudiants se joignent à nous pour prier pour notre soutien quotidien, en présentant nos besoins à Dieu et en rendant grâces pour tout ce qu'il nous donne, nous leur apprenons, pour toute leur vie, ce que cela signifie d'être en Christ, en qui « nous avons la vie, le mouvement et l'être » (Ac 17.28). Dieu sait ce dont nous avons besoin. Comme nous aurions dû l'apprendre du peuple qui a erré pendant quarante ans dans le désert, il nous faut nous plaindre moins et prier davantage.

2. Certains peuvent en faire trop

Je doute que beaucoup de responsables d'écoles se construisent consciemment des monuments à leur propre gloire (ou bien pour faire plaisir simplement à leurs donateurs), mais c'est bien là l'impression que cela donne parfois aux autres. Des fonds qui auraient pu être utilisés pour acheter des manuels d'étude ou pour payer de meilleurs salaires aux membres de l'équipe ont été dépensés pour des projets d'apparat qu'il n'était pas nécessaire de réaliser, ou en tout cas pas à une si grande échelle. Même si des fonds avaient été spécialement donnés pour le projet initial, l'équilibre financier de l'institution s'en retrouve ensuite affecté, et son budget de fonctionnement, limité, est absorbé par l'entretien ou l'aménagement mobilier des bâtiments. De plus, les Églises locales et les amis éblouis par les magnifiques bâtiments peuvent en conclure que l'école n'a plus besoin de leur aide financière, puisque de toute évidence elle semble disposer d'abondantes ressources en provenance d'ailleurs.

3. Il peut y avoir des malentendus ou des luttes de pouvoir à propos des finances

Les salaires des enseignants et du personnel administratif dans une institution théologique sont souvent inférieurs à ce qui est payé aux enseignants d'université ou dans l'enseignement secondaire de la région, mais peuvent parfois être nettement plus élevés que ce que perçoivent les responsables de dénominations ou les pasteurs locaux. Les logements du personnel et les résidences des étudiants peuvent être plus agréables que ce dont disposent beaucoup de pasteurs locaux. Les bâtiments du campus ou la chapelle de l'école peuvent être plus grands et mieux meublés que les bureaux du siège des dénominations ou des Églises locales. Il naît des jalousies, ainsi que des luttes pour savoir qui contrôle les fonds en provenance de l'étranger. Le fait d'avoir accès à un financement de l'étranger peut aussi décourager les contributions provenant de sources locales, particulièrement lorsque les gens imaginent que les rentrées d'argent sont bien plus élevées qu'elles ne le sont en réalité.

4. Les ressources peuvent être mal gérées

Il y a de nombreuses façons de contribuer à sa propre pauvreté, que ce soit une mauvaise organisation administrative ou une mauvaise gestion des fonds. Les institutions d'enseignement théologique ne sont pas à l'abri d'employés indélicats qui peuvent être tentés de puiser dans les caisses pour leurs propres besoins et détourner les dons de leur objet. Il nous faut des audits réguliers et des contrôles institutionnels pour vérifier qui peut dépenser nos fonds et comment. Tous les paiements devront être faits selon un budget préalablement approuvé, avec les autorisations requises et les reçus, et non à partir du fonds de caisse pour couvrir ce qui paraît le plus urgent au jour le jour. Lorsqu'on peut facilement « emprunter » aux fonds de réserve pour régler des factures qui paraissent plus urgentes, il se pose de sérieux problèmes de crédibilité auprès des personnes qui avaient fait des dons pour alimenter cette réserve qui rétrécie toujours plus comme une peau de chagrin. Lorsque la confiance des donateurs est atteinte par ce manque de rigueur, il y a de bonnes raisons de croire qu'ils cesseront de soutenir l'établissement et réorienteront leurs libéralités vers d'autres œuvres.

Les institutions de formation ont parfois des systèmes financiers qui sont trop compliqués. Dans ce cas, elles n'ont pas de moyens simples pour prendre des décisions financières. Lorsqu'il y a désordre financier, les salaires ou les comptes peuvent avoir des mois de retard. Ou s'il y a des reçus, on les met en vrac dans des tiroirs pour ne les classer qu'occasionnellement. Les véhicules, l'équipement et les fournitures peuvent être utilisés un peu trop facilement pour des besoins personnels. L'on tient des réunions dans des restaurants ou bien l'on entreprend des voyages sans beaucoup se préoccuper de savoir si l'établissement peut se le permettre financièrement. Il n'y a pas de négociations pour mettre les fournisseurs en concurrence ni d'études de marché pour avoir de meilleurs prix ou de meilleures conditions bancaires. Même si certaines de ces choses peuvent en elles-mêmes paraître mineures, le résultat final d'un manque d'efficacité administrative sera une accumulation de dépenses qui ne seront pas couvertes. Les pasteurs ou les enseignants ne sont pas automatiquement doués pour l'administration ! Par conséquent, il pourrait valoir la peine de demander à un expert en gestion organisationnelle de vous aider à trouver des moyens plus simples pour gérer les ressources dont vous disposez.

5. L'établissement emploie trop de personnel pour le nombre d'étudiants

Le fait d'avoir trop peu d'étudiants signifie souvent une pénurie de fonds de fonctionnement. Il sera peut-être nécessaire de prendre des décisions douloureuses et de se séparer de personnel que l'institution n'a pas les moyens de payer. Cependant, il se peut qu'il y ait également d'autres problèmes. Le petit nombre d'inscriptions peut refléter le fait que le programme ne répond pas aux besoins ressentis par les Églises et la communauté. Les étudiants et les Églises savent-ils même que vous existez ? Il se peut qu'il y ait de nombreux étudiants potentiels qui seraient très heureux de suivre votre formation si seulement ils avaient entendu parler de votre institution. Ou bien vous trouvez-vous en compétition dans un marché saturé de programmes de formation ? Il n'y a aucun intérêt à essayer de faire fonctionner un programme de formation dont les Églises et les Œuvres n'ont pas besoin.

6. Le personnel est trop rémunéré

Ce cas est vraiment peu probable, bien que, dans des établissements sans conseil d'administration et sans contrôles financiers, une poignée de responsables puisse s'être attribué des rémunérations excessives.

7. Les frais de scolarité sont trop bas

Nous avons peut-être le sentiment que, si nous augmentons nos frais d'inscription, nous perdrons la plupart de nos étudiants qui préféreront une formation qui « coûte moins cher ». En réalité, offrir un enseignement gratuit ou bon marché n'est pas le meilleur moyen d'attirer les meilleurs étudiants, car en général les gens accordent peu de valeur à quelque chose de peu cher ou de gratuit. Il est important de faire connaître les coûts réels de la formation d'un étudiant (total des frais de fonctionnement, y compris les aides bénévoles, divisé par le nombre d'étudiants). Plutôt que de baisser les frais d'inscription, nous avons besoin d'amis pouvant financer des bourses ou aider à subventionner nos frais généraux de fonctionnement.

8. L'institution n'est pas viable

De nombreuses écoles ont été créées à l'époque coloniale par des organismes missionnaires qui leur fournissaient le personnel et les fonds. Au fil du temps, les titres de propriété ont été transmis aux Églises nationales ou à l'établissement lui-même. Or, sans les missionnaires et le financement missionnaire, l'Église nationale n'a pas la capacité de financer au même niveau ce qui avait été établi par ces organismes. Si votre institution de formation devait être recréé à partir de zéro aujourd'hui, il se pourrait fort bien que vous vous trouviez dans un autre lieu, avec une structure très différente, de façon à ce que la formation soit plus abordable financièrement et plus pertinente culturellement. Essayer d'entretenir quelque chose qui a été hérité d'une autre époque peut être un fardeau trop lourd à porter.

9. Il n'y a pas suffisamment d'appropriation de l'institution de formation

Les Églises locales n'ont peut-être jamais ressenti que cette institution leur appartenait. Et même si elles se l'approprient, alors qu'elles ont du mal à rémunérer leurs propres pasteurs, elles ont le sentiment qu'il leur serait impossible de contribuer grand chose pour l'aider. Peut-être ne leur a-t-on jamais appris à donner, du fait que le programme implicite de l'époque coloniale les avait convaincues qu'elles étaient trop pauvres pour partager leurs ressources. Ou bien elles pensent peut-être tout simplement que les écoles sont déjà suffisamment bien financées par d'autres sources.

10. L'aide provient d'un nombre insuffisant de donateurs

Beaucoup d'institutions de formation théologique ne communiquent pas bien la façon dont Dieu fait fructifier leur œuvre, que ce soit en interne ou en externe. Par conséquent, personne ne sait que l'établissement a des besoins. La plupart des enseignants et des administrateurs préfèrent ne pas s'impliquer dans les relations publiques ni collecter des fonds, alors même qu'il y a peut-être beaucoup d'Églises locales, d'hommes d'affaires, de fondations et d'anciens étudiants qui seraient heureux de contribuer à des bourses, des projets spéciaux ou des fonds de fonctionnement, si seulement quelqu'un le leur demandait[1]. Comme nous l'avons dit au chapitre 5, de bonnes structures administratives ont une équipe pour faire ce travail, avec à sa tête un responsable pour les relations publiques et le financement. Il se peut que nous n'en ayons pas parce que nous ne sommes pas correctement structurés pour demander.

Mise au point d'une stratégie de financement

Une politique de financement devra découler directement de votre plan stratégique. Nous devons financer ce qui a véritablement besoin d'être fait. Nous ne devons pas être dirigés par les donateurs, en ne réalisant que les projets qu'ils choisissent eux de soutenir. Le plan stratégique nous permet déjà de savoir ce qui a besoin d'être financé. La politique de financement engage à découvrir et à solliciter les personnes susceptibles de constituer un groupe de soutien.

Le point de départ, c'est vous-mêmes. Si vous, vous ne voulez pas contribuer à votre cause, pourquoi quelqu'un d'autre voudrait-il le faire ? Nos meilleures idées de collecte de fonds viendront lorsque le comité consultatif, l'assemblée générale, le conseil d'administration, les étudiants, le corps enseignant et le personnel considèrent dans la prière et de façon créative comment découvrir les ressources

---

1. N.D.E. : En supposant bien sûr que les donateurs aient confiance dans les personnes qui dirigent et travaillent dans l'établissement et que les anciens étudiants gardent un bon souvenir de l'école.

financières dont nous avons besoin. La plupart de ceux qui feront partie de cette équipe de soutien proviendront du réseau de relations et de partenaires de l'école. Quelles sont donc les personnes parmi nos familles, nos amis, nos Églises, nos relations d'affaires, les amis d'amis, etc. qui pourraient être invités à se joindre à nous pour soutenir notre ministère d'enseignement ?

Comme nous l'avons mentionné au chapitre 5, l'équipe de direction devrait nommer un cadre comme responsable pour coordonner le domaine des relations publiques et des finances. Les enseignants ne sont probablement pas les meilleures personnes pour rédiger les bulletins d'information de l'établissement. Il faut du temps et des efforts pour créer des liens et acquérir une crédibilité auprès des entreprises, des fondations, des organisations chrétiennes et des personnes clés qui seraient susceptibles d'apporter un financement à votre programme. Vous devrez avoir une équipe de personnes compétentes pour la communication et les relations publiques, qui sauront communiquer aux autres les réussites et les besoins de votre programme et établir de bons partenariats.

Nous avons besoin de personnes fidèles qui nous soutiennent financièrement et qui contribueront à nos programmes de façon suivie. Mais qu'est-ce qui pourrait motiver quelqu'un à envisager de soutenir un ministère tel que le nôtre ? Et qu'est-ce qui pourrait empêcher certaines personnes d'avoir le désir nous aider ?

1. Les motivations pour donner

Nous pouvons espérer que votre public aura envie de vous soutenir financièrement en entendant parler de votre vision et en voyant ce que Dieu fait à travers vous. Cependant, certains ne se rendent pas compte de leur responsabilité dans la gestion des ressources que Dieu leur confie (Mt 25.14-30), et ne savent pas qu'en bon intendant du Créateur, ils doivent utiliser ce qu'ils possèdent pour le bien des autres, et pas uniquement pour eux-mêmes (Mc 10.45). Dieu nous bénit afin que nous puissions être une bénédiction pour les autres (1 Co 9.11-14). Jésus-Christ, « alors qu'il était riche », « pour [nous] s'est fait pauvre, afin que par sa pauvreté [nous soyons] enrichis » (2 Co 8.9). Nos richesses ne sont pas forcément d'importantes sommes d'argent, mais les croyants ont été enrichis « à tout point de vue » de sorte que leurs « actes de générosité [...] feront monter des prières de reconnaissance vers Dieu » (2 Co 9.11). Jésus était le don de Dieu pour nous (2 Co 9.15) et l'action de donner doit être une manière de rendre grâces à Dieu pour tout ce qu'il a fait pour nous.

Peu de chrétiens dans le monde émergent ont reçu un enseignement sur la générosité financière. Peut-être votre institution de formation pourrait-elle organiser des séminaires pour les Églises locales afin d'aider les chrétiens à comprendre certains principes de base de l'administration responsable des biens. Paul écrivait : « Ordonne-leur de faire du bien, d'être riches en belles œuvres, de se montrer généreux, prêts à partager » (1 Tm 6.18)[2].

Toutefois, nous ne devrions pas motiver les gens à donner en les culpabilisant ou en leur promettant des récompenses ou des honneurs spéciaux en raison de leurs dons. Lors d'une conférence à l'Oxford Centre for Mission Studies en 1995, Manfred W. Kohl a déclaré que : « Donner, partager et s'engager ne sont ni un moyen d'atteindre la spiritualité, ni un signe de spiritualité. Ce ne sont pas non plus des mérites qui nous qualifient pour être comptés parmi les rachetés de Dieu. » Nous devrions donner volontairement, avec joie, enthousiasme et générosité (2 Co 8.2-4 ; 9.5, 7).

2. Ce qui empêche de donner

Pourquoi certains donateurs potentiels choisissent-ils de ne pas vous aider financièrement ? Supposent-ils que vous ayez déjà tout ce qu'il vous faut ? Ignorent-ils vos besoins ? Ou bien y a-t-il de sérieux problèmes de crédibilité qui font qu'eux-mêmes, leurs Églises ou d'autres ne sont pas disposés à vous aider ? Les donateurs potentiels ont besoin d'avoir confiance en qui nous sommes et en ce que nous faisons. Connaissent-ils nos valeurs fondamentales et sont-ils suffisamment au courant de nos résultats pour constater que nous pratiquons ce que nous prêchons ? Il faut pouvoir discerner quels sont les problèmes qui ont pu altérer leur confiance en nous et en notre travail. Il n'est pas facile d'établir une bonne réputation et nous avons besoin de l'aide et de la grâce de Dieu pour nous protéger de rumeurs mensongères, tout comme pour faire face humblement aux reproches de mauvaise gestion qui sont parfois faits à juste titre.

Certains donateurs ne donnent qu'une fois ; pourquoi pas une deuxième fois ? Il faut beaucoup d'efforts pour découvrir de nouvelles personnes, alors comment faire pour garder les donateurs, une fois que nous les avons trouvés ? La clé se trouve dans de solides relations personnelles, ainsi que dans des comptes-rendus bien faits. Les donateurs ont besoin de savoir que leurs dons ont été utilisés, comme prévu, pour leur désignation et pour des actions bien montées. Ils n'ont pas envie de se sentir sous pression ou manipulés. Ils apprécient néanmoins d'être invités à participer à un projet qui vaut la peine d'être réalisé, puis de

---

2. Les « séminaires Timothée », qui existent depuis plusieurs années sont d'heureuses expériences d'enseignement allant dans ce sens. Site internet : https://www.tlti.org.

voir les résultats de leur don. Ils aiment choisir entre plusieurs projets qui ont besoin d'aide financière. Les gens aiment aussi participer aux projets aux côtés d'autres donateurs, il nous faut donc être aussi transparents que possible au sujet de l'aide financière que nous recevons d'autres personnes ou organismes.

C'est le rôle de votre équipe de développement (ou du moins ça devrait l'être) de rester en contact avec les personnes et les organisations intéressées par ce que vous faites. Nous devons les tenir informées de ce que nous faisons, et avoir le courage de demander de l'aide quand nous en avons besoin.

3. La solution vient-elle de l'étranger ?

Dès leurs débuts, beaucoup d'écoles créées par les missions ont été très dépendantes du personnel et du financement de l'étranger. Pour ces institutions de formation, la survie financière ne leur semble possible qu'avec un financement régulier et conséquent de la part d'organisations étrangères. Cependant, tous les partenariats ne sont pas heureux, et ce n'est assurément pas toujours là le meilleur moyen d'assurer la stabilité financière d'une œuvre. Il est préférable que la majeure partie des recettes de l'établissement ne provienne pas d'un seul donateur. En établissant un contrat de partenariat accepté par les deux parties, nous nous préservons du risque d'avoir un donateur unique qui, en donnant, voudrait imposer ses directives. Il vaut mieux que le soutien financier provienne de plusieurs sources. Cela dit, même s'il n'y a pas de source de financement dominante, les dons venus de l'étranger sont parfois assortis de conditions imposées par des personnes bien intentionnées mais qui peuvent être peu au courant des réalités locales.

4. Faudrait-il que le financement provienne majoritairement de sources locales ?

Le financement local devrait représenter l'essentiel des recettes d'une école, car cela reflète le niveau de satisfaction des parties prenantes locales. Des frais de scolarité réalistes permettent à chaque étudiant de contribuer à sa propre formation, avec l'aide de sa famille et de son Église qui sont toutes deux heureuses d'investir dans des personnes qu'elles connaissent et en qui elles croient. Les diplômés devraient ne pas oublier d'exprimer leur reconnaissance envers ceux qui les ont soutenus durant leurs études. Les Églises qui ont accueilli ces diplômés devraient également savoir exprimer leur reconnaissance pour manifester qu'elles sont satisfaites du travail des pasteurs et responsables qui les servent. Les milieux d'affaires devraient être très heureux de participer à la formation de personnes de bonne moralité et qui ont de bonnes capacités pour prendre des responsabilités. Les donateurs locaux peuvent apporter leur aide à des projets qui auront un impact local. Et puis, rien ne nous empêche nous-mêmes, responsables institutionnels, de donner financièrement à notre propre institution.

Dans la plupart des institutions de formation non occidentales, les frais de scolarité sont beaucoup trop bas par rapport au coût réel des études. Cependant, l'autonomie financière ne signifie pas que *tous* les fonds de fonctionnement doivent provenir de frais de scolarité internes. Mon étude des comptes de certaines facultés chrétiennes en Amérique du Nord a montré que seulement un tiers environ de leurs fonds provenaient des frais d'inscription des étudiants. Le restant provenait de subventions par des fondations et de dons d'anciens élèves et d'amis de l'institution. L'autonomie de ces institutions n'indique pas non plus que l'ensemble de leurs revenus était généré localement ou à l'intérieur d'une région géographique particulière. Apparemment, ces collèges et universités sont prêts à accepter (et à chercher) des financements partout où ils se trouvent.

Les institutions de formation théologique dans le monde non occidental n'ont pas besoin d'être différentes sur ce point. La question de fond n'est pas de savoir d'où vient le financement. Une institution de formation devient autonome lorsqu'elle assume la responsabilité de collecter et d'administrer ses propres fonds. Il faudrait inviter de nombreux partenaires à vous aider pour l'œuvre à laquelle Dieu vous a appelés. À l'exception des institutions dénominationnelles qui fonctionnent dans le cadre du budget de la dénomination en question, aucune source philanthropique ne devrait à elle seule fournir la majorité du budget de fonctionnement d'un établissement. Au-delà de ce chiffre, le donateur a trop de pouvoir de contrôle potentiel sur l'école. De plus, cela met l'établissement en danger dans le cas où ce financement ne serait plus accordé.

5. Projets générateurs de revenus

Les institutions de formation théologique doivent réfléchir activement à différents moyens de générer des revenus pour leur œuvre de formation. Ainsi, un établissement en Inde a créé un important centre de conférences qui accueille aussi bien des groupes laïques que des groupes chrétiens[3]. Un autre en Afrique du Sud, qui avait des bureaux inutilisés et des logements d'enseignants vides, s'est organisé pour les louer à plusieurs autres organisations chrétiennes. Au Brésil, il y a un campus qui est loué pendant les vacances ou les jours fériés pour accueillir des conférences ou des ateliers. Nombre d'institutions de formation ont des projets d'élevage ou de culture agroalimentaires destinés à être vendus à profit et/ou consommés par le personnel et les étudiants. Au Brésil un établissement gagne de l'argent en proposant la plupart de ses cours le soir et utilise ses locaux comme école primaire ou secondaire de quartier pendant la journée. Des ateliers ou des séminaires payants peuvent être proposés par le personnel de l'école dans le cadre d'une formation de responsables professionnels pour la ville ou le quartier, dans des domaines tels que l'encadrement, la planification stratégique, l'aumônerie, la relation d'aide ou le règlement des conflits. Au Moyen-Orient, une école gagne de l'argent en utilisant la Bible pour former des guides touristiques non chrétiens. Un établissement brésilien produit des revenus en utilisant une partie de son campus ainsi que certains membres étrangers de son personnel et de leurs familles, pour proposer des cours d'anglais à des jeunes de la ville, etc.

Cependant, il existe au moins quatre dangers liés à de tels projets :
- ils peuvent détourner l'attention de l'aspect formation d'une école, car ils nécessitent de l'énergie, des personnes et des finances plus appropriées à d'autres fins ;
- ils sont parfois mal dirigés par des gens sans les compétences commerciales ou de gestion requises ;
- certains projets sont le fruit de la bonne et généreuse idée d'une personne qui hélas n'a pas fait au préalable d'étude de marché pour vérifier la faisabilité et l'efficacité de l'action à entreprendre ;
- certains projets peuvent devenir des « boulets financiers », qui coûtent plus qu'ils ne rapportent.

La seule justification d'un projet générateur de revenus est qu'il rapporte des ressources conséquentes à l'établissement. Notre mission de base n'est pas de gérer une entreprise. Comme nous l'avons dit au chapitre 5, évitons de nous encombrer de travaux administratifs inutiles. Chaque projet à but lucratif

---

3. N.D.E. : Selon la législation des pays, une association cultuelle ne peut pas toujours louer ses bâtiments, ouvrir une école dans les bâtiments appartenant à l'association cultuelle, ou avoir des activités à but lucratif qui sortent de son objet religieux. Elle doit alors créer une association cultuelle qui gère les locaux à côté de l'association cultuelle qui gère l'Église ou l'institution biblique ou théologique. Il faut veiller à respecter les lois spécifiques du pays.

doit tenir sa propre comptabilité et comporter sa propre équipe de gestion. La gestion d'un projet ne devrait pas prendre trop de temps à l'équipe responsable de l'établissement, si ce n'est pour vérifier avec les initiateurs du projet qu'il en vaut vraiment la peine.

Soutien financier provenant de relations avec notre public

Nos soutiens financiers de base proviennent de ceux qui se sentent adoptés par l'école comme faisant partie de sa « famille » et qui s'engagent à collaborer solidairement à son équilibre financier comme ils le feraient pour leurs proches. Qui devraient être ces partenaires et comment pouvons-nous renforcer notre partenariat avec eux ?

1. Les anciens étudiants

Un partenariat particulièrement important sera celui entrepris auprès de nos anciens étudiants. Ils sont, nous l'espérons, satisfaits de la formation qu'ils ont reçue. Dès leurs premiers jours d'études, ils devraient être encouragés à s'engager pendant toute leur vie à continuer à promouvoir ce type de formation à d'autres personnes. Chaque diplômé devrait être encouragé à faire chaque année des dons à l'école en reconnaissance au Seigneur pour la formation qu'il a reçue. Dans la mesure où Dieu les bénit de façon particulière, ils peuvent faire des dons pour des projets particuliers, comme par exemple des livres pour la bibliothèque, ou des projets de construction ou de transformation de locaux.

Chaque institution de formation doit rester régulièrement en contact avec ses anciens. L'équipe de développement des relations extérieures devra tenir à jour une liste d'adresses postales et électroniques. Cela dit, nos diplômés doivent sentir qu'ils sont plus que de simples sources de financement. Ils seront en première ligne pour recruter de nouveaux étudiants. Et, comme nous le verrons au chapitre 12, nos anciens élèves sont parmi nos meilleurs interlocuteurs pour nous aider à améliorer l'œuvre de notre institution de formation.

Nous pouvons proposer à nos anciens étudiants des séminaires et des ateliers sur des sujets qui leur permettront d'affiner leur savoir-faire dans leur ministère. Nous pouvons renforcer leurs liens avec les autres anciens en les invitant tous à revenir sur le campus au moins une fois par an pour célébrer des événements spéciaux, tels que la remise des diplômes ou une semaine de retraite spirituelle. Racontez-leur ce que Dieu continue de faire dans leur école. Donnez-leur des nouvelles de leurs collègues et indiquez-leur comment prier spécifiquement les uns pour les autres et pour l'établissement. Si nos anciens étudiants continuent d'être enthousiasmés par l'œuvre de l'école, ils seront disposés à y contribuer financièrement (il faut quand même le leur demander).

2. Les organisations missionnaires

Un autre partenariat important sera avec l'organisation missionnaire qui a fondé votre établissement. En général, les missions fondatrices continuent de contribuer aux institutions de formation théologique qu'elles ont aidé à démarrer. Elles connaissent votre histoire et peuvent donner de bons conseils. Elles peuvent utiliser leur réseau de contacts pour récolter des fonds pour des projets spéciaux de construction ou d'équipement. Les organisations missionnaires peuvent proposer des bourses pour des étudiants travaillant pour les Églises avec lesquelles elles collaborent, ou même, dans certains cas, aider à financer le salaire d'un enseignant ou d'un membre du personnel autochtone. Souvent, elles envoient des missionnaires pour être enseignants ou membres du personnel.

Toutes ces choses peuvent être très utiles, mais nous devons quand même prendre quelques mesures « douces » pour nous assurer que le partenariat fonctionne de façon saine. Comme nous l'avons dit plus haut, tous les enseignants, y compris les missionnaires, doivent être évalués avant d'être acceptés (avec un contrat ou protocole d'accord) pour faire partie de notre équipe enseignante ou administrative. Tous les missionnaires n'ont pas nécessairement les capacités interculturelles ou de communication dont nous avons besoin. Nous devons détecter des problèmes potentiels dans le mode de vie ou les attitudes d'un missionnaire, qui l'empêcheraient de bien s'intégrer dans l'équipe.

Les organisations missionnaires, comme toutes nos parties prenantes, peuvent être invités à envisager l'avenir avec nous. Cependant, les missions fondatrices doivent se rappeler qu'elles ne sont plus responsables de la réalisation de nos projets. Comme nous l'avons dit au chapitre 5, une tradition d'excellence dans notre gestion donnera aux organisations missionnaires la confiance que l'école utilisera les fonds pour les projets auxquels ils étaient destinés. Ainsi, les activités de levée de fonds des partenaires missionnaires devront se limiter aux projets approuvés par l'école. Les salaires ou les avantages du personnel autochtone ne devront pas être versés directement et individuellement par la mission, car cela peut engendrer du désordre et des jalousies (par exemple, certains vont supposer que la rémunération est beaucoup plus importante qu'en réalité) et de la confusion (la personne travaille-t-elle pour la mission ou pour l'établissement ?).

Il n'est pas facile de gérer une transition. Lorsqu'un père qui prend sa retraite de l'entreprise qu'il a créée se présente tous les jours pour observer le travail de son fils, cela devient gênant. Il en va de même lorsqu'un pasteur prend sa retraite après avoir passé de nombreuses années dans une Église et reste membre de cette Église. La mission, elle, n'a pas pris sa « retraite », elle a simplement et de son plein gré passé la présidence à d'autres. Être responsable de toute une institution est une habitude difficile à changer. Aussi, tout en désirant l'honorer et en continuant à écouter ce que la mission fondatrice a à nous dire, l'école et la mission doivent se rappeler que c'est aux autochtones de gérer l'établissement.

Une institution de formation se rend service à elle-même dans ce domaine si elle a de nombreux donateurs. Cela rend aussi les choses plus faciles pour une mission fondatrice de dire oui – ou non – sans avoir le sentiment d'être dominatrice ou prescriptive. Si elle est officiellement intégrée dans l'assemblée générale, aux côtés des autres organisations et Églises qui envoient des enseignants, des étudiants ou des fonds, elle disposera alors d'un cadre approprié pour faire part de ses opinions. Aucune personne ni aucune organisation ne devrait avoir une influence prépondérante sur l'école. Le contexte approprié pour discuter des idées et faire des recommandations sera l'assemblée générale ou le conseil d'administration (si la mission y a des représentants).

3. Les œuvres chrétiennes

Une institution de formation peut également travailler en partenariat avec plusieurs organisations chrétiennes. Non seulement nos diplômés peuvent être embauchés par celles-ci, mais l'école découvrira peut-être des moyens de leur être utiles. En leur demandant : « Comment pouvons-nous vous aider ? », nous devons considérer si notre mission, notre finalité de base et nos ressources nous permettent de répondre à leurs attentes.

Dans le cadre du partenariat, les organisations chrétiennes prendront certainement en charge les frais de scolarité des étudiants qu'elles envoient, mais il y aura peut-être d'autres manières pour elles d'être en partenariat avec nous. Par exemple, la mission SIL/Wycliffe a choisi plusieurs institutions régionales de haut niveau pour former ses consultants en traduction. Outre la collecte de fonds pour les frais de scolarité et de pension des étudiants qu'elle envoie, elle a fourni plusieurs enseignants spécialisés dans la traduction de la Bible ainsi que des livres techniques pour la bibliothèque, pour soutenir cette partie du cursus de l'établissement. La *Trans-World Radio* (TWR) a travaillé en partenariat avec plusieurs institutions de formation pour installer des studios de radio sur leurs campus. Le personnel de la TWR participe à l'enseignement et anime occasionnellement des séminaires pour apprendre aux étudiants (et au corps enseignant) comment faire une programmation radio et leur montrer comment la radio peut apporter un plus à leurs ministères. L'association Vision du Monde (*World Vision*) a œuvré en partenariat avec plusieurs établissements de formation pour mettre au point un programme de formation de responsables pour ses nombreux employés à travers le monde. Elle a aidé au financement et a fourni des enseignants pour un programme qui était utile non seulement pour ses propres employés mais pour les autres aussi.

4. Les Églises locales

Comme nous l'avons vu au chapitre 4, nous « appartenons » aux Églises et aux dénominations qui nous considèrent comme leur institution de formation. Notre mission est de préparer leurs étudiants à devenir des responsables et des pasteurs fructueux. L'on peut espérer que ces Églises seront activement représentées dans notre assemblée générale. Dans le cadre de notre partenariat avec elles, nous devrions envoyer nos enseignants, notre personnel et nos étudiants chez elles pour les écouter aussi bien que pour y exercer un ministère. Il faut qu'elles reçoivent régulièrement des informations à notre sujet, avec des témoignages de ce que Dieu fait dans notre institution et par notre intermédiaire. Elles doivent savoir comment prier pour nous. Il faut aussi qu'elles comprennent nos besoins financiers.

La toute première responsabilité des Églises devrait être de soutenir les personnes qu'elles ont envoyé se former. Elles se plaindront peut-être en disant qu'elles n'ont absolument pas d'argent à consacrer à cela. Pourtant, d'une manière ou d'une autre quelqu'un aurait réussi à loger et nourrir ces étudiants s'ils n'avaient pas entrepris ces études. Il n'est donc pas exact d'affirmer qu'elles ne disposent d'aucune ressource pour aider leurs étudiants. Peut-être qu'elles pourraient envoyer de la nourriture plutôt que de l'argent par exemple. Mais si une Église ne veut rien investir pour ses propres étudiants, pourquoi serions-nous enclins à aider cette Église ?

Les dénominations que vous servez devraient être encouragées à inclure votre programme de formation dans leur budget, puisque vous leur formez des responsables et des pasteurs. L'assemblée générale annuelle d'une union d'Églises ou bien celles des Églises qui la composent pourraient planifier un temps spécial de célébration une fois par an, avec une offrande pour fournir des livres ou des bourses pour des étudiants. Les Églises qui ont accueilli vos diplômés devraient être encouragées à offrir des dons annuels qui reflètent leur satisfaction avec le genre de pasteur et de responsable que vous avez formé.

5. Les fondations

Les fondations[4] se trouvent partout dans le monde, y compris dans votre pays[5]. Elles peuvent avoir été créées grâce à une fortune familiale ou bien aux bénéfices d'une entreprise. Il existe également des fondations publiques. Elles ont toutes en commun une même raison d'être : donner des fonds à des causes spécifiques qui les intéressent. Même des organisations missionnaires peuvent être considérées en quelque sorte comme des fondations, car on peut leur demander une aide spécifique pour des projets précis. Il y a trois étapes importantes lorsque l'on veut établir un bon partenariat avec une fondation :

1. **Il faut en trouver une qui s'intéresse à ce que vous voulez faire**. Vous pouvez commencer par faire des recherches sur des sites web qui donnent une liste des fondations et des diverses causes qu'elles soutiennent. J'en ai mis quelques-unes en annexe à la fin de ce chapitre. Malheureusement, la grande majorité des fondations ne sont pas intéressées par la formation théologique. Mais certaines pourraient l'être, ou bien elles pourraient être intéressées par un des aspects de votre école. Par exemple, si elles s'intéressent au développement de la prise de responsabilités par les femmes dans le monde non occidental, vous pourriez solliciter de l'aide pour des bourses pour vos étudiantes ou bien pour la formation continue des femmes de votre équipe. Si les fondations s'intéressent au VIH/SIDA, vous pourriez demander une subvention pour acheter de la documentation pour votre bibliothèque, ou bien pour vous permettre de proposer un atelier sur des problèmes liés au SIDA. Commencez par faire les recherches, y compris en vous

---

4. N.D.E. : « La fondation est l'acte par lequel une ou plusieurs personnes physiques ou morales décident l'affectation irrévocable de biens, droits ou ressources à la réalisation d'une œuvre d'intérêt général et à but non lucratif. » Pour les différents types de fondations voir : http://www.centre-francais-fondations.org/fondations-fonds-de-dotation/les-formes-de-fonds-fondations/synopsis-par-type-de-fonds-ou-fondation [consulté le 6 juin 2017].

5. Dans certains pays comme en France, une fondation ne peut pas soutenir une association cultuelle ou une action religieuse, mais seulement socio-culturelle générale.

renseignant auprès d'autres établissements sur les fondations qui se sont déjà intéressées à eux.
2. **Il faut du temps pour établir une relation avec une fondation.** En général, il vaut mieux d'abord lui écrire et lui demander si elle serait disposée à examiner un projet, plutôt que dépenser de l'argent pour lui rendre visite ou lui envoyer d'emblée une proposition de projet complète. Même celles qui accepteront de prendre votre projet en considération refuseront peut-être votre demande initiale. Les fondations et organisations ont beaucoup de raisons de dire non. Il se peut qu'elles n'aient pas de fonds suffisants cette année-là ou bien qu'elles pensent ne pas vous connaître assez bien. Mais au fur et à mesure que vous aurez l'occasion de les aider à vous connaître, et que d'autres leur auront parlé de vous (il est courant que les fondations se recommandent mutuellement des projets), une relation pourra débuter. Après plusieurs demandes, elle pourra commencer un partenariat en vous proposant une petite subvention. Si elle est satisfaite de la façon dont vous utilisez la subvention, elle pourra décider d'investir de nouveau et davantage dans vos projets.
3. **Les relations avec les fondations requièrent beaucoup de démarches administratives.** Il est parfaitement normal de devoir rendre des comptes concernant les dons que nous recevons. De plus, nos demandes doivent être claires et bien rédigées lorsque nous expliquons comment nos projets contribueront à atteindre les objectifs d'ensemble de notre programme. J'ai joint une annexe à la fin de ce chapitre qui décrit ce qu'il est bon d'inclure dans une proposition de projet pour une fondation. Il nous faut également fournir à tous nos donateurs des rapports financiers et d'activité réguliers et bien écrits sur ce qui a été réalisé grâce à leurs dons.
4. **Le travail administratif requis par certaines fondations semble dépasser la valeur de leur don.** Il est permis de ne plus avoir de liens de partenariat avec elles, mais faites-le avec courtoisie, vous souvenant que les fondations se parlent entre elles.

6. Le milieu des affaires/l'aide du gouvernement

Le milieu des affaires a besoin de responsables chrétiens de qualité. Ce n'est pas sur ce point-là que la plupart des programmes de formation théologique mettent l'accent. Notons toutefois que cela pourrait être l'un des objectifs premiers des établissements d'enseignement supérieur chrétiens en nombre croissant partout dans le monde émergent. Néanmoins, les premiers à exercer une influence transformatrice dans de nombreux endroits continuent d'être les pasteurs et les responsables chrétiens. Tant les gouvernements que les milieux d'affaires le savent. Lorsque nous formons des responsables qui ont une solide moralité chrétienne, nous faisons quelque chose de bénéfique pour notre société. Il nous faut créer des relations avec des chefs d'entreprise pour les aider à comprendre ce que fait notre institution. Nous devrions les mettre au défi de prier pour nous et d'investir dans notre œuvre. Nous pourrons alors profiter de leur sagesse et de leurs compétences de gestionnaires pour nous aider à mieux administrer nos établissements.

Peu d'institutions se presseront pour former des relations avec leurs gouvernements. Cela dit, lorsque nous formons ceux qui se mettent au service des autres, nous accomplissons une mission de service public utile. Nos diplômés pourront devenir des responsables d'Églises et d'organisations qui réagissent de façon efficace aux problèmes sociaux de notre pays. En conséquence, dans certains cas, nous pourrions recevoir des subventions ou des financements publics. Il nous faut examiner les possibilités, tout en considérant attentivement les conditions dont elles risquent d'être assorties.

7. Les amis de l'institution

Toute personne qui visite votre campus ou assiste à un événement parrainé par votre programme de formation devrait être invitée à devenir l'un de vos partenaires. Recueillez son nom et adresse, et envoyez-lui régulièrement des informations sur l'œuvre de Dieu en vous et à travers vous. Vous pouvez inviter ces partenaires à des activités sur le campus (comme la remise de diplômes ou des événements spéciaux). Demandez-leur de vous soutenir dans la prière ainsi que financièrement. Certains « amis » ont même formé des associations déclarées pour promouvoir l'école dans leur sous-région.

Vous pouvez aussi être proactifs pour trouver des gens qui viennent vous rendre visite. Invitez des étudiants ou leurs Églises en Amérique du Nord, en Europe ou en Australie ou ailleurs, à s'inscrire à un module de formation spécialement fait pour eux, pour qu'ils comprennent vos pratiques de louange, de prière, l'histoire de l'Église de votre pays ou la théologie contextualisée. La plupart des visiteurs seront heureux de couvrir les frais de ce type de cours.

Des équipes venues travailler pour un temps limité offrent également un potentiel pour de nouveaux partenariats. Cherchez de petits projets à leur faire réaliser dans la maintenance du campus ou le classement des livres de la bibliothèque. Peut-être pourront-ils se joindre à certains de vos étudiants dans des projets d'évangélisation ou de ministère. Leur vie sera transformée quand ils apprendront à vous connaître. Ils deviendront aussi vos ambassadeurs. Si votre équipe consacrée aux relations extérieures reste en contact avec eux, il y aura peut-être des projets auxquels eux-mêmes, ou bien leurs Églises ou œuvres, pourront apporter leur aide, comme par exemple acheter des livres pour votre bibliothèque ou permettre à leurs enseignants ou aux membres du personnel de leur Église d'enseigner certains modules. Des visites répétées et la présence continue d'équipes temporaires pourront aboutir à un heureux partenariat.

Conclusion

Les institutions de formation théologique d'excellence assument la responsabilité de leurs propres besoins financiers. Il est bon de nous souvenir que nous dépendons de Dieu pour tout, mais également que Dieu donne à certains des moyens pour soutenir généreusement et volontairement les projets de Dieu. Commencez par vous-mêmes et vos anciens étudiants et bâtissez des relations partout où vous les trouverez. Si votre institution de formation est excellente, et si vous avez un plan stratégique clair qui montre où vous allez et ce dont vous avez besoin pour y arriver, certains seront ravis d'investir dans ce que Dieu fait à travers vous. Que Dieu « [pourvoie] à tous vos besoins conformément à sa richesse, avec gloire, en Jésus-Christ » (Ph 4.19).

Questions de discussion au sujet de votre politique de récolte de fonds

1. Quel est l'état de vos finances ? Y a-t-il des domaines où vous devriez changer des choses ? Si oui, lesquelles et comment ?
2. Qui sont vos partenaires ? De quelle manière sont-ils de bons et fidèles partenaires ? Comment pourriez-vous établir de meilleures relations et renforcer les partenariats déjà en place ?
3. Dans quelle mesure vous sentez-vous contraints par des ressources provenant d'un source financière prépondérante ou d'une petite poignée de personnes qui vous soutienne ?
4. À quel point votre équipe de développement est-elle structurée et compétente ? Avez-vous une stratégie pour lever des fonds ? Dans quelle mesure est-elle adéquate et efficace ?

5. Quelles idées créatives avez-vous déjà (ou vos étudiants, votre corps enseignant, votre personnel, votre assemblée générale, etc.) pour générer des ressources supplémentaires pour votre école ?

Sites Internet concernant les subventions, la levée de fonds et les fondations

Associated Grantmakers of Massachusetts. www.agmconnect.org/

Centre français des fonds et fondations, Fondations, Synopsis par forme de fonds/fondation (droit français) http://www.centre-francais-fondations.org/fondations-fonds-de-dotation/les-formes-de-fonds-fondations/synopsis-par-type-de-fonds-ou-fondation [consulté le 6 juin 2017]

Charities Aid Foundation: Directory of Grantmaking Trusts (listing the names of over 2500 trusts). http://www.grant-tracker.org/

Fondation Los Lorentes. http://www.loslorentes.com/cms/index.php?id=joselorente-start&L=4

Répertoire des fondations suisses, http://www.swissfoundations.ch/fr/mitgliederliste [consulté 6 juin 2017].

TearFund. « Roots 6 – Fundraising » que l'on trouve sur www.tearfund.org/tilz. 100 Church Road, Teddington, TW11 8QE, UK

The Foundation Center. http://fdncenter.org/ (On trouve également une longue liste de périodiques sur le financement sur http://fdncenter.org/washington/dc_ periodicals.html.)

The Grantsmanship Center. www.tgci.com/.

Pour aller plus loin : lectures suggérées

Ouvrages et articles en français

BAECHER, Claude, *Grâce et économie, Plaidoyer biblique pour une attitude généreuse*, Audincourt, Mennonites, 2006.

BLOMBERG, Craig, *Ne me donne ni pauvreté ni richesse*, TB, Cléon d'Andran, Excelsis, 2001.

BOURDANNÉ, Daniel, *L'évangile de la prospérité. Une menace pour l'Église africaine*, Abidjan, Presses Bibliques Africaines, 1999.

CHELLY, Amine, et Emmanuel FRÉMIOT, *Business plans pour les Nuls*, Pour les Nuls, Paris, First éditions, 2015.

EZOUA, Pierre, *Résistons à la corruption*, Abidjan, CPE, 1999.

FARELLY, Hélène, *Existe-t-il une économie chrétienne ?*, Paris, GBU/Farel, 2009.

GRIFFITHS, Brian, *Capitalisme et richesse*, trad. Jacques Blocher, Charols, Excelsis, 1997.

Kallemeyn, Harold, *La jalousie qui détruit*, Charols, Excelsis, 2003.
Kunhiyop, Samuel Waje, *Éthique chrétienne africaine*, Carlisle, LivresHippo, 2017.
La théologie de la prospérité, Dossier cnef 2012, http://lecnef.org/images/acymailing/cnef_dossier_evangileprosperite_120614.pdf [consulté le 6 juin 2017].
Lombard, Armand, et Alain Perrot, *Argent sur table. De la possession au don*, Lausanne, PBU, 1989.
Lorimer, Albert, *Dieu dirige mes affaires, biographie de Robert Letourneau*, Montonnier-Mornex, Association Emmanuelle, 2012.
Maire, Charles-Daniel, et Isaac Zokoué, « Mission et corruption », *Ichthus* 138, no. 5, 1986, p. 11-19.
Ruolt, Anne, « Petite histoire des récompenses : l'approche protestante de L.-F. F. Gauthey (1795-1864) ». *Revue d'Histoire et de Philosophie Religieuse*, t. 93, 2, 2013, p 223-245.
Schümmer, Léopold, « Les fondements de l'éthique de l'économie et des affaires selonle protestantisme », *La revue Réfomée*, n° 237, T. LVII, 2, 2006. http://larevuereformee.net/articlerr/n237/les-fondements-de-lethique-de-leconomie-et-des-affaires-selon-le-protestantisme [consulté le 6 juin 2017].

Ouvrages et articles en anglais

Les Publications Jossey-Bass ont une grande collection d'ouvrages excellents sur le développement du financement. Elles publient également un magazine trimestriel sur des questions de philanthropie intitulé *New Directions for Philanthropic Fundraising*. Une longue liste de livres sur les activités de financement et la gestion financière se trouve sur www.amazon.com/. On peut découvrir une quantité incroyable de matériel en utilisant Google ou un autre moteur de recherche de façon créative. Certains livres particuliers qui pourront vous être utiles sont :

Burkett, Larry, *Business by the Book: Complete Guide of Biblical Principals for the Workplace*, Nashville, Thomas Nelson, 1998, 2006.
Burnett, Ken, *Relationship Fundraising: A Donor-based Approach to the Business of Raising Money*, 2ᵉ ed., San Francisco, Jossey-Bass, 2002.
Carlson, Mim, *Winning Grants: Step by Step*, 2ᵉ ed., San Francisco, Jossey-Bass, 2002.
Gottlieb, Hildy, *Friendraising: Community Engagement Strategies for Boards Who Hate Fundraising But Love Making Friends*, Resolve, IN, D/B/A Renaissance Press, 2000.

JEAVONS, Thomas H., et Rebekah Burch BASINGER, *Growing Givers' Hearts: Teaching Fundraising as Ministry*, San Francisco, Jossey-Bass, 2000.

KLEIN, Ken, *Ask and You Shall Receive: A Fundraising Training Program for Religious Organizations*, San Francisco, Jossey-Bass, 2000.

KOHL, Manfred Waldemar, « Responsible Stewardship in Theological Education: Guidelines for Resource Development in Post-Communist Countries », *Christian Education Journal* 2 NS, no. 1, Printemps 1998, p. 57-74.

KUTZ, John, et Katherine MURRAY, *Fundraising for Dummies*, Foster City, CA, IDG Books Worldwide, 2000 (www.odgbooks.com. 919 E. Hillsdale Blvd, Suite 400, Foster City, CA, 94404)

NEW, Cheryl Carter, et James Aarm QUICK, *How to Write a Grant Proposal*, San Francisco: Jossey-Bass, 2003.

WEINSTEIN, Stanley, *The Complete Guide to Fundraising Management*, San Francisco, Jossey-Bass, 2000.

Annexe du chapitre 10

Comment rédiger des propositions de projets

Que vous écriviez à une fondation, un homme d'affaires, une organisation missionnaire ou une source laïque de financement, chaque proposition de projet doit comporter les informations suivantes :

1. Qui vous êtes

Ici vous devriez indiquer le nom de votre institution, votre adresse, votre statut juridique, vos valeurs essentielles et vos objectifs. Les gens ont besoin de savoir si vous êtes sérieux et crédibles et il sera bon de démontrer que vous êtes compétents pour faire ce que vous faites, de préciser où vous en êtes de votre accréditation et de mentionner quelques-unes de vos réalisations. Il pourra être utile de joindre une brochure simple de présentation de votre institution, une liste des noms et adresses des membres du conseil d'administration, votre dernier bulletin d'information, le rapport d'activités du président pour l'exercice écoulé et un bilan financier vérifié par un expert-comptable.

2. Quel besoin ce projet aidera-t-il à combler ?

Il ne s'agit pas ici de la description du projet, mais d'une explication, avec des données et des faits, du problème que vous voulez résoudre. Qu'est-ce que cela apportera aux personnes et œuvres que vous servez ? Pourvoir à ce besoin doit être une suite logique évidente de votre mission et de vos objectifs.

3. Quels sont les objectifs ou les buts de votre projet ?

Il ne s'agit pas ici d'une description de ce que vous allez faire, mais de choses mesurables que le projet accomplira dans un temps donné.

4. Comment ces objectifs seront-ils atteints ?

Qu'est-ce qui doit être fait et dans quel ordre pour atteindre vos objectifs ? En quoi la mise en œuvre que vous avez proposée répond-elle avec pertinence à ce besoin ? De quel personnel avez-vous besoin et quelles sont les qualifications qu'il doit avoir ?

5. De combien de fonds aurez-vous besoin ?

Présentez de façon réaliste et en détail aussi bien les recettes que vous vous attendez à recevoir pour ce projet que ce qui sera dépensé et à quel moment. Ces chiffres devraient inclure les contributions des aides bénévoles de même que les dons en nature.

6. Comment le projet sera-t-il évalué ?

Comment saurez-vous que les objectifs ont été atteints ? Qui fera l'évaluation et comment ? Quelles sont les personnes qui recevront des copies du rapport final ?

Une proposition de projet doit comporter un « Résumé analytique » d'une page. Tout en invitant le lecteur à étudier les documents justificatifs qui expliquent tout plus en détail, ce résumé utilise des paragraphes séparés pour répondre de façon simple et claire aux questions suivantes :
- Qui vous êtes,
- Le but spécifique du projet pour lequel vous sollicitez une aide,
- Pourquoi vous êtes qualifié pour réaliser ce projet,
- Quels résultats vous prévoyez d'obtenir dans le temps imparti au projet, et
- Combien de fonds (sur le total nécessaire pour le projet) vous souhaitez obtenir de leur part.

Il vous faudra également une lettre d'accompagnement d'une page, sur papier à en-tête de votre institution de formation, à l'adresse de la personne à contacter. Vous devrez expliquer brièvement pourquoi vous lui écrivez, et l'inviter à lire le résumé analytique et les documents justificatifs. Dites-lui que vous la contacterez dans une semaine ou deux et promettez-lui de lui fournir toute information supplémentaire dont elle aura besoin.[1]

---

1. Adaptation d'un atelier présenté par le Dr Manfred W. Kohl lors d'un Institut pour l'excellence de l'OCI à Budapest en avril 2000.

11

L'excellence dans la formation à distance

L'influence des institutions de formation d'excellence s'étend au-delà de leurs campus. Elles se mettent au service de leurs diplômés, ainsi que des ministères et communautés de ces derniers, de diverses manières, formelles et informelles. Elles font bon usage des technologies de l'information, à la fois sur leur campus et hors leurs murs.

En général, le grand public pense que « la formation » se déroule dans un endroit donné (comportant des locaux, une bibliothèque, un corps enseignant et des salles de classe) sur une durée donnée (comme c'est le cas de formations homologuées dispensées à un niveau d'études donné). La méthodologie et les infrastructures des programmes de formation classiques reflètent en grande mesure ce qui se fait dans les universités, elles-mêmes conçues comme une offre éducative pour les jeunes avant leur entrée dans le monde professionnel. L'histoire générale de l'éducation à travers le temps et sur tous les continents fait que la formation résidentielle a tendance à être l'étalon de mesure de tous les programmes de formation, y compris théologique.

Cette situation évolue beaucoup, à la fois dans le monde laïque et dans les institutions de formation théologique. Le marché de l'éducation permanente a découvert un gigantesque vivier d'adultes susceptibles de vouloir en bénéficier, mais ce public potentiel n'est pas prêt, pour diverses raisons, à venir étudier à plein temps dans ses établissements. Les formateurs ont découvert l'efficacité et la satisfaction d'enseigner aux personnes qui étudient sur leur lieu de vie et de travail. Les adultes ont des questions auxquelles ils veulent des réponses. Ils sont prêts à mettre ces réponses immédiatement en pratique.

Dans ce chapitre, nous voulons réfléchir à la manière dont les programmes de formation théologique peuvent étendre leur offre au-delà de leur campus. Nous verrons que nous tenons là une occasion unique de servir non seulement nos diplômés, mais des ministres du culte, des collègues et des communautés de nos anciens étudiants. Nous verrons une variété de modèles qui ont été utilisés pour offrir des formations formelles et informelles, y compris par Internet.

La formation à distance n'est pas la simple reproduction des cours de l'institution à d'autres endroits que son campus. L'élaboration d'un programme de formation à distance requiert le même processus rigoureux de planification stratégique que tout autre nouveau programme que vous pourriez décider de démarrer (chapitre 3). Le programme de formation à distance potentiel reflète-t-il vos valeurs et est-il le prolongement logique de votre mission ? Répond-il à des besoins réels ? Avez-vous les ressources financières et humaines pour mettre en œuvre ce programme sans léser votre offre de formation existante ? De plus, les programmes de formation à distance devraient être construits sur les mêmes bases didactiques que le reste de votre programme d'enseignement et de formation (chapitre 6). Vous devez vous renseigner sur ce que les personnes savent et ont besoin de savoir, savoir faire et savoir être, et devez ensuite élaborer une feuille de route créative et réalisable pour conduire vos étudiants de leur situation initiale à l'objectif visé.

La formation à distance ou hors les murs

La formation à distance n'est pas un concept nouveau. Des cours par correspondance ont été élaborés par des institutions de formation agricole il y a plus de cent ans. De nombreuses universités ont à la fois leur campus principal et des sites décentralisés où le même programme d'enseignement et de formation est dispensé. La formation théologique décentralisée a été utilisée largement depuis son apparition en Amérique Centrale dans les années soixante. Au cours des vingt dernières années, le nombre de programmes diplômants, de séminaires professionnels et d'ateliers pratiques a explosé. Par exemple, des MBA proposés par des universités britanniques ou américaines diverses et variées se trouvent en abondance en Inde, en Afrique du Sud, en Europe de l'Est et ailleurs. Des universités virtuelles proposent des formations en ligne sur quasiment tous les sujets imaginables, dans le monde entier.

Le terme de « formation à distance » signale une séparation physique entre le formateur et les étudiants. Ainsi, des cours par correspondance ou en ligne sont considérés comme des formations à distance. Lorsque les enseignants proposent leurs cours habituels hors-site, par exemple sous forme de module, avec enseignants et étudiants au même endroit en même temps, cela s'appelle la formation « décentralisée » ou « hors les murs ».

Néanmoins, notre manière de former comporte souvent un mélange assez complexe. Les étudiants à temps partiel suivent des cours à la fois sur le campus et dans le cadre du programme « à distance » le weekend. Les étudiants à plein temps peuvent suivre des cours en ligne tout en résidant sur le campus et en assistant aux cours traditionnels. Il semble que la distance la plus significative soit la distance pédagogique dans l'apprentissage. Si, par exemple, 120 étudiants sont inscrits à un cours magistral universitaire dans un amphithéâtre, la plupart n'auront d'interactions sociales ni les uns avec les autres ni avec le professeur, avant ou après le cours. Aucun d'entre eux n'aura plus de 15-30 minutes avec l'enseignant dans son bureau, une fois dans le trimestre. Il n'y aura qu'une poignée d'étudiants qui s'exprimera sur quoi que ce soit en cours (souvent sans que leurs interventions soient particulièrement réfléchies).

En revanche, l'interaction par le Web, sur un campus virtuel, peut renforcer l'apprentissage. Lorsqu'un enseignant donne des lectures à faire ou des questions de réflexion, chacun est tenu de répondre. En réagissant aux réponses les uns des autres, les étudiants apprennent à bien se connaître. Les enseignants sont souvent bien plus accessibles par courriel qu'en personne. Ils le sont également lorsqu'ils donnent des cours intensifs ou des cours pendant les weekends. En se retrouvant ensemble pour un temps donné avec les étudiants, des relations se tissent. Quelque chose peut être perdu de la dimension pédagogique si les étudiants sont loin de la bibliothèque, des activités sur le campus, ou des autres étudiants et enseignants. En revanche, il y a un gain évident à former les étudiants dans leur contexte, et en utilisant de manière créative des méthodologies moins formelles pour réduire la distance relationnelle que l'apprentissage implique.

Nous pouvons décentraliser notre offre de formation en la déclinant de quatre manières différentes : 1) commencer par servir nos diplômés et leurs collègues pour les encourager dans leur ministère ; 2) servir les institutions théologiques et établissements de formation où nos diplômés travaillent et dont nous recevons les étudiants ; 3) répondre aux besoins du monde évangélique à proximité de notre école ; et 4) proposer notre programme d'enseignement et de formation de diverses manières et dans différents endroits à un public plus large.

Décentraliser notre offre en servant nos diplômés

La plus grande transformation opérée par toute institution de formation provient des relations tissées avec ses étudiants. La plupart d'entre nous ne nous rappelons pas les nombreuses paroles prononcées en cours durant nos années de formation. Mais nous nous souvenons tous de ceux qui ont eu un impact sur notre vie. Ils ont façonné notre devenir et l'exercice de notre ministère. Nous nous sentons honorés lorsque nos enseignants continuent à nous écrire, prennent de nos nouvelles, ou prient avec ou pour nous. Le professeur Herbert Kane est l'un de ceux qui a fait cela pour moi. Il a enseigné durant de longues années à la Trinity Evangelical Divinity School près de Chicago. Il connaissait bien l'Église de Chine et d'ailleurs. Comme je m'intéressais aux Églises dans des contextes communistes, j'ai suivi un séminaire particulier comportant des lectures individualisées avec lui. J'ai trouvé en lui une merveilleuse personne-ressource. Après qu'il a pris sa retraite d'enseignant, j'ai découvert qu'il priait pour moi tous les mardis. Il écrivait rarement, mais ce savant pieux d'envergure internationale lisait et relisait mes lettres de nouvelles avant de me porter devant le trône de Dieu chaque mardi matin. Être un mentor tout au long de la vie comprend ce genre d'initiative. Plusieurs personnes ont, comme lui, pris l'initiative de rester en contact avec moi et ont suivi mon parcours. Ces relations me sont chères car j'aime leurs conseils, leurs encouragements et leurs prières.

La même opportunité nous est présentée avec ceux qui viennent étudier auprès de nous. Certaines relations que nous tissons avec nos étudiants continueront bien au-delà du temps qu'ils passeront en cours. Ils ne se souviendront sans doute pas plus de nos paroles que nous ne l'avons fait avec nos enseignants. Mais ils se souviendront de nous. Nous étendons l'influence de nos programmes de formation en construisant des relations de qualité avec nos diplômés.

Avoir des nouvelles de nos anciens étudiants et savoir où ils servent actuellement ne sert pas simplement qu'à entretenir de bonnes relations publiques, bien que le succès de nos diplômés soit sans doute la meilleure illustration de l'intérêt de s'engager dans ce que nous faisons. Un étudiant de l'Alliance Biblical Seminary aux Philippines m'a un jour fait la remarque suivante : « Je travaille dans un bidonville et, pour l'instant, nous avons réussi à implanter sept Églises. » C'est merveilleux ! Le ministère de la faculté n'était pas d'implanter des Églises dans les bidonvilles, mais d'équiper ceux qui le faisaient ! Nous devons découvrir et partager les récits de l'œuvre de Dieu à travers nos étudiants.

Pour mieux connaître une faculté de théologie que j'avais visitée en Zambie, j'ai demandé à son doyen de me parler de ses diplômés. Il se mit à me raconter, de mémoire, où se trouvait chacun des 73 diplômés, et comment ils allaient. Il se souciait d'eux et faisait des efforts pour maintenir le contact. Je n'ai pas été surpris d'apprendre que l'établissement avait créé des occasions variées chaque année pour garder contact avec ses anciens étudiants.

Comment pouvons-nous encourager nos diplômés et leurs ministères ? Nous pouvons imiter l'apôtre Paul qui restait en contact avec ses Églises par des visites occasionnelles, des lettres et en priant pour eux. Cela peut sembler exiger bien plus des enseignants déjà très occupés. Certes. Mais si vous voulez étendre l'influence de votre programme de formation, il vous faudra mandater vos enseignants pour rester en contact avec leurs étudiants, et leur en accorder le temps nécessaire. Une bonne partie de cette tâche peut se faire par courriel, même s'il est bon de leur rendre visite lorsque c'est possible. J'ai récemment rencontré le directeur d'une institution de formation missionnaire en Afrique du Sud. Il visite chacun des diplômés de l'établissement sur leur champ de mission tous les deux ans au minimum. Lorsqu'il est avec eux, il facilite des rencontres régionales d'anciens étudiants pour de courtes sessions de formation continue.

Il peut également être bon de trouver des moyens de les accueillir chez vous. Nous devrions encourager nos diplômés en leur proposant notre spécialité : de la formation éducative. Apprendre quels sont leurs défis récurrents vous permettra de concevoir des séminaires ou des modules pour répondre à ces besoins. Vous pourriez inviter vos anciens étudiants une fois par an à revenir « à la maison » pour des remises à niveau ou pour une mise à jour sur des évolutions dans le ministère. Vous devriez peut-être envisager la création de formations avancées (que ce soit un programme entier à distance ou des modules individuels) au niveau du master ou du doctorat[1], afin de les équiper davantage face aux enjeux précis auxquels ils sont confrontés.

Tous les enseignants ont l'habitude de dire à leurs étudiants pendant le cours : « Ceci, vous ne le comprenez pas encore, mais le jour viendra où ce sera très important pour vous. » Lorsque ce jour arrive enfin, il serait bon d'être encore disponible pour eux. Vos étudiants rencontreront également de nombreuses situations pour lesquelles ils n'ont reçu aucune formation spécifique. Ce sont vers ceux qui ont déjà été leurs enseignants qu'ils se tourneront alors. Notre première offre de formation hors nos murs est d'être à leur service.

---

1. N.D.E. : Cependant, notons que selon les pays, en doctorat l'étudiant ne suit plus de cours du tout, les séminaires sont seulement des occasions de faire le point sur l'avancée des recherches.

Se décentraliser en servant d'autres institutions de formation

Chaque faculté de théologie peut devenir une institution d'implantation d'écoles théologiques. La plupart de nos étudiants enseigneront sans doute dans des institutions théologiques existantes ou initieront des formations dans leur Église ou leur région. Chacune de ces propositions de formation sera fonctionnellement une extension de notre offre. Ce que nos étudiants auront « reçu en présence de nombreux témoins », ils devront maintenant « l'enseigner à ceux qui sont eux aussi capables de l'enseigner à d'autres » (2 Tm 2.2). Nos étudiants auront tendance à reproduire ce qu'ils auront appris de nous y compris les méthodes que nous aurons employées pour leur formation.

Durant les très difficiles années 1980 en Ethiopie, l'Evangelical Theological College d'Addis Abeba a fonctionné essentiellement de manière souterraine. Environ dix ans plus tard, l'école a pu s'installer dans de nouveaux locaux sous l'égide de l'Église Evangélique Internationale d'Addis. À l'inauguration des nouveaux bâtiments pour l'Église et la faculté, un atelier fut proposé pour les différents instituts bibliques en Ethiopie. La faculté découvrit alors qu'elle était devenue mère de près de 30 autres institutions de formation biblique ! Une fois leur diplôme obtenu, les étudiants partaient œuvrer dans des régions dépourvues d'offre de formation : nombreux sont ceux qui lancèrent de nouveaux programmes de formation.

Ceci a deux implications importantes. La première est la question du programme d'enseignement et de formation. Si la grande majorité de nos diplômés deviennent des enseignants, ou dirigent des institutions de formation, nous devons les préparer à ces rôles. Une fois que nous aurons compris ce que nos diplômés devront savoir et savoir faire, nous devrons inclure une formation pédagogique pratique et traiter des questions d'administration d'une institution de formation dans le programme d'enseignement et de formation. La seconde implication concerne la formation hors les murs de l'école. Nous devons reconnaître que nous sommes exceptionnellement bien placés pour influencer un nombre impressionnant formations de responsables, y compris de nombreuses formations « de base ». Saisir cette occasion est un aspect important de l'extension de notre propre formation.

Si des passerelles n'ont pas été construites entre différents niveaux de formation, la responsabilité peut nous en incomber, surtout si les pasteurs à qui nous avons donné des diplômes déconsidèrent les programmes de formation de niveau moyen ou à distance. Dans leur esprit, la seule « vraie » formation qu'ils connaissent est celle qu'eux-mêmes ont reçue. C'est ainsi que les responsables de ces programmes « de base » le perçoivent. J'ai animé un atelier dans un pays africain et j'en ai retiré la nette impression que le fait d'être affecté à l'enseignement dans le cadre des programmes aux niveaux les plus élémentaires est ressenti comme une forme de punition ecclésiastique. Les participants étaient convaincus que seuls ceux qui enseignaient dans les institutions de niveau avancé étaient honorés.

Ce n'est pas la meilleure manière de penser. Équiper tout le peuple de Dieu pour les œuvres de service nécessite en effet une variété d'options de formation de qualité proposées à des niveaux différents. Nous pouvons étendre notre offre de formation et notre influence auprès d'autres établissements en présentant une bonne conception concernant la manière d'équiper et d'enseigner à nos étudiants actuels, et ensuite en les impliquant dans des expériences de formation réelles. En exposant nos étudiants à des situations diversifiées d'enseignement, ils acquerront une vision pour la formation ainsi que les compétences dont ils auront besoin pour répondre aux besoins en formation de ceux qu'ils serviront après la fin de leurs études. Nous devrions leur donner les moyens d'élaborer et de mettre en œuvre un programme d'enseignement et de formation pour les Églises locales, et d'acquérir une expérience dans la formation des enseignants et la gestion d'un programme de formation. Il pourrait être bon également d'exiger que vos professeurs enseignent occasionnellement à d'autres niveaux et dans d'autres contextes de formation, de crainte qu'ils n'oublient ce qui est nécessaire pour équiper tout le peuple de Dieu.

Votre but ne devrait pas être de bâtir un empire éducatif, où vous gérez, dans les faits, un ensemble d'établissements de formation décentralisée de niveau moyen. Nous désirons encourager la formation de qualité et non contrôler les différentes manières dont la formation se fait. Nous pouvons assister les autres en fournissant des enseignants à court terme, en proposant des séminaires de formation d'enseignants, d'élaboration de programmes d'étude ou de gestion des formations. Mais nous devons rester partenaires et non pas en devenir les propriétaires.

N'oublions pas que nombre de nos étudiants peuvent être issus de ces institutions de formation de base. Nous investissons dans la qualité de nos futurs étudiants en travaillant à améliorer la qualité des écoles d'où ils proviennent.

Notre influence devrait également s'étendre aux programmes de formation théologique décentralisée (FTD)[2]. L'on trouve le meilleur de la formation des adultes dans les bons programmes de FTD, dans lesquels des personnes

---

2. N.D.T. : Connu sous le nom de *Theological Education by Extension* (TEE) en anglais.

impliquées dans le ministère rencontrent régulièrement un facilitateur formé pour discuter de l'assimilation et de la mise en pratique de ce qu'ils ont appris en étudiant les manuels qui accompagnent les cours. Ce peut être une très bonne manière d'apprendre. Cependant, il existe relativement peu de matériel d'étude de qualité, et celui-ci a généralement été préparé par des spécialistes en ingénierie de la formation. La plupart des bons groupes d'étude sont animés par des experts formés à l'étranger. Au bout de quelques années, la majorité des enseignants en FTD dispensent des cours magistraux au lieu d'animer des discussions. Les ressources livresques disponibles peuvent également manquer pour aider les étudiants à enrichir leur compréhension de ce qu'ils apprennent. Personne ne termine un cursus de FTD en sachant rédiger du matériel d'étude de FTD, et le programme d'enseignement et de formation de FTD n'est en général intégré à aucune autre sorte de formation.

Toutefois, la formation théologique décentralisée est un concept éducatif dans lequel il vaut la peine d'investir. Vos étudiants (et enseignants) doivent apprendre à enseigner en posant des questions afin d'aider les étudiants à appliquer le contenu qu'ils étudient seuls. Vous souhaiterez peut-être structurer vos cours en interne avec des méthodes de formation d'adultes tirées de la FTD. Cela permettra à vos étudiants d'apprécier cette manière excellente d'apprendre, en sorte qu'ils puissent former d'autres personnes comme eux-mêmes ont été formés. Nous pouvons aussi aider nos étudiants à mieux comprendre la philosophie de l'éducation et les techniques requises pour la rédaction de matériel de formation culturellement approprié. Un de nos ateliers sur la formation décentralisée pourrait accueillir les personnes désireuses de rédiger ce genre de manuel. Un autre séminaire organisé par la formation décentralisé pourrait concerner l'acquisition de compétences en animation de discussions pour permettre à la FTD de bien fonctionner. Nous pouvons aussi aider un certain nombre de programmes de formation de niveau moyen, y compris en FTD, en participant à la création de centres d'études régionaux regroupant plusieurs Églises, avec des bibliothèques sommaires comprenant (si possible) des livres sur CD-Rom et un accès Internet.

Si, comme nous l'espérons, votre institution devient la mère de nombreux programmes de formation de qualité de différents niveaux, vous voudrez, occasionnellement, rassembler tout le monde « à la maison ». Si vous avez eu recours à de bons modèles de formation, et continuez à avoir un impact régional sur la manière dont se fait la formation théologique, vos diplômés et tous ceux qui ont bénéficié de votre aide souhaiteront participer à vos consultations et ateliers au cours desquels vous réfléchirez à des questions importantes, concrètes, liées à la formation.

Se décentraliser en se mettant au service des Églises et des populations locales

Le ministère des écoles de formation théologique devrait être un prolongement de celui de l'Église locale. Cependant, nous ne répondrons pas à l'étendue des besoins si nous ne faisons que proposer les cours de notre programme d'enseignement et de formation dans des locaux de l'Église locale. Un enseignement de qualité tient toujours compte du contexte. Comme chaque fois que nous concevons un programme d'enseignement et de formation, mieux nous comprendrons le public que nous cherchons à servir par notre formation décentralisée, mieux nous arriverons à cibler notre offre pour qu'elle soit réellement utile à nos étudiants. Qui sont-ils ? Que savent-ils et savent-ils faire ? Et que leur faudrait-il savoir ou savoir faire ?

Il n'est pas sage de décider seul ce dont les étudiants ont besoin, sans se référer aux Églises locales et aux responsables chrétiens afin de mieux déterminer les besoins et les défis sur le terrain. Outre la compétence professionnelle des enseignants, ces derniers ont besoin de bien connaître les besoins et les réalités des Églises et Œuvres servies pour pouvoir dialoguer intelligemment avec eux concernant les ressources, l'expertise et les prestations que nous pourrions leur proposer.

Au chapitre 6, nous avons mentionné trois établissements au Liban qui avaient réécrit leur programme d'enseignement et de formation à partir du profil des étudiants entrants et du profil désiré des diplômés sortants. Puisque la formation de disciples proposée en première année du programme était utile à tout chrétien, les cours furent dispensés non seulement sur le campus, mais aussi dans des Églises locales. Ils étaient conçus pour pouvoir être proposés quasiment n'importe où dans le monde arabe, en ayant recours à du matériel par correspondance ou à des animateurs de petits groupes. Les professeurs invités des séminaires modulaires ou des cours du soir se déroulant dans les Églises locales pouvaient être utilisés tout comme les cours semestriels proposés dans chacun des trois établissements. Certains cours de deuxième année en développement de responsables laïcs étaient également proposés dans les Églises, avec des responsables d'assemblées locales pour en être les facilitateurs. Seules les deux dernières années du programme de Licence en théologie, conçus pour la préparation des pasteurs et dirigeants de dénominations, étaient dispensées non dans le cadre de la formation décentralisée, mais uniquement sur les campus des trois établissements, qui employaient leurs propres enseignants ou des chargés de cours qualifiés pour enseigner ces matières à ce niveau-là.

La formation peut être décentralisée de nombreuses manières, en direction des Églises et vers la société locale. L'on peut simplement permettre aux pasteurs locaux d'utiliser la bibliothèque, ou faire appel aux enseignants de l'institution pour proposer des séminaires ou des ateliers répondant à des besoins ressentis précis. Des conférences ou consultations peuvent se tenir sur le campus de l'école auxquelles les Églises locales et responsables chrétiens sont invités. La SETECA, Faculté de théologie de Guatemala City au Guatemala, en est un exemple. Hormis les parcours diplômants proposés sous diverses formes, chaque lundi, jusqu'à 600 pasteurs viennent sur le campus de l'établissement pour des cours pratiques dispensés par le corps professoral ou par des invités sur des sujets pertinents pour l'Église locale. Un samedi par mois, les moniteurs d'École du dimanche de plusieurs unions d'Églises se rencontrent pour des cours de méthodologie d'interprétation biblique et de pédagogie en vue de l'enseignement apporté aux enfants et aux adultes. Les autres samedis sont consacrés aux responsables des ministères de jeunesse, féminins, et de louange et musique. Chaque année, la SETECA organise des conférences et des semaines spéciales, auxquelles les personnes de la communauté environnante sont toujours invitées.

Il ne s'agit pas uniquement de répondre à des besoins exprimés. Cet engagement vaut également pour les relations publiques de l'établissement. Envisager de manière créative comment proposer votre offre de formation hors les murs renforcera vos relations avec ceux qui vous voient comme « leur » établissement. En entendant vos professeurs et étudiants prêcher et enseigner, leur confiance en vous grandira. Vous conserverez votre crédibilité et leur soutien continu s'ils écoutent attentivement votre théologie, voient votre passion et observent votre vie. Vous pourrez mieux cerner le monde de vos étudiants et les besoins des Églises en exerçant vous-mêmes votre ministère dans ce monde-là.

Décentraliser son enseignement formel résidentiel

Décentraliser l'enseignement formel résidentiel, c'est ce que la plupart des institutions entendent par « formation décentralisée ». Il est néanmoins important de connaître les autres manières dont un établissement de formation de responsables peut décentraliser son offre en allant à la rencontre de ses diplômés, des autres institutions de formation, des Églises et de la population. Dans le cas de la formation formelle décentralisée, des facultés de théologies et institutions théologiques peuvent proposer différentes formules pour obtenir leur licence, au-delà de ce qui se fait traditionnellement sur leur campus. Nous en verrons sept modèles différents.

1. Des centres d'étude décentralisés

Certaines institutions proposent leurs cours décentralisés dans des Églises locales. La Trinity Evangelical Divinity School de Chicago offre des cours donnant droit à des crédits qui se déroulent dans des Églises des états limitrophes. D'autres établissements ont fondé des campus entièrement nouveaux, comme la Faculté de théologie Gordon-Conwell du Massachusetts qui a des centres à Charlotte en Caroline du Nord ainsi qu'à Orlando, en Floride. La Faculté de théologie évangélique d'Osijek en Croatie, qui pendant plusieurs années était le seul établissement de formation résidentiel d'Europe de l'Est, présente ses cours dans plusieurs Églises clés des pays de la région. Certaines institutions proposent leurs cours sur les campus d'autres établissements de formation. Ainsi, la Faculté de théologie de Dallas offre une version hispanophone de son Doctorat en Ministère à travers la SETECA, au Guatemala. Certaines formations décentralisées ont été créées pour répondre à des besoins particuliers. Pendant plusieurs années, la Nairobi Evangelical Graduate School of Theology (NEGST) au Kenya a coordonné une extension à distance de son cursus diplômant pour les réfugiés rwandais à Goma au Congo (RDC). L'Institut biblique de Colombie à Medellin propose des cours aux détenus d'une prison hautement sécurisée. Toutes ces offres correspondent à une formation à distance diplômante, comportant des cours donnant lieu à des crédits, gérés administrativement depuis l'école-mère.

2. Études à temps partiel donnant droit à des crédits

La plupart des institutions de formation théologique permettent aux étudiants inscrits d'étudier à temps partiel, pour obtenir leurs diplômes à un rythme moins soutenu. Les étudiants à temps partiel apprennent parfois aux côtés de ceux qui sont à plein temps, dans le cadre du programme d'enseignement et de formation principal. Comme alternative, des instituts bibliques ou facultés de théologie regroupent tous les cours de la semaine sur une journée complète, par exemple le lundi ou le samedi. Certains programmes à temps complet proposent des cours le soir, en les ouvrant au public. Ou encore, au Brésil, où la majorité de la formation avancée a lieu en soirée, certaines facultés proposent occasionnellement des cours en journée. Tous ces cours décentralisés peuvent se dérouler soit sur le campus soit en dehors.

3. Les cours modulaires intensifs

Les cours modulaires intensifs sont souvent conçus pour ceux qui sont déjà dans un ministère à plein temps, et peuvent également permettre de tirer parti de la présence de professeurs de qualité qui sont de passage. Un seul thème sera traité, souvent durant les vacances ou les jours fériés. L'essentiel des lectures pour le cours devraient avoir été effectuées avant d'assister au module afin que, comme dans le cas des bonnes formations FTD, le temps de présence ne serve pas seulement à des cours magistraux, mais aussi à interagir avec un spécialiste qui aidera à assimiler et appliquer ce qui est en cours d'acquisition. Ces modules peuvent être proposés quasiment partout, y compris sur le campus.

4. Les formations diplômantes décentralisées

Le réseau TAFTEE, basé à Bangalore, en Inde, compte environ 7 000 étudiants inscrits dans ses centres partout en Inde. Le TAFTEE propose des diplômes reconnus, du certificat au doctorat. Le réseau a fait un excellent travail pour créer et tester une quarantaine de manuels de théologie dans les principales langues de l'Inde. Les étudiants travaillent seuls, puis se rencontrent en groupe avec l'un des 900 mentors du réseau. De même, le programme en langue arabe d'enseignement théologique décentralisée (PTEE) basé à Amman, en Jordanie, a recours à des tuteurs formés qui se servent de supports testés pour proposer une formation de niveau licence non seulement dans tout le Moyen-Orient et l'Afrique du Nord, mais aussi partout où l'on trouve des groupes de chrétiens arabophones désirant étudier.

5. Les centres de recherche

Certaines formations de niveau master ou doctorat se déroulent en combinant une formation modulaire avec de la recherche individuelle. Il existe un campus avec un corps enseignant et une bibliothèque. Les étudiants sont tenus d'y séjourner une ou deux semaines par an, afin de travailler avec leur directeur de mémoire ou de thèse et de participer ponctuellement à des séminaires. Certains étudiants choisissent de passer un temps significatif sur le campus pour leurs études personnelles, bien que, les diplômes étant essentiellement consacrés à la recherche, la plupart des étudiants travaillent ailleurs, et restent en contact avec leurs directeurs de recherche par email.

Comme exemples de ce genre de centres d'étude, l'on peut citer le centre Akrofi-Christallar au Ghana, le Centre for Mission Studies d'Oxford au Royaume-Uni, la Evangelical Theology Faculty de Belgique et l'Université Chancellor au Malawi.

6. Les études autonomes ou par correspondance

Les institutions théologiques souhaitant rendre la totalité de leurs cursus diplômants disponibles par correspondance sont peu nombreuses. C'est pourtant ce que fait l'université d'Afrique du Sud (UNISA) à Pretoria, dont les 200 000 étudiants sont guidés dans leurs études par des tuteurs à distance en ayant recours à des supports imprimés ou disponibles en ligne. Comme les cours par correspondance tendent à mettre l'accent sur le contenu, cette méthodologie peut être déployée à bon escient pour les cours dont l'objectif est l'acquisition de vérités générales ou fondamentales. Les cours par correspondance ont traditionnellement eu recours aux manuels imprimés, complétés par des cassettes vidéo ou audio. Selon Doug Valentine de l'université de l'Oklahoma, s'exprimant dans un journal en ligne, « la Chine se sert d'un système de mise à disposition via la radio et la télévision pour desservir 15 millions d'étudiants, dont les deux-tiers sont inscrits dans un programme diplômant[3] ». De plus en plus, les cours par correspondance sont disponibles via Internet, ou par des CDs interactifs.

Étudier par correspondance peut être un bon moyen pour certains étudiants de réduire leur temps de présence sur le campus. Chaque programme d'enseignement et de formation comporte des enseignements fondamentaux ne nécessitant pas d'adaptation poussée aux enjeux culturels ou aux besoins individuels particuliers d'étudiants précis. Ceux-ci peuvent être élaborés sous la forme de cours à étudier de manière autonome. Toutefois, ils ne seront pas efficaces s'ils se réduisent à des « têtes parlantes » tirées de vidéos des cours magistraux. En revanche, les ordinateurs sont d'une patience illimitée et peuvent proposer des exercices d'entraînement de manière répétée pour s'assurer que les étudiants maîtrisent bien le contenu. Les cours, comprenant exercices, examens et lectures obligatoires peuvent être mis sur CD pour être utilisés par quiconque dispose d'un ordinateur. Les étudiants peuvent également télécharger ces cours

---

3. Doug VALENTINE, « Distance Learning: Promises, Problems and Possibilities », *Journal of Distance Learning Administration* 5, no. 3, automne 2002, p. 2.

partout où ils trouveront une connexion internet à haut-débit. Si le support technique est disponible sur place, les enseignants sont aisément accessibles par Internet.

Un groupe d'étudiants pourrait couvrir ensemble le contenu à étudier en autonomie avec l'aide d'un facilitateur formé, comme c'est le cas dans les programmes de FTD. Un centre de formation accueillant des groupes d'étudiants pourrait se créer et se réunir dans des salles informatiques. Des séminaires de recherche peuvent aussi avoir lieu sous la houlette d'un professeur maîtrisant l'informatique qui fera la synthèse et rassemblera les contributions d'étudiants travaillant en divers lieux.

Puisque de nombreux cours de qualité ont déjà été élaborés par d'autres, il n'est pas nécessaire que chaque institution ait ses propres spécialistes pour produire tous les supports ou cours en ligne pour l'étude autonome. Mutualiser les cours et les enseignants de plusieurs écoles peut être un moyen efficace de proposer des cours à distance donnant droit à des crédits. Cependant, l'administration ou l'enseignement de cours à distance en ligne sont des compétences spécifiques nécessitant une formation particulière. Vous trouverez une liste d'ouvrages de référence et d'exemples de formations offertes en ligne en fin de chapitre.

Malheureusement, les nouvelles technologies n'ont pas franchi la porte de nombre de salles de cours. De nombreux enseignants ignorent comment tirer parti des ordinateurs, de la vidéo, de PowerPoint ou d'autres outils électroniques pour améliorer leurs cours professés de longue date. Beaucoup ne savent pas concevoir des exercices pour aider les étudiants à faire le tri dans la quantité immense d'informations disponibles sur Internet, afin de retenir ce qui est bon et exclure ce qui est mauvais. Aidons notre équipe pédagogique à savoir incorporer les outils des technologies de l'information et de la communication pour l'enseignement (TICE) à tous les niveaux de la formation, y compris dans notre enseignement à distance.

7. Les séminaires en ligne

Certains partisans de l'apprentissage en ligne affirment qu'il n'est nul besoin de disposer de facultés de théologie et d'instituts bibliques coûteux à travers le monde. Selon eux, seul un programme d'enseignement et de formation de responsables produit à l'échelle mondiale, d'usage facile, se servant des technologies interactives et du multimédia et faisant appel aux meilleurs enseignants du monde est nécessaire. De telles offres de formation existent déjà. Nous avons noté que les outils électroniques peuvent améliorer la qualité de l'enseignement, à la fois dans les salles de classe classiques et dans les programmes de formation à distance. Cependant, l'idée d'une faculté de théologie virtuelle, proposant un ensemble complet de formations théologiques en ligne, se base sur quatre suppositions discutables :

1. *Que les offres mondiales fonctionnant avec des technologies et enseignants de qualité internationale sont meilleures que ce qui peut être proposé localement.* Les solutions standardisées, ou à « taille unique » ne constituent pas le meilleur moyen de formation. Cette affirmation n'est pas une critique des outils électroniques, mais une conviction au sujet de la nature des programmes d'étude. En effet, l'excellence éducative a pour point de départ des personnes réelles que l'on prépare à des ministères réels. Au fur et à mesure que les enseignants apprennent à connaître leurs étudiants, ils peuvent adapter les outils pédagogiques disponibles pour favoriser la croissance de leurs étudiants.

2. *Que les qualités morales ou les compétences pour le ministère peuvent se développer en ayant recours uniquement à la technologie.* Les questions générales abordées dans un cours en ligne peuvent encourager la réflexion individuelle au sujet des disciplines spirituelles personnelles, des habitudes et des questions d'éthique. Cependant, la mise en pratique au quotidien de ces idées, convictions et compétences requiert des tuteurs et une communauté dans laquelle les étudiants rendent des comptes. De plus, la prédication biblique n'a pas la même forme à Singapour, Lusaka ou Buenos Aires. Pour transformer une vie, il faut plus que des récits et des questions. De même, la maîtrise des compétences nécessaires au ministère de prédication requiert davantage que des clips vidéo de grands prédicateurs. Les étudiants ont besoin d'expériences pratiques supervisées sur le terrain.

3. *Que les étudiants (et les enseignants) sont préparés à l'utilisation de l'informatique et désireux de l'utiliser.* Enseigner ainsi qu'apprendre via Internet nécessite certaines compétences. Même si la qualité des ressources électroniques s'améliore, l'élaboration de cours pour Internet demande bien plus que la mise en ligne de polycopiés et de devoirs à faire. Comme l'ont découvert ceux qui ont essayé d'enseigner via le Web, enseignants et étudiants ont normalement besoin d'un

véritable accompagnement initial et d'un support informatique continu pour que ce genre de formation fonctionne bien.
4. *Que le matériel existe et que les coûts de fonctionnement sont abordables.* Une salle informatique coûte certes moins cher que tout un campus neuf, mais les facultés de théologies virtuelles ne sont en aucun cas bon marché. La grande majorité des cours sur CD sont payants. Les ordinateurs aussi coûtent cher et s'usent rapidement lorsqu'ils sont exposés à la chaleur, la poussière et l'humidité. Ils nécessitent aussi un support technique continu. Les lignes électriques et téléphoniques peuvent connaître des défaillances. Le haut-débit peut s'avérer beaucoup trop cher pour de nombreux apprenants autonomes, ou être tout simplement indisponible.

Beaucoup d'encre a coulé au sujet des « meilleures pratiques » (*best practices*) dans l'enseignement virtuel. De nombreuses difficultés mentionnées ci-dessus sont en voie de résolution. Rich Starcher, consultant en éducation de l'Église évangélique libre, note que la plupart des institutions qui proposent des formations en ligne de qualité le font dans le cadre d'un programme éducatif complet (email personnel, 5 septembre 2006). C'est une bonne nouvelle ! Les salles informatiques ne remplaceront pas les salles de classe, tout comme la technologie ne pourra remplacer les enseignants. De même, un enseignement de qualité requiert une variété de méthodes didactiques, dont le recours à l'informatique. Étudier en ligne permettra d'améliorer nos initiatives de formation de plusieurs manières, surtout si ces dernières sont intégrées dans l'ensemble des mesures que nous mettons déjà en œuvre pour bien équiper des personnes en vue du ministère.

La formation décentralisée peut échouer...

1. **Lorsqu'elle n'est pas adaptée au contexte local.** De nombreux programmes de formation décentralisée ont été élaborés (et financés) par des Occidentaux qui n'ont pas nécessairement pris en compte les besoins locaux. Certaines initiatives de formation ont périclité car les cours proposés étaient simplement traduits à partir de ressources produites dans d'autres contextes ou langues sans être bien testés sur le terrain.

2. **Lorsqu'il en existe déjà trop.** Ceux qui créent les nouveaux programmes semblent souvent ignorer l'existence d'autres formations. Ou bien ils se croient tellement exceptionnels et supérieurs qu'ils décident de ne pas coopérer avec des

structures ou programmes existants. Leurs efforts se concentrent sur la création d'un marché où ils offriraient la meilleure alternative. Cela ne réussit pas toujours.

3. **Lorsque les parties prenantes de l'école ne s'approprient pas ce type de formation.** Si les Églises locales ou organisations chrétiennes ne s'approprient pas un programme de formation dès le départ, celui-ci ne réussit généralement pas bien.

4. **Lorsque les coûts n'ont pas été anticipés.** Créer et gérer un programme de formation viable, y compris en ligne, prend du temps, de l'énergie et de l'argent. Un programme qui fonctionne bien prend probablement autant de temps pour former les tuteurs du cours et un réseau d'animateurs que pour élaborer un cursus de type résidentiel.

5. **Lorsqu'il y a un manque de ressources pédagogiques, particulièrement dans la langue locale.** La plupart des centres de formation décentralisée ne disposent pas même des bibliothèques minimales requises pour ces études. Ce problème est encore plus critique dans le cas des cours par correspondance ou pour l'auto-formation. Les étudiants doivent, au minimum, se constituer une bibliothèque personnelle de travail et apprendre à utiliser des livres (et pas juste des notes de cours et polycopiés) pour leur propre croissance continue. Acquérir une bibliothèque de travail est particulièrement important dans une culture où les bibliothèques et les librairies locales manquent.

Conclusion

L'expérience a montré que les méthodes éducatives peuvent être adaptées à pratiquement tout contexte. Il nous faut de la créativité pour élaborer des formes et options multiples dans le but de décentraliser notre formation et d'influencer nos diplômés, leurs Églises et la société en général. En répondant à ces besoins, nous proposerons des cursus aboutissant, ou non, à des diplômes. Les institutions de formation théologiques sont exceptionnellement bien placées pour servir comme centres-ressources, particulièrement pour encourager et équiper d'autres programmes de formation voisins. Une formation décentralisée excellente sera relationnelle, pragmatique et donnée dans son contexte. Cependant, certaines tentatives de formation décentralisées échoueront. Il est acceptable de faire des essais non concluants, mais apprenons de nos expériences afin que nos tentatives de formation hors les murs servent à beaucoup d'autres.

Question de discussion concernant votre offre de formation décentralisée

1. Que faites-vous pour décentraliser votre offre et vos ressources de formation afin de servir à la formation continue après le diplôme ?
2. Faites la liste des cours pertinents que vous pourriez offrir en formation décentralisée pour compléter et renforcer ce que les autres institutions théologiques proposent déjà.
3. Comment pourriez-vous encourager les programmes tels que la formation théologique décentralisée (FTD) ou les formations initiatives dans les Églises ? Les personnes responsables de ces programmes seraient-elles ouvertes à l'idée de collaborer avec vous pour rédiger ou revoir leur programme ou matériel d'étude ? Quelles sont les facultés auxquelles vous pourriez proposer de former leurs enseignants ou équipe dirigeante ?
4. Comment pourriez-vous décentraliser votre offre et vos ressources de formation afin de répondre aux besoins concrets des Églises qui vous entourent et de leurs dirigeants ?
5. Quels moyens formels de décentraliser vos formations diplômantes avez-vous déjà essayés ? Avec quel succès ? Que pourriez-vous essayer (ou réessayer) et combien cela vous coûterait-il en temps, en personnel et financièrement ?
6. Dans quelle mesure avez-vous intégré de manière opérante les outils d'apprentissage électroniques dans votre façon d'enseigner ? Comment pourriez-vous équiper votre personnel pour qu'il puisse mieux tirer parti des nombreux outils disponibles ?

Pour aller plus loin : lectures suggérées

Ouvrages et articles en français

AUDET, Lucie, « Pour franchir la distance, guide de formation et de soutien aux enseignants et formateurs en formation à distance », Réseau d'enseignement francophone à distance du Canada (REFAD), http://archives.refad.ca/nouveau/guide_formateurs_FAD/pdf/GuideFADv20130129.pdf [consutlé le 06/06/2017].

BEN BARKA, Mokhtar, « Religion et nouvelles technologies de la communication de masse : l'exemple de "l'Église électronique" », *Fac-Réflexion* 53, no. 4, 2000.

CARRÉ, Philippe, sous dir., *Traité des sciences et des techniques de la formation*, Paris, Dunod, 2011.

COLLECTIF, « Formation, vocations, ministères », Actes du colloque de l'Institut de théologie évangélique, Vaux-sur-Seine, 25-26 mars 2011, *Théologie évangélique* 11, no. 1, 2012.

DEPOVER, Christian, et Louise Marchand, *E-learning et formation des adultes en contexte professionnel*, Bruxelles, De Boeck Supérieur, 2002.

KARSENTI, Thierry, « MOOC, Révolution ou simple effet de mode ? », *Revue Internationale des technologies en pédagogie universitaires*, no. 10 (2), http://ritpu.ca/IMG/pdf/RITPU_v10_n02_06.pdf [consulté le 6 juin 2017].

KARSENTI, Thierry, et François LAROSE, *L'intégration pédagogique des TIC dans le travail enseignant, recherches et pratiques*, Sainte-Foy, PUQ, 2005.

Le MOOC CERTICEscol (pour Certification des compétences TICE) vise à former puis à certifier les enseignants, dans les pays francophones en développement, aux usages des technologies de l'information et de la communication en education (AUF, Université de Cergy). http://mooc-certice.auf.org/certicescol/objectif/

LIENHARD, Fritz, « La Théologie en stages », *Études Théologiques et Religieuses* 4, 1999.

LINARD, Monique, *Des machines et des hommes, apprendre avec les nouvelles technologies*, Paris, l'Harmattan, 1996,

MAGLI, Rossella, et Yves WINKIN, *Pratiquer les TICE. Former les enseignants et les formateurs à de nouveaux usages*, Bruxelles, De Boeck Supérieur, 2002.

MIÉVILLE, Vincent, « Stages », dans Christophe Paya, sous dir., *Dictionnaire de Théologie pratique*, Charols, Excelsis, 2011.

PAYA, Christophe, sous dir., *Dictionnaire de Théologie pratique*, Charols, Excelsis, 2011.

Référentiel UNESCO TIC : http://www.unesco.org/new/fr/unesco/themes/icts/teacher-education/unesco-ict-competency-framework-for-teachers/ [consulté le 6 juin 2017].

SMITH, Glenn, *Suivre Jésus. Dieu nous invite à une formation de disciples qui transforme*, Monrovia, World Vision International, 2001.

SORIA, Sophie, *Un coach nommé Jésus*, Paris, Éditions Dunod-InterEditions, 2005.

Ouvrages en anglais

BATES, A. W., et Gary POOLE, *Effective Teaching with Technology in Higher Education*, San Francisco, Jossey-Bass, 2003.

CYRS, Thomas E., « Competence in Teaching at a Distance », *New Direction in Teaching and Learning* 71, 1997, p. 15-18.

DERLIN, Roberta L., et Edward ERAZO, « Distance Learning and the Digital Library: Transforming the Library into an Information Center », *New Directions for Adult and Continuing Education* 71, 1997.

DREYFUS, Hubert L., « How Far is Distance Learning from Education? » dans Hubert L. Dreyfus, sous dir., *On the Internet*, New York, Routledge, 2001.

GOODSON, Carolyn, *Providing Library Services for Distance Education Students*, New York, Neal-Schuman, 2001.

HERRMAN, Allan, Robert FAX et Anna BOYD, « Unintended Effects in Using Learning Technologies », *New Directions for Adult and Continuing Education* 88, 2000, p. 39-48.

MERRIAM, Sharan B., et Rosemary S. CAFFARELLA, *Learning in Adulthood: A Comprehensive Guide*, 2nd ed., San Francisco, Jossey-Bass, 1999.

MOOD, Terry Ann, *Distance Education: An Annotated Bibliography*, Englewood, CO, Libraries Unlimited, 1995.

OLGREN, Christine H., « Learning Strategies for Learning Technologies », *New Directions for Teaching and Learning* 88, 2000, p. 7-16.

PALLOFF, Rena M., et Keith PRATT, *Lessons from the Cyberspace Classroom: The Realities of Online Teaching*, San Francisco, Jossey-Bass, 2001.

SNOOK, Stewart G., *Developing Leaders through Theological Education by Extension: Case Studies from Africa*, Wheaton, Billy Graham Center, 1992.

« Theological Education by Extension and Technology: A Report on an international consultation held at Vancouver School of Theology », 2-6 juin 1997, *Ministerial Formation*, April 1998, p. 17-26.

VALENTINE, Doug, « Distance Learning: Promises, Problems and Possibilities », en ligne *Journal of Distance Learning Administration* 5, no. 3, 2002.

Western Cooperative for Educational Telecommunications, « Best Practice for Electronically Offered Degree and Certificate Programs », un document developpé par huit associations d'accréditation régionales aux États-Unis. Ce document est disponible sur https://wcet.info/services/publications/accreditation/accrediting_bestPractices.pdf#search=%22wiche%20best%20practices%20.

12

L'excellence en matière d'évaluation et de renouvellement

À chaque étape majeure de sa vie, une institution de formation d'excellence verra son organisation transformée et renouvelée. L'évaluation fait partie intégrante de chaque aspect de son fonctionnement. Appartenir à un réseau plus vaste et se laisser enseigner par d'autres représente une composante importante du renouvellement.

La valeur générale d'un bon enseignement n'est pas facile à quantifier. Il n'est pas facile non plus de démontrer quels éléments d'un programme de formation ont effectivement contribué au succès de nos diplômés. De plus, comment pourrions-nous nous attribuer à nous-mêmes le mérite de ce que l'Esprit de Dieu a accompli au milieu de nous ? D'un autre côté, comment savoir que nous n'avons pas perdu notre temps et notre argent dans nos activités éducatives, sachant que l'impact principal de notre formation provient des éléments intangibles de notre environnement de formation et des relations humaines de notre communauté d'apprentissage ?

Il est souvent plus simple d'identifier nos échecs que nos réussites, mais, même dans le cas d'un échec il n'est pas toujours évident d'en identifier la cause. Un nombre inquiétant d'élèves poursuivent leur scolarité dans les écoles publiques nord-américaines sans même acquérir les compétences et les connaissances de base, et, dans certains cas, ils obtiennent leurs diplômes à la fin de leurs études tout en restant pratiquement analphabètes. Les tests standardisés peuvent révéler qu'*il y a* un problème, mais il est plus compliqué d'élaborer des solutions. En effet, les raisons d'un échec peuvent être multiples : un cursus mal conçu, des étudiants mal orientés, trop peu d'enseignants, des enseignants mal formés en pédagogie, des installations insuffisantes, etc.

Comment prétendre avoir réussi si notre programme bien pensé, même avec un bon corps enseignant, n'a pas formé les bonnes personnes ou si nos diplômés ont échoué dans leur ministère parce qu'ils n'ont pas été formés aux bonnes compétences ? Nous ne voulons pas devenir des centres de loisirs pour adultes qui fournissent gîte et couvert, soins médicaux et diplômes, à des personnes qui n'avaient, de toute façon, rien de mieux à faire.

Comment, en outre, affirmer notre excellence si notre programme implicite l'a emporté sur tout ce que nous avions produit de façon intentionnelle ? Un programme d'enseignement et de formation pourra être contextualisé à merveille, recevoir les bonnes accréditations et admettre des étudiants dont les brillantes qualités sont manifestes dans chaque test standardisé, sans que nous ayons atteint le bon objectif car nous avons produit une élite arrogante plutôt que des dirigeants chrétiens selon le cœur de Dieu, au service de la communauté. Nous n'aurons pas réussi non plus si l'un des résultats de nos efforts a été de contribuer à la multiplication inutile des offres de formation : si nombre de nos diplômés démarrent leurs propres nouvelles écoles, plutôt que de contribuer à la qualité des centres de formation existants dans la région.

Dans ce chapitre nous voulons examiner les questions du renouvellement et de l'évaluation. Comment discerner le véritable impact d'une institution de formation afin de le rendre plus performant ? Comment renouveler le corps enseignant et l'équipe administrative ? Et comment pouvons-nous devenir une communauté disposée à apprendre et à se renouveler ?

Notre activité en vaut-elle le temps et l'argent ?

Une grande part de notre travail institutionnel n'est pas parfait. Les étudiants ne vont pas se rappeler la plus grande partie de ce qui a été dit en cours et ne vont pas tous réussir dans leur ministère. La vie des enseignants n'est pas toujours une illustration cohérente de ce qu'ils enseignent. Il peut également y avoir des malentendus au sein de la communauté éducative. Le contenu de chacune des matières pourrait être plus à jour. Et enfin, les cours pourraient être mieux organisés, et enseignés avec une meilleure pédagogie.

L'évaluation et le renouvellement ont été des thèmes récurrents tout au long de cet ouvrage. Nous précisons de nouveau que l'excellence ne signifie pas la perfection. Mais si nous voulons faire une évaluation de notre degré d'excellence, il nous faut passer nos objectifs en revue. Si nous n'avons pas visé d'objectif spécifique, il n'y a aucun moyen de dire ce qui a ou n'a pas été accompli.

L'évaluation est une composante essentielle de tout plan stratégique. Nos valeurs et notre finalité étaient-elles visibles dans ce que nous avons accompli ? Avons-nous utilisé les ressources dont nous disposions pour répondre de manière adéquate aux besoins perceptibles autour de nous ? D'après notre évaluation, comment Dieu nous a-t-il utilisés afin d'équiper nos étudiants pour les ministères auxquels il les avait appelés ? Pour comprendre dans quelle mesure nous avons réalisé nos intentions, nous pouvons examiner nos façons de faire, nos processus, notre personnel et nos résultats à la lumière des résultats escomptés.

En réalité, il se peut que vous soyez trop fatigué pour voir l'œuvre accomplie par Dieu à travers vous. Le renouvellement collectif et individuel doit faire partie du processus d'évaluation. J'ai écouté une doyenne présenter un atelier sur la difficulté à initier des changements dans son établissement. Pendant qu'elle parlait, j'ai ressenti son découragement. Il y a toujours une longue liste de domaines qui ont besoin d'être améliorés. Toutefois, il est important lors d'une évaluation de ne pas se laisser accabler par toutes les choses dont il faut s'occuper ou par toutes les montagnes qui restent encore à gravir. L'établissement de cette doyenne est un des meilleurs que je connaisse. Plutôt que de se sentir découragée par ce qu'il reste encore à faire, il faudrait qu'elle se rappelle combien Dieu a béni et utilisé son établissement.

Peut-être que cela ressemble à un exercice permettant d'« [exprimer] votre reconnaissance en toute circonstance » (1 Th 5.18). Mais même face à toutes les choses qu'il reste encore à améliorer, il nous faut nous souvenir que Dieu agit, et que son plan pour notre vie ne va pas échouer. Nous représentons seulement l'un des éléments de ce que Dieu, par notre intermédiaire, accomplit dans la vie de nos étudiants. Nous sommes injustes envers Dieu si nous insistons trop sur ce que « nous » n'avons pas réussi à faire. Le point de départ de l'évaluation doit être de chercher la main de Dieu à l'œuvre parmi nous.

Cela ne remet pas en cause la nécessité de considérer attentivement le bilan de nos activités à la lumière de notre mission et de nos objectifs. Nous ne pouvons pas nous permettre le luxe de nous reposer sur nos lauriers en ne faisant que perpétuer le passé. Il faut du courage et des efforts pour apprendre du passé afin de continuer à pouvoir être utilisés par Dieu dans la vie de nos étudiants.

Les cycles de vie des organisations

Les écoles, tout comme les personnes et les organisations, ont leurs cycles de vie. Souvent elles naissent grâce à l'enthousiasme et aux efforts infatigables d'un fondateur visionnaire. Dans ses premières années, une institution de formation fonctionne avec des ressources très limitées, mais chacun est heureux de mettre la main à la pâte pour aider à l'enseignement et aux tâches administratives. Lorsque l'institution avance vers la maturité, elle se stabilise et devient respectée. Le programme académique s'efforcera de devenir officiellement accrédité, avec un cursus bien pensé et enseigné par des formateurs qualifiés. En tant qu'établissement reconnu, l'école se dote de vrais départements administratifs dirigés de façon compétente. Il accueille une communauté étudiante de qualité, le conseil d'administration est très compétent et les finances sont suffisantes pour pourvoir à ses besoins de façon durable.

Dans une certaine mesure, l'évaluation ne sera pas la même pour un tout nouvel établissement que pour une institution qui existe déjà depuis quelque temps. Pour les établissements récents, le besoin prioritaire est normalement celui d'une consolidation qui permettra d'ordonner et d'organiser les nombreuses initiatives qui ont été entreprises. Une institution plus ancienne a davantage besoin de s'assurer qu'elle ne laisse pas endormir dans ses propres traditions. Néanmoins, il y a une question difficile qui doit être posée au sujet de tous les programmes de formation : la « mort » institutionnelle devrait-elle aussi faire partie du cycle de vie d'une école de théologie ?

Certes, de nombreuses institutions de formation cessent d'exister ; en général pour de tristes raisons. Peut-être n'y a-t-il jamais eu suffisamment d'étudiants ou de financement, ou bien l'institution a décliné doucement jusqu'à ne plus être viable. Peut-être a-t-elle été détruite par un conflit majeur ou un scandale. Les institutions de formation peuvent mourir. Mais était-ce inévitable ? Est-ce une composante normale du cycle de vie des institutions théologiques ?

Une des questions les plus importantes d'une évaluation est de déterminer s'il vous reste une vocation à remplir ou bien si vous avez accompli ce que Dieu vous a demandé. Il ne faut pas perpétuer quelque chose dont on n'a plus besoin. Il ne faut pas non plus continuer une œuvre qui n'est qu'à peine viable. Ne vaudrait-il pas mieux de se joindre à un autre ministère de formation qui partage la même vision ? J'ai entendu dire qu'en Afrique l'institut biblique moyen n'a que dix étudiants. Si c'est vrai, pourquoi s'étonner que de nombreuses institutions connaissent des difficultés ? En remettant sur le métier l'identité et le devenir de votre institution, souvenez-vous qu'il existe au moins deux autres possibilités stratégiques : fusionner avec d'autres écoles, ou bien trouver le moyen d'arrêter dignement. Pourquoi continuer si nous ne sommes pas convaincus que notre œuvre en vaut la peine ?

Le renouvellement de votre formation

Ce livre a été écrit pour vous aider à évaluer votre cheminement vers l'excellence. Les grandes lignes du processus d'évaluation ont été présentées au chapitre 3 lorsque nous avons considéré la planification stratégique. Il y a donc quatre grandes questions à se poser concernant notre action :

1. Qu'est-ce qui doit être confirmé et renforcé ?
2. Qu'est-ce qui est insuffisant et devrait être rectifié ?
3. Qu'est-ce qui est insuffisant et devrait être complètement abandonné ?
4. Qu'est-ce qui manque et devrait être mis en œuvre ?

L'évaluation ne consiste pas seulement en une activité administrative à répéter tous les cinq ou dix ans en vue d'une ré-accréditation. Elle devrait comporter un processus continu de développement de qualité, où nous prenons conscience de l'œuvre de Dieu parmi nous et où nous discernons comment mieux rechercher l'excellence pour former des responsables qui œuvrent pour la gloire de Dieu.

Une bonne façon de commencer une évaluation est de faire une fête. Sans occulter les problèmes dont nous sommes tous conscients, recherchons des exemples spécifiques de la façon dont Dieu nous a utilisés et bénis jusqu'ici. Recueillons des commentaires à ce sujet auprès de sources variées. Tellement occupés par le quotidien du processus éducatif, nous n'avons peut-être pas vu beaucoup de progrès. Or l'impact réel se voit dans les résultats dans les vies et les ministères des étudiants qui deviendront visibles seulement bien des années après l'obtention de leurs diplômes. Trouvons le moyen d'écouter, individuellement et collectivement, les réflexions de nos anciens étudiants sur la valeur de la formation que vous leur avez donnée. Écoutez également les perceptions à cet égard des Églises et œuvres qui les ont accueillis.

C'est alors que nous pourrons nous réjouir et célébrer la bonté de Dieu. Mettons en valeur tout ce qui est bien dans notre action et considérons, de façon créative, comment il sera possible de consolider ces bienfaits. Si en revanche vous ne trouvez rien à célébrer, il est temps de fermer boutique. Cela dit, il est presque inconcevable que vous ne puissiez pas découvrir une longue liste de choses merveilleuses qui se sont passées dans la vie de l'école.

Comme nous l'avons vu au chapitre 3 (« L'excellence dans la plannification stratégique »), chaque composante d'une institution de formation peut et doit être évaluée. Un bon moyen de le faire systématiquement sera l'auto-évaluation qui fait partie du processus d'accréditation ou de ré-accréditation. Celle-ci propose une série de questions basées sur des normes de fonctionnement internationalement reconnues comme des indicateurs de qualité dans la formation de responsables pour le ministère dans l'Église. Répondre aux questions une par une et fournir des éléments concrets permettant d'évaluer le niveau de performance à l'égard de ces normes constitue une bonne façon de viser l'excellence institutionnelle et aussi de revoir et confirmer la qualité déjà présente. Beaucoup d'établissements rapportent que les réponses en détail fournies aux questions de l'auto-évaluation ont été parmi les moyens les plus efficaces pour comprendre leurs points forts et leurs points faibles.

Il y a un autre avantage à travailler avec une agence d'accréditation : quelqu'un lira attentivement votre rapport d'auto-évaluation et vous donnera ses commentaires. Lorsque l'établissement et l'agence auront tous deux le sentiment que l'école est prête pour une visite d'accréditation, une équipe viendra vérifier si la perception de l'école correspond à celle de l'agence. Ce genre d'évaluation externe est une confirmation utile de votre évaluation interne, et inclut également un rapport écrit d'éloges et de recommandations d'amélioration.

Par ailleurs, la plupart des gouvernements veulent eux aussi vérifier que les programmes de formation dans leur pays répondent de façon satisfaisante aux normes éducatives minimales qu'ils exigent. Là encore, lorsque vous préparerez et fournirez l'importante documentation dont ces autorités ont besoin, vous ferez une auto-évaluation ; de plus, la visite et le rapport de leur équipe d'évaluation vous seront eux aussi bénéfiques.

Cependant, comme nous l'avons noté au chapitre 4 (« L'excellence dans la gouvernance »), l'évaluation et la confirmation les plus significatives de notre entreprise de formation viendront de ceux qui reçoivent le bénéfice de notre formation, en particulier de nos diplômés ainsi que des Églises et organisations chrétiennes où ils exercent leur ministère. Plus loin dans ce chapitre nous verrons plus en détail comment devenir une communauté d'apprentissage, afin d'obtenir le genre de données qui nous aideront constamment à savoir ce qui est bon et devrait continuer, ce qui est insuffisant et a besoin d'être renforcé, ce qui n'est plus nécessaire et qu'il faut abandonner, et ce qu'il faudrait ajouter pour que nos programmes de formation soient encore meilleurs.

Le renouvellement de votre personnel : Pourquoi ?

La Loi du Réveil est une des lois données dans *Seven Laws of the Learner* [les sept lois de l'apprenant][1]. Dans cet ouvrage, B. Wilkinson déclare : « Rendez-vous compte que le réveil est quelque chose dont la plupart des chrétiens ont besoin la plupart du temps[2]. » Il y a beaucoup de raisons pour lesquelles les dirigeants, les enseignants et tous les membres de notre personnel peuvent se décourager ou tout simplement s'épuiser :

- **Le don de soi.** Chacun doit porter sa croix et renoncer à nombre de ses désirs personnels afin de suivre le Seigneur. Il y a bien des occupations moins stressantes que d'endosser les responsabilités et les fardeaux d'un responsable ou d'un enseignant. La voie du disciple est coûteuse.
- **La solitude.** Elie se plaint au Seigneur : « C'est assez ! » (1 R 19.4). Il poursuit : « J'ai déployé tout mon zèle pour l'Eternel, le Dieu de l'univers. En effet, les Israélites ont abandonné ton alliance, ils ont démoli tes autels et ont tué tes prophètes par l'épée. Je suis resté, moi seul, et ils cherchent à m'enlever la vie » (1 R 19.10). Même si c'était inexact qu'il soit « le seul », c'est pourtant bien ce qu'il ressentait. Dieu l'avait utilisé pour faire des choses prodigieuses, et pourtant, Elie se trouvait profondément découragé et fuyait la reine Jézabel pour sauver sa vie. Beaucoup de ceux qui sont impliqués dans la formation ont eux aussi été grandement utilisés par Dieu. Mais nous pouvons nous sentir si seuls ou si fatigués que nous nous décourageons et avons envie d'abandonner l'œuvre.
- **Les critiques, le rejet et les ennemis.** Au départ, Moïse fut accueilli avec enthousiasme par le peuple que Dieu l'avait envoyé libérer, mais très vite ce peuple se retourna contre lui quand Pharaon lui rendit la vie difficile. Les miracles, si nombreux qu'ils aient été, ne convainquirent pas Pharaon de changer. Le peuple ne se souvint pas non plus des actes puissants de Dieu des jours qui ont précédé. Ils se firent un veau d'or et se plaignirent au sujet de la nourriture et de l'eau. Certains des responsables exprimèrent des doutes quant à savoir si Moïse était réellement le seul à être suffisamment saint pour parler à Dieu. Son propre frère et sa propre sœur contestèrent sa position de dirigeant. Tous les responsables d'enseignement vivent dans un environnement où chacun de leurs actes (et ceux de leur famille) peut

---

1. Bruce WILKINSON, *Seven Laws of the Learner*, Atlanta, Walk-Thru-The Bible, 1990.
2. *Ibid.*, p. 381.

être soumis à la critique. Il peut y avoir abondance de jalousies, sans guère de place pour la grâce. Les gens ont tendance à vite oublier les bons moments, et la moindre erreur de jugement peut servir d'alibi pour contraindre quelqu'un à partir.

- **La lassitude.** Moïse s'est plaint au Seigneur : « Pourquoi fais-tu du mal à ton serviteur et pourquoi n'ai-je pas trouvé grâce à tes yeux, au point que tu m'imposes la charge de tout ce peuple ? [...] Je ne peux pas, à moi tout seul, porter tout ce peuple, car il est trop lourd pour moi. Plutôt que de me traiter ainsi, tue-moi donc, si j'ai trouvé grâce à tes yeux » (Nb 11.11, 14-15). Ce ne fut pas une partie de plaisir de conduire les Israélites à travers le désert. Il y avait trop de choses à faire et il était difficile de travailler avec ce peuple. C'était tout simplement « une charge trop pesante ». Cela est également vrai pour nombre d'institutions de formation. Il y a toujours trop à faire. Il y a souvent des personnes avec lesquelles il est difficile de travailler. Il peut y avoir peu de résultats visibles. Les responsables peuvent arriver au bout de leur énergie émotionnelle et physique.

- **La pression et la confusion.** La plupart des gens, tout comme Moïse, sont confrontés à des situations où ils ne sont pas sûrs de la meilleure décision à prendre. Moïse a même suggéré au Seigneur qu'il vaudrait mieux pour lui (Moïse) de mourir. Nous pouvons nous sentir tout aussi découragés lorsque nous essayons d'accomplir quelque chose qui nous semble impossible. Non seulement nous disposons de peu de ressources financières ou humaines pour résoudre les problèmes auxquels nous sommes confrontés, mais il est possible aussi que nous œuvrions au milieu de fortes personnalités, avec d'importants conflits portant sur les valeurs, idées ou programmes.

- **Manque de stimulation.** Peter Drucker affirme que « souvent, on parle de syndrome d'épuisement (burnout) pour ne pas dire qu'on s'ennuie[3] ». Quelquefois, l'exercice des responsabilités ou d'un ministère n'est guère plus que de la maintenance institutionnelle. Nous avons le sentiment que rien n'a jamais changé et ne changera jamais. Personne ne veut essayer de nouveautés, et aucune idée nouvelle n'est même proposée. La routine devient de l'ennui.

---

3. Peter DRUCKER, *Managing the Non-Profit Organization*, New York, Harper Business, 1990, p. 197.

- **La pression des tentations et de l'échec**. Il se développe souvent de gros égos chez ceux qui sont en position de responsabilité. Les responsabilités des dirigeants peuvent nourrir l'ambition personnelle et encourager le désir de se faire servir plutôt que de servir les autres. Il peut arriver que responsables et enseignants en viennent à trop aimer les avantages et le statut liés à leur poste. Ceux qui sont lucides savent que leurs motivations sont complexes. Et pourtant, nous nous accordons bien peu de place pour la grâce. Bien que l'Écriture nous rappelle que « tous ont péché et sont privés de la gloire de Dieu » (Rm 3.23), le moindre manquement dans le ministère est souvent considéré comme fatal à tout ministère ultérieur. Alors même que de nombreux dirigeants dans la Bible ont connu des échecs majeurs, les gens d'aujourd'hui ne veulent pas qu'il y ait de défauts chez leurs propres dirigeants. Cela n'aide ni la transparence ni la possibilité de renouvellement et de restauration. Il existe souvent une pression pour apparaître meilleur que nous ne le sommes en réalité. Plutôt que de croître vers une saine maturité, nos collègues peuvent décider de partir définitivement.

Le renouvellement de votre personnel : Comment ?

- **C'est par notre vision que nous sommes renouvelés**. Le renouvellement commence par une réaffirmation collective de notre vision et de nos objectifs communs. Les enseignants et l'équipe administrative devraient se sentir encouragés en voyant l'importance de leur ministère pour le bien du royaume, en raison de leur action commune pour équiper les étudiants. Il est bon de leur rappeler régulièrement où nous allons et comment chacun, pour sa part, aide l'institution à former les étudiants aux ministères que Dieu a en réserve pour eux. Nos collègues sont encouragés et renouvelés lorsqu'ils voient et ressentent leur importance à l'intérieur du processus de formation.
- **Nous sommes renouvelés lorsque nous travaillons ensemble en équipe**. Découvrir et célébrer les capacités et l'expérience des personnes que Dieu a rassemblées devrait nous renouveler. Il vaut la peine d'écouter les histoires de ceux que Dieu a équipés de façon unique pour être nos collègues. Le fait que nous formions maintenant une équipe ensemble est une histoire complexe tissée par Dieu. Alors que j'étais en déplacement aux Philippines, j'ai

rencontré dans un établissement de formation une enseignante nouvellement arrivée. Elle était d'origine chinoise et avait d'immenses rêves pour l'école et pour toute la région, fondés sur ses expériences et sa formation. En l'écoutant parler d'une partie de ce qui était important pour elle, j'ai pensé : « Quelle personne formidable à avoir comme membre d'une équipe d'enseignants. » C'est aussi ce que j'ai ressenti à propos de l'équipe de l'Overseas Council quand j'y suis arrivé comme collaborateur. Les gens étaient compétents, pleins d'initiatives et de créativité pour améliorer encore plus une organisation déjà bonne. Un jour, j'ai été touché de voir une de nos jeunes équipières essuyer les larmes de ses yeux en regardant une vidéo sur ce que Dieu faisait dans le monde entier. Il ne se passait pas une semaine sans qu'une de ces personnes bien-aimées ne lance une grande idée susceptible d'avoir un impact sur l'ensemble du monde évangélique. Cela a été une joie pour moi de travailler avec ces personnes. Elles m'ont renouvelé et, je l'espère, m'ont rendu plus efficace dans ce que je faisais.

- **Nous sommes renouvelés par le renouvellement de nos compétences.** Comment devenir de meilleurs enseignants ou administrateurs ? Comment utiliser nos dons différents pour mieux servir les autres ? Comme nous en avons parlé au chapitre 7 (« L'excellence du corps enseignant »), le renouvellement de nos compétences nécessite un investissement dans notre formation permanente aussi bien formelle qu'informelle. Nous serons également mis au défi de changer, suite aux évaluations qui doivent être faites pour chaque matière enseignée. Nous pouvons être renouvelés en participant à des conférences, des ateliers ou des retraites pour enseignants et administratifs, centrés sur des domaines spécifiques de l'enseignement ou de l'administration. Notre descriptif de poste doit requérir que nous fassions des lectures et de la recherche dans des domaines nouveaux. Il est bon d'encourager des temps d'interaction créative dans un cadre informel. L'ensemble de notre programme de formation sera renouvelé lorsque nous apprendrons tous à mieux effectuer ce que nous avons été appelés à mettre en œuvre.
- **Nous sommes renouvelés par le repos.** Les personnes seront renouvelées chaque jour, à condition qu'elles ne soient pas constamment poussées jusqu'à l'épuisement. On ne doit demander à personne de faire plus que ce qu'on peut raisonnablement attendre de

lui ou d'elle. Il n'est pas sain de passer de crise en crise vingt-quatre heures sur vingt-quatre. Alors qu'Elie fuyait Jézabel pour sauver sa vie, son renouvellement a commencé par une longue période de sommeil, accompagnée d'une bonne alimentation. Puis il s'est éloigné pendant quarante jours pour rencontrer Dieu. Nous avons tous besoin de pauses régulières. Le principe derrière le repos sabbatique s'applique *aussi* à ceux qui sont dans le ministère. Votre équipe enseignante devrait être exhortée à prendre régulièrement des vacances et à prendre une journée de congé chaque semaine. Pour un enseignant, prévoir une période « sabbatique » peut même permettre de sauver une carrière.

- **Nous sommes renouvelés lorsque l'on prend soin de nous matériellement.** Chacun fera mieux son travail si sa famille est à l'abri du besoin. Cela demande un logement et un salaire correct. Mais nos collègues feront aussi mieux leur travail s'ils vivent dans des communautés où les gens se soucient les uns des autres et prient les uns pour les autres, tant en privé qu'en public.

Devenir une communauté d'apprentissage

La meilleure condition pour qu'un renouvellement ait lieu est la présence d'une culture pédagogique qui évolue avec les réalités. C'est une culture où, à tous les niveaux, chacun cherche à encourager ce qui est bien et à corriger ce qui peine à fonctionner. Il est plus sain et plus satisfaisant de travailler dans un environnement de ce type que de se trouver constamment dans une atmosphère de critiques et de crainte de l'échec. En tant que communauté, nous devons tous rechercher comment valoriser l'œuvre accomplie par Dieu, et non critiquer chaque personne et chaque chose qui n'est pas tout à fait à la hauteur.

Tout cela devient une réalité lorsque nous devenons une communauté d'apprentissage. Nous devons apprendre à écouter un large réseau qui nous donne régulièrement des retours sur la qualité de notre établissement. Il peut s'agir de retours formalisés, comme les conclusions écrites de l'équipe venue vérifier votre auto-évaluation en vue du maintien de l'accréditation, ou bien une compilation des évaluations écrites des étudiants à la fin de chaque module d'études. Nous pouvons inviter un consultant extérieur pour nous aider officiellement à évaluer notre programme et nos projets pour l'avenir. Chacun recevra aussi un retour officiel lors de l'évaluation annuelle de son travail basée sur son descriptif de poste.

Cependant, la condition fondamentale pour devenir une communauté apprenante suppose également de trouver des moyens informels pour s'écouter mutuellement, écouter les anciens étudiants, les dirigeants d'Églises clés à qui nous appartenons, nos conseillers et notre conseil d'administration, les Églises et les organisations chrétiennes, ainsi que la communauté et le monde dans lequel nous œuvrons. Il nous faut trouver des moyens multiples qui nous permettront de mieux mesurer notre impact (ou manque d'impact) en tant qu'établissement de formation.

Ces retours ne seront pas seulement des critiques, bien qu'entendre parler des échecs et recevoir des suggestions d'amélioration soient des composantes importantes de ce que nous avons besoin d'entendre. Mais veillons aussi à célébrer ensemble ce que Dieu a fait à travers nos efforts. Nous devrons inviter autant de personnes que possible à prier avec nous pour ce qui pourrait être envisagé à l'avenir. Ce genre de retour ne se fait pas tout seul. Afin de discerner ce que nous faisons bien, et de comprendre ce qui a besoin d'être changé, abandonné ou ajouté, nous aurons peut-être à réunir des groupes de pasteurs clés, d'anciens étudiants ou d'étudiants actuels. Il serait normal que chacun de nos enseignants et dirigeants administratifs demande des commentaires francs et honnêtes au cours de ses déplacements. Il faudra aussi prévoir régulièrement un temps dans l'ordre du jour des réunions du personnel administratif, du corps enseignant et des étudiants, pour réfléchir sur notre action et faire le point. Faire des commentaires sur notre établissement est également une des principales fonctions de nos conseillers et de notre conseil d'administration.

Il y a des choses spécifiques que différents groupes ont à nous apprendre.

Ce que nos diplômés ont à nous apprendre

Nous devons rendre visite à nos anciens élèves sur leur lieu de vie et de ministère, et les encourager à revenir sur le campus de temps à autre. Mieux que quiconque, ils connaissent notre programme de formation de l'intérieur et ont une expérience directe de son impact pratique. Nous avons besoin d'entendre leurs préoccupations et suggestions. Plus précisément, nous pourrions leur poser les questions suivantes :

- De toutes les matières qu'ils ont étudiées, quelles ont été celles qui leur ont été le plus utiles pour leur vie et leur ministère et pourquoi ?
- Quelles sont celles qui ont eu le moins d'importance pour eux et pourquoi ?

- Que souhaiteraient-ils avoir appris ou étudié, mais ne l'ont pas fait ? Comment pourrions-nous mieux faire pour aider nos étudiants à apprendre ces choses ?

Ce que les dirigeants d'Églises ou d'organisations chrétiennes pourvoyeurs d'étudiants ont à nous apprendre

Comme ces personnes nous considèrent comme « leur » école, il nous faut entendre leurs compliments, leurs plaintes et leurs suggestions au sujet de qui nous sommes et ce que nous faisons. Ils ont deux éléments en particulier à nous apprendre :

- Dans quelle mesure estiment-ils que nos diplômés sont bien préparés et équipés pour les besoins réels du ministère ? Savent-ils bien prêcher, faire le travail administratif, traiter les problèmes de combat spirituel, organiser des actions d'évangélisation, faire des visites pastorales et donner des conseils, enseigner des cours bibliques, amener les nouveaux convertis à être des disciples, ou apporter une vision à l'Église ?
- Quelle sorte de personnes étaient-ils après leurs études ? Des personnes ayant un esprit de service ? Des personnes sachant travailler en équipe ? Des personnes prétentieuses ? Compatissantes ? Disposées à travailler dur dans un ministère en coulisses ? Des érudits plutôt que des pasteurs ? Des mentors pour de nouveaux responsables potentiels ?

Ce que les étudiants ont à nous apprendre sur leurs enseignants

Les étudiants nous apprennent des choses en premier lieu dans le cadre de l'évaluation qui devrait se faire à la fin de chaque module. Il ne faut pas que les enseignants voient ce que différents étudiants ont écrit sur eux à titre individuel. Cependant, il faudrait en donner un résumé à l'enseignant concerné, idéalement dans le cadre d'un entretien avec le directeur des études sur la façon dont le cours pourrait être amélioré. Une copie de ce résumé devrait également être conservée par le service du personnel dans le dossier de l'enseignant. Les commentaires des étudiants sont utiles dans les domaines suivants :

- La personnalité et les attitudes de l'enseignant : était-il humble, respectueux des étudiants, conscient de leurs besoins et disponible

pour y répondre, équilibré émotionnellement, enthousiaste, dévoué et ouvert aux critiques ?
- Préparation et compétence pédagogique de l'enseignant : comprenait-il sa matière en profondeur, préparait-il bien son cours, était-il ponctuel, notait-il de façon juste et rendait-il les copies dans un délai raisonnable ?
- La pédagogie de l'enseignant : présentait-il clairement les idées, soulignait-il les choses importantes, utilisait-il le temps imparti à bon escient, avait-t-il recours à une diversité de techniques pédagogiques, encourageait-il la participation ? Favorisait-il une dynamique de groupe saine et stimulait-il l'apprentissage ?

Ce que les étudiants ont à nous apprendre sur les modules d'enseignement

Trois questions ouvertes sont utiles à poser pour n'importe quelle matière :
- Quelle partie du cours les a le plus aidés ?
- Quelle partie du cours a été la moins importante pour eux ?
- Quelles suggestions auraient-ils à faire pour améliorer le module ?

Il se peut que les étudiants aiment un module qui n'était pas obligatoire dans le cursus, mais qui était brillamment enseigné. D'un autre côté, un module requis enseigné de façon médiocre pourra recevoir une note faible de la part des étudiants. Dans l'évaluation, il devrait y avoir des questions nous permettant de discerner l'importance perçue que les étudiants accordent à la matière elle-même et non simplement à la façon dont elle a été enseignée. Trois aspects de base sont à prendre en considération :
- Le module a-t-il atteint son objectif ? Cet objectif semble-t-il bien s'insérer dans l'ensemble des autres matières enseignées ?
- Correspondait-il aux réalités de l'Église ou de la société et apportait-il aux étudiants une bonne initiation aux connaissances, compétences, et qualités morales nécessaires pour le service dans l'Église ou ailleurs ?
- Le module était-il bien conçu ? (Organisation du contenu, trop ou pas assez de contenu à couvrir en un trimestre, des lectures et des devoirs appropriés.)

Ce que les enseignants ont à nous apprendre sur les étudiants

Chaque année, il est bon que les enseignants prennent le temps, ensemble, de parler des étudiants et de prier pour eux. Y a-t-il des personnes à problèmes, ou bien des questions les concernant dont il faut s'occuper ? Se réjouit-on à leur sujet ? Que faut-il faire pour fortifier le corps étudiant ? Il ne faudrait pas que cela devienne une occasion de partager les commérages de l'établissement. Mais quelqu'un peut avoir remarqué quelque chose qui est plus qu'une singularité personnelle. Je me souviens d'une réunion de professeurs où un enseignant a soulevé la question d'un étudiant qui venait régulièrement en cours pieds nus. Personne n'imaginait probable que cet étudiant passe son diplôme pour devenir un pasteur aux pieds nus, mais y avait-il là une attitude dont il fallait s'occuper afin que cet étudiant ne se crée pas des problèmes pour lui-même dans son ministère ?

Ce que les enseignants ont à nous apprendre sur eux-mêmes

On peut donner un formulaire d'auto-évaluation aux professeurs pour leur permettre de réfléchir sur eux-mêmes et leurs collègues. Ce qu'ils écrivent est confidentiel, quoiqu'on puisse en discuter avec le directeur des études, ou que cela devienne un élément de discussion dans une réunion de professeurs. On pourra y trouver des questions telles que :

- Quel rapport y a-t-il entre mes matières et le reste du cursus ?
- Que dois-je savoir de plus afin de mieux enseigner mes cours ?
- Comment puis-je devenir plus créatif dans mes méthodes pédagogiques ?
- Quel type de relations ai-je avec mes collègues, les étudiants et l'administration ?
- Qu'est-ce qui renforcerait l'équipe enseignante dont je fais partie ?

Ce que chacun peut nous apprendre sur l'ensemble de l'institution

Il nous faut des rencontres non officielles pendant l'année, non seulement pour nous réjouir, mais aussi pour écouter les problèmes avant qu'ils ne deviennent des crises. Y a-t-il des difficultés avec les installations, y compris en termes de sécurité, d'espace, d'éclairage ou d'acoustique ? Y a-t-il des problèmes avec certains aspects particuliers du règlement ? Y a-t-il des tensions non résolues ?

Conclusion

Puissiez-vous être renouvelés en évaluant votre travail, en célébrant l'œuvre de Dieu parmi vous et en rêvant, dans la prière, de ce que vous pourriez devenir individuellement et collectivement. Réfléchissez de façon réaliste à ce qui doit être conservé, corrigé, abandonné ou ajouté. Votre plan stratégique ne peut pas consister simplement en une liste de souhaits reflétant l'enthousiasme créatif de certains de vos collègues. Il doit être un projet soigneusement préparé dans la prière, comportant suffisamment de moyens financiers pour les locaux et les programmes, ainsi qu'un corps enseignant et une équipe administrative qui formeront des étudiants pour les ministères que Dieu prépare à leur intention. J'espère que vos administrés et ceux à qui vous appartenez se réjouiront de vous lorsqu'ils profiteront du fruit de votre travail. Que de nombreuses personnes voient votre travail d'excellence et louent Dieu à votre sujet.

Questions de discussion au sujet de votre évaluation et de votre renouvellement

1. Qu'est-ce qui vaut la peine d'être valorisé dans votre programme ? Que répondez-vous à ceux qui doutent que votre école en vaille l'effort, le temps et la dépense ?
2. Où en est votre institution dans son cycle de vie ? Lorsque vous évaluez votre institution, quel est votre plus grand besoin ?
3. Dans quelle mesure êtes-vous trop las pour faire une auto-évaluation utile ? Dans quelle mesure votre personnel administratif et votre équipe enseignante le sont-ils ? Pourquoi (vous ou eux) êtes-vous si épuisés ? Qu'est-ce qui pourrait être fait pour renouveler votre équipe ?
4. Êtes-vous une communauté apprenante ? De quelle manière pouvez-vous améliorer la façon dont vous recevez et utilisez les commentaires ? De qui auriez-vous besoin d'apprendre davantage ?

Pour aller plus loin : lectures suggérées
Ouvrages en français

BARBIER, Jean-Marie, et Richard WITTORSKI, « La formation des adultes, lieu de recompositions ? », *Revue française de pédagogie*, n° 190, 2015/1, p. 5-14. http://www.cairn.info/revue-francaise-de-pedagogie-2015-1-page-5.htm [consulté le 6 juin 2017].

BARDIAU-HUYS, Lucie, « Quitter ou non le ministère pastoral ? Une analyse des motifs et du processus décisionnel », thèse de doctorat, dirigée par Christophe Paya, FLTE, Vaux-sur-Seine, Octobre 2012, https://tel.archives-ouvertes.fr/tel-00786109/document [consulté le 27 mai 2017].

BEASLEY-MURRAY, Paul, « Le pasteur en tant qu'homme de Dieu », « Le pasteur comme Conducteur », « Le pasteur en tant que Théologien », *Les Cahiers de l'École Pastorale* 13, 1992.

CESPEDES, Vincent, *L'ambition ou l'épopée de soi*, Flammarion, 2013.

COLLECTIF, « Formation, vocations, ministères », Actes du colloque de l'Institut de théologie évangélique, Vaux-sur-Seine, 25-26 mars 2011, *Théologie évangélique* 11, no. 1, 2012.

Divers auteurs, « Qui est à la barre ? – l'exercice de l'autorité dans les Églises issues de la Réforme », *Hokhma* 66, 1997.

GALL, Jean-Marc Le, *La gestion des ressources humaines*, coll. Que sais-je ? Paris, PUF, 2015.

GRANDJEAN, Claude, *L'échec : premier pas vers la réussite*, Lognes, Farel, 2010.

JORRO, Anne, « De l'évaluation à la reconnaissance professionnelle en formation », *Revue française de pédagogie*, n° 190, 2015/1, p. 41-50.

KUEN, Alfred, *Le responsable. Qualifications et fonctions*, Saint-Légier, Emmaüs, 1997.

LÉGERON, Patrick, *Le stress au travail, un enjeu de santé*, Paris, Odile Jacob, 2015.

LHERMENAULT, Étienne, « Un ministère "durable" », *Les Cahiers de l'École pastorale* 76, 2010.

LHERMENAULT, Étienne, « Veiller sur mon ministère », *Les Cahiers de l'Institut biblique de Nogent* 145, 2009.

LOVÉRINI, André, « Sur l'évaluation du ministère pastoral » *Fac-Réflexion* 46-47, no. 1-2, 1999.

MASLACH, Christina, et Michael P. LEITER, *Burn-out : des solutions pour se préserver et pour agir*, traduction de Véronique Gourdon, Paris, Les Arènes, 2016.

MAUBANT, Philippe, *Pédagogues et pédagogies en formation d'adultes*, Paris, PUF, 2004.

PAUL, Jean-Jacques, et René LA BORDERIE, *Économie de l'éducation*, coll. 128, Paris, Armand Collin, 2007.

PAYA, Christophe, sous dir., *Dictionnaire de Théologie pratique*, Charols, Excelsis, 2011.

PEZÉ, Marie, *Ils ne mouraient pas tous mais tous étaient frappés. Journal de la consultation souffrance au travail*, Paris, Pearson, 2010.

PFEIFER, Samuel, *Gérer le stress au travail*, Empreinte, 2008.

POUJOL, Jacques et Claire, *Les conflits. Origines, évolutions, dépassements.* Empreinte, 1989.

SCHWARTZ, Christian A., *Le développement de l'Église. Une approche originale et réaliste*, Paris, Empreinte Temps présent, 1996.

TIDBALL, Derek J., *La pastorale chrétienne*, Charols, Excelsis, 2003.

Ouvrages en anglais

DAFT, Richard L., *Organizational Theory and Design*, St. Paul, West Publishing, 1992.

GERIG, Donald, « Are We Overworked? », *Leadership*, 1986, p. 22-25.

MACPHAIL-WILCOX, Bettye, et Roy FORBES, *Administrator Evaluation Handbook: How to Design a System of Administrative Evaluation*, Bloomington, IN, Phi Delta Kappa, 1990.

RUDNITSKY, Posner, « Planning a Course Evaluation », chapitre 8 dans *Curriculum Design*, New York, Longman, s.d.

SIMON, Judith Sharken, *5 Life Stages of Nonprofit Organizations*, Saint Paul, MN, Wilder Foundation, 2001.

VELLA, Jane, *How Do They Know That They Know?* San Francsico, Jossey-Bass, 1998.

WILKINSON, Bruce H., *The 7 Laws of the Learner*, Oregon, Multnomah Press, 1992.

Glossaire[1]

Programme d'enseignement ou de formation : ensemble d'activités, de contenus de formation et/ou de méthodes mis en œuvre pour réaliser les objectifs pédagogiques définis (acquisition de savoirs, aptitudes et/ou compétences), et organisés dans un ordre logique et sur une période déterminée. *Note :* le terme programme désigne la mise en œuvre des activités d'apprentissage alors que le terme curriculum se réfère à la conception, l'organisation et la programmation de ces activités (source : Cedefop, 2008).

Curriculum : la programmation des activités d'enseignement ou de formation, incluant la définition des objectifs d'apprentissage, les contenus, les méthodes (y compris l'évaluation), les matériels et les dispositions relatives à la formation des enseignants et formateurs. *Note :* le terme curriculum désigne la conception, l'organisation et la programmation des activités d'apprentissage alors que le terme programme se réfère à la mise en œuvre de ces activités. (Source : Cedefop, 2008 ; landsheere, 1979).

Système des crédits : un instrument conçu afin de permettre l'accumulation des résultats/acquis d'apprentissage obtenus dans des contextes formel, non formels ou informels, et de faciliter leur transfert d'un contexte vers un autre en vue de leur validation. Un système de crédits peut être conçu en décrivant :
- un programme d'enseignement et de formation, et en attribuant des points (crédits) à ses composantes (modules, cours, stages, dissertations, etc.);
- une qualification en termes d'unités de résultats/d'acquis d'apprentissage et en attribuant des points à chacune de ces unités. (Source : Cedefop, 2008)

Enseignement et formation continus : Toute activité d'enseignement ou de formation entreprise après la sortie du système d'enseignement ou de formation initiaux, ou après l'entrée dans la vie active, et permettant aux individus :
- d'améliorer ou de mettre à jour leurs savoirs et/ou compétences ;

---

1. Les définitions de ce glossaire sont toutes tirées des définitions du site internet suivant : https://europass.cedefop.europa.eu/fr/education-and-training-glossary [consulté le 19 juin 2017].

- d'acquérir de nouvelles compétences, dans la perspective d'une promotion socioprofessionnelle ou d'un reclassement/d'une reconversion ;
- de poursuivre leur développement personnel ou professionnel.

Note : la formation et l'enseignement continus s'inscrivent dans le cadre de l'apprentissage tout au long de la vie, et englobent toutes les formes d'éducation (enseignement général, spécialisé ou professionnel, actions de formation formelles ou non formelles, etc.). La formation et l'enseignement continus constituent un facteur clé de l'employabilité des individus. (Source : Cedefop, 2004).

Apprentissage non formel : apprentissage intégré dans des activités planifiées qui ne sont pas explicitement désignées comme activités d'apprentissage (en termes d'objectifs, de temps ou de ressources). L'apprentissage non formel est intentionnel de la part de l'apprenant. *Notes :* les résultats/acquis de l'apprentissage non formel peuvent être validés et aboutir à la certification. (Source : Cedefop, 2008).

Apprentissage formel : par exemple dans un établissement d'enseignement ou de formation, ou sur le lieu de travail), et explicitement désigné comme apprentissage (en termes d'objectifs, de temps ou de ressources). L'apprentissage formel est intentionnel de la part de l'apprenant; il débouche généralement sur la certification. (Source : Cedefop, 2008).

Apprentissage informel : apprentissage découlant des activités de la vie quotidiennes liées au travail, à la famille ou aux loisirs. Il n'est ni organisé ni structuré (en termes d'objectifs, de temps ou de ressources). L'apprentissage informel possède la plupart du temps un caractère non intentionnel de la part de l'apprenant. *Notes:* les résultats/acquis de l'apprentissage informel peuvent être validés et certifiés; l'apprentissage informel est parfois appelé apprentissage expérientiel. (Source : Cedefop, 2008).

Bibliographie générale

Ouvrages et articles en français

« Faire l'excellence », Sociétés contemporaines n° 102, 2016/2. http://www.cairn.info/revue-societes-contemporaines-2016-2.htm

« Règlement pour la construction et l'ameublement des maisons d'école... arrêté par le conseil supérieur de l'instruction publique et promulgué par arrêté ministériel du 17 Juin 1880 ». Extrait de la *Revue Pédagogique*, Paris, Delagrave, 1881. http://gallica.bnf.fr/ark:/12148/bpt6k5818370c [consulté le 6 juin 2017].

ALHEIT, Peter, et Bettina DAUSIEN, « Processus de formation et apprentissage tout au long de la vie », *L'orientation scolaire et professionnelle*, 34/1, 2005, p. 57-83. http://osp.revues.org/563 ; DOI : 10.4000/osp.563 [consulté le 6 juin 2017].

AMAR, Patrick, et Pierre ANGEL, *Le coaching*, coll. Que sais-je ? Paris, PUF, 2015.

ARDOUIN, Thierry, « Formation. Dis moi qui tu es ? Education Formelle – Non formelle - Informelle », EPALE, Plateforme électronique pour l'éducation et la formation des adultes en Europe, Commission Européenne, 09/06/2016 https://ec.europa.eu/epale/fr/blog/formation-dis-moi-qui-tu-es-education-formelle-non-formelle-informelle [consulté le 6 juin 2017]

AUBERT, Nicole, *Management. Aspects humains et organisationnels*, Paris, PUF, 2010.

AUDET, Lucie, « Pour franchir la distance, guide de formation et de soutien aux enseignants et formateurs en formation à distance », Réseau d'enseignement francophone à distance du Canada (REFAD), http://archives.refad.ca/nouveau/guide_formateurs_FAD/pdf/GuideFADv20130129.pdf [consutlé le 06/06/2017].

BAECHER, Claude, *Grâce et économie, Plaidoyer biblique pour une attitude généreuse*, Audincourt, Mennonites, 2006.

BALLÉ, Catherine, *Sociologie des organisations*, coll. Que sais-je ? Paris, PUF, 2015.

BARBIER, Jean-Marie, et Richard WITTORSKI, « La formation des adultes, lieu de recompositions ? », *Revue française de pédagogie* n° 190, 2015/1, p. 5-14. http://www.cairn.info/revue-francaise-de-pedagogie-2015-1-page-5.htm [consulté le 6 juin 2017].

BARDIAU-HUYS, Lucie, « Quitter ou non le ministère pastoral ? Une analyse des motifs et du processus décisionnel », thèse de doctorat, dirigée par Christophe Paya, FLTE, Vaux-sur-Seine, Octobre 2012, https://tel.archives-ouvertes.fr/tel-00786109/document [consulté le 27 mai 2017].

BARVZEN Cyril J., *Néhémie, l'art de diriger*, Trois-Rivières, Impact, 2017.

BEASLEY-MURRAY, Paul, « Le pasteur en tant qu'homme de Dieu », « Le pasteur comme Conducteur », « Le pasteur en tant que Théologien », *Les Cahiers de l'École Pastorale* 13, 1992.

BÉDARD, Denis., et Jean-Pierre BÉCHARD, *Innover dans l'enseignement supérieur*, Paris, PUF, 2009.

BEN BARKA, Mokhtar, « Religion et nouvelles technologies de la communication de masse : l'exemple de "l'Église électronique" », *Fac-Réflexion* 53, no. 4, 2000.

BENOIT, Luc de, *Batissez votre bibliothèque : Bibliographie annotée dans une perspective évangélique*, Saint-Legier, Emmaüs, 2005.

BERNOUX, Philippe, *La sociologie des organisations*, Paris, éditions du Seuil, 1995, 6e édition 2009.

BLANCHARD, Ken, et Mark MILLER, *Comment développer son leadership. 6 préceptes pour les managers*, Paris, Les Éditions d'Organisation, 2006.

BLANCHARD, Kenneth, et Norman Vincent PEALE, *Éthique et Management : Réussir en restant intègre*, Paris, Les Éditions d'Organisation, 1988.

BLOCHER, Henri, « Enseignant, théologien », dans *Dictionnaire de théologie pratique*, sous dir. Christophe Paya, Charols, Excelsis, 2011, p. 308-315.

BLOCHER, Henri, « Treize thèses de théologie du travail », *Ichthus*, 3, 1981, p. 2-11.

BLOMBERG, Craig, *Ne me donne ni pauvreté ni richesse*, TB, Cléon d'Andran, Excelsis, 2001.

BOURDANNÉ, Daniel, *L'évangile de la prospérité. Une menace pour l'Église africaine*, Abidjan, Presses Bibliques Africaines, 1999.

BOURDANNÉ, Daniel, sous dir., *Leadership pour l'excellence*, Abidjan, Presses bibliques Africaines, 2002.

BRIA, Ion, *et al.*, sous dir., *Dictionnaire œcuménique de missiologie*, Paris/Genève/Yaoundé, Cerf/Labor & Fides/CLÉ, 2001.

BRINER, Bob, et Ray PRITCHARD, *Diriger selon Jésus*, Genève, La maison de la Bible, 1999.

BUCHHOLD, Jacques, « De l'Église à la Faculté », *Théologie évangélique* 9, no. 1, 2010, p. 89-99.

CARBONE, Pierre, *Les bibliothèques*, coll. Que sais-je ? n° 3943, Paris, PUF, 2017.

CARRÉ, Philippe, sous dir., *Traité des sciences et des techniques de la formation*, Paris, Dunod, 2011.

CEDEFOP, *Terminology of European education and training policy*, Luxembourg, Publications office of the european union, 2014, p. 99 http://www.cedefop.europa.eu/files/4117_en.pdf [consulté le 6 juin 2017].
CESPEDES, Vincent, *L'ambition ou l'épopée de soi*, Flammarion, 2013.
CHAMBERS, John Oswald, *Le leader spirituel*, Marne-la-Vallée, Farel, 1994.
CHAMPAGNE, Pierre, *L'organisation scolaire et universitaire*, Paris, PUF, 2003.
CHELLY, Amine, et Emmanuel FRÉMIOT, *Business plans pour les Nuls*, Pour les Nuls, Paris, First éditions, 2015.
COLLECTIF, « Formation, vocations, ministères », Actes du colloque de l'Institut de théologie évangélique, Vaux-sur-Seine, 25-26 mars 2011, *Théologie évangélique* 11, no. 1, 2012.
CONINCK, Frédéric, « La vérité du travail », *Hokhma* 58, 1995.
COSNEFROY, Laurent, Jean-Marie de KETELE, Bernard HUGONNIER et Philippe PARMENTIER, sous dir., *Quelle excellence pour l'enseignement supérieur ?*, Bruxelles, De Boeck Supérieur, 2016.
COVEY, Stephen R., *La 8e habitude*, traduction de Claude Raimond, Paris, First, 2006.
COVEY, Stephen R., *Les 7 habitudes de ceux qui réalisent tout ce qu'ils entreprennent*, traduction de Magali Guenette, Paris, First, 2005.
DELAUNAY, R., et J-M. MORET, *Manager une équipe*, Paris, Fernand Nathan, 2011.
DEPOVER, Christian, et Louise MARCHAND, *E-learning et formation des adultes en contexte professionnel*, Bruxelles, De Boeck Supérieur, 2002.
DHERSE, Jean-Loup, Hugues MINGUET, *L'éthique ou le chaos ?* Paris, Éditions Petite Renaissance – Presses de la Renaissance, 2007.
Divers auteurs, « Qui est à la barre ? – l'exercice de l'autorité dans les églises issues de la Réforme », *Hokhma* 66, 1997.
ENGEL, James F., *Communiquer l'Évangile efficacement*, Abidjan, CPE, 1995.
EZOUA, Pierre, *Résistons à la corruption*, Abidjan, CPE, 1999.
FARELLY, Hélène, *Existe-t-il une économie chrétienne ?*, Paris, GBU/Farel, 2009.
FARMER, Jeanne, *Le ministère pastoral. Approche systémique de la gestion de l'Église*, Paris, Empreinte Temps présent, 2006.
FOUCHER, Jean-Luc, *Ressources inhumaines*, Paris, François Bourin, 2005.
GALL, Jean-Marc Le, *La gestion des ressources humaines*, coll. Que sais-je ? Paris, PUF, 2015.
GARANT, Michèle, Caroline LETOR et Michel BONAMI, « Leadership et apprentissage organisationnel », dans *Travailler ensemble dans les établissements scolaires et de formation : processus, stratégies et paradoxes*, sous dir. Lise Corriveau, Caroline Letor, Danièle Périsset Bagnoud et Lorraine Savoie-Zajc, Bruxelles, De Boeck, 2010, p. 63-77.
GAUTHIER, E., et M. COUSIN-BERNARD, *Manager par projets*, Paris, Fernand Nathan, 2010.

GRANDJEAN, Claude, *L'échec : premier pas vers la réussite*, Lognes, Farel, 2010.
GRANDJEAN, Claude, *Les nouveaux leaders spirituels*, Farel, 2010.
GRIFFITHS, Brian, *Capitalisme et richesse*, trad. Jacques Blocher, Charols, Excelsis, 1997.
HAMEAU, Dany, *Matthieu 6.19-34, Une question de priorité. L'ambition du chrétien*, Marne-la-Vallée, Farel, 2014.
HART, Sylvie Ann, « Apprentissage formel, informel, non-formel, des notions difficiles à utiliser... pourquoi ? » *Focus*, vol. 4, n°2, Juin 2013. http://www.oce.uqam.ca/article/apprentissage-formel-informel-non-formel-des-notions-difficiles-a-utiliser-pourquoi/ [consulté le 6 juin 2017].
HELLER, Thomas, « Excellence », *Quaderni*, « Nouveaux mots du pouvoir : fragments d'un abécédaire », vol. 63, n° 1, printemps 2007, p. 41-44. http://www.persee.fr/doc/quad_0987-1381_2007_num_63_1_1772 [consulté le 24 mai 2017].
IDE, Pascal, *Le burn out : une maladie du don*, Paris, Éditions Emmanuel, Quasar, 2015.
IFA, *Administrateur : Gouvernance : l'esprit d'équipe*, La lettre de l'IFA, n° 27, février 2014.
IFA, *Administrateurs et conflits d'intérêts*, novembre 2010.
IFA, *Comité de nomination : gouvernance et bonnes pratiques*, septembre 2011.
IFA, *La Gouvernance dans les grandes associations et fondations : Évaluer son Conseil d'Administration*.
IFA, *Le Conseil et la stratégie*, janvier 2009.
IFA, *Rôle du Conseil d'Administration en matière d'éthique*, octobre 2012.
IFA, *Structure de gouvernance de l'entreprise : critères de décision*, janvier 2013.
IFA, *Vade-mecum de l'administrateur*, 3ème édition, 2013 – En collaboration avec KPMG.
JOYNER, Rick, *Leadership et créativité, l'art de diriger*, trad. François Chaumont, Yverdon, Editions Jeunesse en Mission, 2011.
JOHNSON, Spencer, *Qui a piqué mon fromage ? Comment s'adapter au changement*, Neuilly-sur-Seine, M. Lafon, 2000.
JORRO, Anne, « De l'évaluation à la reconnaissance professionnelle en formation », *Revue française de pédagogie*, n° 190, 2015/1, p. 41-50.
KALLEMEYN, Harold, « Direction et développement durable... à la manière de Dieu », *La Revue réformée* 247, no. 4, 2008.
KALLEMEYN, Harold, *La jalousie qui détruit*, Charols, Excelsis, 2003.
KARSENTI, Thierry, « MOOC, Révolution ou simple effet de mode ? », *Revue Internationale des technologies en pédagogie universitaires*, no. 10 (2), http://ritpu.ca/IMG/pdf/RITPU_v10_n02_06.pdf [consulté le 6 juin 2017].
KARSENTI, Thierry, et François LAROSE, *L'intégration pédagogique des TIC dans le travail enseignant*, recherches et pratiques, Sainte-Foy, PUQ, 2005.

Kouakou, Prao, Alidor Mukendi et James Matthew Price, « CG 103 – Théorie et pratique de la Communication », *Cahier de l'enseignant*, Institut Théologique Nazaréen, Région Afrique, 2007, https://www.whdl.org/sites/default/files/publications/FR_ITN_CG103_theorie_pratique_communication.pdf [consulté le 27 mai 2017].

Kuen, Alfred, *Jésus, Paul et nous, formateurs*, Saint-Légier, Emmaüs, 2000, 94p.

Kuen, Alfred, *Le responsable, qualification et fonctions*, Saint-Légier, Emmaüs, 2009.

Kunhiyop, Samuel Waje, *Éthique chrétienne africaine*, Carlisle, LivresHippo, 2017.

La théologie de la prospérité, Dossier cnef 2012, http://lecnef.org/images/acymailing/cnef_dossier_evangileprosperite_120614.pdf [consulté le 6 juin 2017].

Lack, Rudi, *101 principes pour savoir diriger*, Corgémont, GLIFA, 2004.

Lanarès, Jacques, « Piloter la qualité des programmes de formation : enjeux et perspectives », Présentation aux responsables de programmes de l'UCL, Profondval, le 15 septembre 2011.

Landier, Huber, *Le guide des relations sociales en entreprise*, Paris, Eyrolles, 2007.

Le MOOC CERTICEscol (pour Certification des compétences TICE) vise à former puis à certifier les enseignants, dans les pays francophones en développement, aux usages des technologies de l'information et de la communication en education (AUF, Université de Cergy). http://mooc-certice.auf.org/certicescol/objectif/

Légeron, Patrick, *Le stress au travail, un enjeu de santé*, Paris, Odile Jacob, 2015.

Lhermenault, Étienne, « les compétences du futur pasteur », *Cahiers de l'institut*, Janvier 2008, http://www.ibnogent.org/files/cahier_janv_09.pdf [consulté le 26 mai 2017].

Lhermenault, Étienne, « Un ministère "durable" », *Les Cahiers de l'École pastorale* 76, 2010.

Lhermenault, Étienne, « Veiller sur mon ministère », *Les Cahiers de l'Institut biblique de Nogent* 145, 2009.

Lienhard, Fritz, « La Théologie en stages », *Études Théologiques et Religieuses* 4, 1999.

Linard, Monique, *Des machines et des hommes, apprendre avec les nouvelles technologies*, Paris, l'Harmattan, 1996,

Lingenfelter, Sh., et M. Mayers, *Missionnaire en culture étrangère. Le défi de l'intégration*, Horizons culturels, Charols, Excelsis, 2009.

Lombard, Armand, et Alain Perrot, *Argent sur table. De la possession au don*, Lausanne, PBU, 1989.

LORIMER, Albert, *Dieu dirige mes affaires, biographie de Robert Letourneau*, Montonnier-Mornex, Association Emmanuelle, 2012.

LOUW, Mark, « TP 202 – Leadership », Manuel de l'enseignant / Manuel d'exercices de l'étudiant, Institut Théologique Nazaréen, Région Afrique, http://docplayer.fr/16734057-Manuel-de-l-enseignant-manuel-d-exercices-de-l-etudiant-institut-theologique-nazareen-region-afrique.html [consulté le 27 mai 2017].

LOVÉRINI, André, « Sur l'évaluation du ministère pastoral » *Fac-Réflexion* 46-47, no. 1-2, 1999.

MACARTHUR, John, *Le leadership. Les caractéristiques du leader spirituel*, Trois-Rivière, Impact, 2008.

MAGLI, Rossella, et Yves WINKIN, *Pratiquer les TICE. Former les enseignants et les formateurs à de nouveaux usages*, Bruxelles, De Boeck Supérieur, 2002.

MAIRE, Charles-Daniel, et Isaac ZOKOUÉ, « Mission et corruption », *Ichthus* 138, no. 5, 1986, p. 11-19.

MASLACH, Christina, et Michael P. LEITER, *Burn-out : des solutions pour se préserver et pour agir*, traduction de Véronique Gourdon, Paris, Les Arènes, 2016.

MAUBANT, Philippe, « Des pratiques pédagogiques au plan de formation », dans *Pédagogues et pédagogie en formations d'adultes*, Paris, PUF, 2004, p. 143 à 203.

MAUBANT, Philippe, *Pédagogues et pédagogies en formation d'adultes*, Paris, PUF, 2004.

MAXWELL, John C., *Les 21 lois irréfutables du leadership*, Québec, Gied Éditions, 2002.

MERCIER, Samuel, *L'éthique dans les entreprises*, Paris, La Découverte, 2004.

MIÉVILLE, Vincent, « Stages », dans Christophe Paya, sous dir., *Dictionnaire de Théologie pratique*, Charols, Excelsis, 2011.

MINTZBERG, Henry, *Le manager au quotidien*, Paris, Editions d'Organisation, coll. Références-Poche, 2006.

MOIGNE, Jean-Louis le, et Dominique GENELOT, *Manager dans et avec la complexité*, Paris, Dunod, 2017.

NARJOUX, Félix, *Les écoles normales primaires : construction et installation*, Paris, Delagrave, 1880, http://gallica.bnf.fr/ark:/12148/bpt6k935877g/f62.image [consulté le 6 juin 2017].

NARJOUX, Félix, *Les écoles publiques en France et en Angleterre : construction et installation, documents officiels, services extérieurs, services intérieurs, salles d'asile, mobilier scolaire, services annexes*, Paris, Morel, 1877. http://gallica.bnf.fr/ark:/12148/bpt6k5710046z [consulté le 6 juin 2017].

NARJOUX, Félix, *Les écoles publiques, construction et installation en Suisse : documents officiels, services intérieurs et extérieurs, bâtiments scolaires, mobilier scolaire, services annexes*, Paris, Morel, 1879. http://gallica.bnf.fr/ark:/12148/bpt6k96437726 [consulté le 6 juin 2017].

NELSON, Bob, *Le Management pour les Nuls*, 2ᵉ éd., Pour les Nuls, Paris, First éditions, 2006.

NÉRÉ, Jean-Jacques, *Le management de projet*, coll. Que sais-je ? Paris, PUF, 2015.

Numéro thémathique : « Education non formelle et apprentissages tout au long de la vie », *Éducation permanente*, n°199, 2014. http://www.education-permanente.fr/public/articles/articles.php?id_revue=1728 [consulté le 6 juin 2017].

Observatoire des Zones Prioritaires, « Un apport de l'éducation prioritaire ? La notion d'excellence », série OZP, 22 mars 2016, https://www.ozp.fr/spip.php?article18403 [consulté le 24 mai 2017].

OIRY, Ewan, *De la qualification à la compétence, rupture ou continuité*, Paris, L'Harmattan, 2004.

OSEI MENSAH, Gottfried, *Le Dirigeant : patron ou serviteur ?* Abidjan, CPE, 1994.

PADIS, Marc-Olivier, « Quelle évaluation ? Quelle excellence ? », *Esprit*, 2012/7 (Juillet), p. 13-17. DOI : 10.3917/espri.1207.0013. URL : http://www.cairn.info/revue-esprit-2012-7-page-13.htm

PAUL, Jean-Jacques, et René LA BORDERIE, *Économie de l'éducation*, coll. 128, Paris, Armand Collin, 2007.

PAYA Christophe, sous dir., *Dictionnaire de Théologie pratique*, Charols, Excelsis, 2011.

PELLA, Gérard, Gilbert VINCENT, Frédéric de CONINCK, Jacques BLANDENIER, *et al.*, « Qui est à la barre ? L'autorité dans les Églises issues de la Réforme », *Hokhma*, n°66, 1997.

PERRENOUD, Philippe, « Anatomie de l'excellence scolaire », *Autrement*, 1987, p. 95-100.

PERRENOUD, Philippe, « Sociologie de l'excellence ordinaire. Diversité des normes et fabrication des hiérarchies », *Autrement*, 1987, p. 63-75.

PERRENOUD, Philippe, « Curriculum : le réel, le formel, le caché », dans *La pédagogie : une encyclopédie pour aujourd'hui*, sous dir. Jean Houssaye, Paris, ESF, 1993, p. 61-76. https://www.unige.ch/fapse/SSE/teachers/perrenoud/php_main/php_1993/1993_21.html [consulté le 6 juin 2017].

PERRENOUD, Philippe, « Du concept aux programmes : incohérence et précipitation », *Cahiers Pédagogiques*, n° 476, novembre 2009. http://www.cahiers-pedagogiques.com/Du-concept-aux-programmes%E2%80%89-incoherence-et-precipitation [consulté le 6 juin 2017].

PERRENOUD, Philippe, « Les conceptions changeantes du curriculum prescrit : hypothèses », *Educateur*, numéro spécial « Un siècle d'éducation en Suisse romande », no. 1, 2002, p. 48-52. https://www.unige.ch/fapse/SSE/teachers/perrenoud/php_main/php_2002/2002_19.html [consulté le 6 juin 2017].

PERRENOUD, Philippe, *La fabrication de l'excellence scolaire : du curriculum aux pratiques d'évaluation*, Genève, Droz, 2ᵉ édition augmentée 1984/1995.

PERRENOUD, Philippe, *La fabrication de l'excellence scolaire. Du curriculum aux pratiques d'évaluation*, Librairie Droz, « Travaux de Sciences Sociales », 2010.

PERRENOUD, Philippe, *Quand l'école prétend préparer à la vie...Développer des compétences ou enseigner d'autres savoir ?* Avec une postface de François Audigier, Paris, ESF, 2011. http://www.unige.ch/fapse/SSE/teachers/perrenoud/php_main/OUVRAGES/Perrenoud_2011_A.html [consulté le 6 juin 2017].

PERRET, J.-F., et Ph PERRENOUD, sous dir., *Qui définit le curriculum, pour qui ? Autour de la reformulation des programmes de l'école primaire en Suisse romande*, Cousset (Fribourg), Delval, 1990.

PETERS, Tom, et Nancy AUSTIN, *La passion de l'excellence*, Paris, Inter-Éditions, 1985.

PETERS, Tom, et Robert H. WATERMAN, Jr., *Le prix de l'excellence. Les 8 principes fondamentaux de la performance*, trad. Michèle Garène et Chantal Pommier, coll. IDEM, Paris, Dunod, 2012.

PETERSON, Eugene, *Les trois angles de la croissance dans le service chrétien*, Sentier, Québec, La Clairière, 1998.

PEZÉ, Marie, *Ils ne mouraient pas tous mais tous étaient frappés. Journal de la consultation souffrance au travail*, Paris, Pearson, 2010.

PEZET, A., et P. LABARDIN, sous dir., *Histoire du management*, Paris, Fernand Nathan, 2014.

PFEIFER, Samuel, *Gérer le stress au travail*, Empreinte, 2008.

PIROLO, Neal, *Ceux qui envoient. Leur rôle et leur responsabilité*, Cap-de-la-Madeleine, Québec, Impact, 2000.

PLANE, Jean-Michel, *Management des organisations*, Paris, Dunod, 2016.

POLL, Evert van de, « Qualités d'un dirigeant, à l'exemple de l'apôtre Pierre », *Les Cahiers de l'Ecole pastorale*, n° 70, 2008, p. 3-22.

POLL, Evert van de, Louis Schweitzer, Christophe Paya, Alain Nisus, *et al.*, *Pour une équipe qui gagne : le conseil d'Eglise*, Paris, Croire publication, 2014.

PORTNY, Stanley E., et Sandrine SAGE, *La Gestion de projet pour les Nuls*, Pour les Nuls, non daté.

POUJOL, Jacques et Claire, *Les conflits. Origines, évolutions, dépassements.* Empreinte, 1989.

Référentiel UNESCO TIC : http://www.unesco.org/new/fr/unesco/themes/ icts/teacher-education/unesco-ict-competency-framework-for-teachers/ [consulté le 6 juin 2017].

Rochat, Didier, *Paul stratège exemplaire*, Chailly sur Montreux, RDF éditions, 2017.

Roegiers, Xavier, *Des curricula pour la formation professionnelle initiale, La pédagogie de l'intégration comme cadre de réflexion et d'action pour l'eneignement technique et professionnel*, Bruxelles, De Boeck, 2011.

Roegiers, Xavier, *La pédagogie de l'intégration, Des systèmes d'éducation et de formation au cœur de nos sociétés*, Bruxelles, De Boeck, 2010.

Rohner, Jean, « La communication et ses fondements », *Ichthus* 136, no. 3, 1986.

Ruolt, Anne, « Petite histoire des récompenses : l'approche protestante de L.-F.F. Gauthey (1795-1864) ». *Revue d'Histoire et de Philosophie Religieuse*, t. 93, 2, 2013, p 223-245.

Sanders, J. Oswald, *Le leader spirituel. Les qualités importantes pour les responsables d'églises*, traduction de Daniel et Pemmy Bordreuil, Marne-la-Vallée, Farel, 2006.

Sanders, Martin, et Alain Stamp, *Multiplier les leaders : le mentorat, l'art de l'accompagnement*, Marne-la-Vallée, Farel, 2012.

Sanders, Paul, « Formation », dans *Dictionnaire de théologie pratique*, sous dir. Christophe Paya, Charols, Excelsis, 2011, p. 401-406.

Schmidt, Jean-Pierre, *Manuel d'organisation de l'entreprise*, Paris, PUF, 2002.

Schümmer, Léopold, « Les fondements de l'éthique de l'économie et des affaires selonle protestantisme », *La revue Réfomée*, n° 237, T. LVII, 2, 2006. http://larevuereformee.net/articlerr/n237/les-fondements-de-lethique-de-leconomie-et-des-affaires-selon-le-protestantisme [consulté le 6 juin 2017].

Schwartz, Christian A., *Le développement de l'Église. Une approche originale et réaliste*, Paris, Empreinte Temps présent, 1996.

Segrestin, Denis, *Les chantiers du manager*, Paris, Armand Colin, 2004.

Selmer, Caroline, *Concevoir des tableaux de bord*, Paris, Dunod, 2015.

Sen, Amartya, *Éthique et économie*, coll. Que sais-je ? Paris, PUF, 2012.

Shaw, Perry, « Le programme implicite et le programme non-retenu », dans *Transformer la formation théologique*, Carlisle, Langham Global Library, 2015, p. 85-97.

Short, Christophe, *Décider de changer, favoriser la croissance de l'Église et surmonter les réticences*, Marne-le-Vallée, Farel, 2017.

Smith, Glenn, *Suivre Jésus. Dieu nous invite à une formation de disciples qui transforme*, Monrovia, World Vision International, 2001.

SORIA, Sophie, *Un coach nommé Jésus*, Paris, Éditions Dunod-InterEditions, 2005.
STRAUCH, Alexander, *Diriger avec amour*, Clé, 2007.
STRAUCH, Alexander, *Les Anciens, Qu'en dit la Bible ? Un appel urgent à rétablir le leadership biblique dans l'Église*, Trois-Rivières, Impact, 2005.
THÉVENET, Maurice, *La culture d'entreprise*, coll. Que sais-je ? Paris, PUF, 2015.
THIBAULT, Laurence, *La comptabilité tout-en-un pour les Nuls*, Pour les Nuls, non daté.
THIETART, Raymond-Alain, *Le management*, coll. Que sais-je ? Paris, PUF, 2017.
THOMAS, L. *Motiver ses équipes*, Paris, Fernand Nathan, 2012.
TIDBALL, Derek J., *La pastorale chrétienne*, Charols, Excelsis, 2003.
TIDBALL, Derek, *Conduire et Construire, images bibliques du ministère pastoral*, Charols, Excelsis, 2006.
VÉRON, Jacques, « La moitié de la population mondiale vit en ville », *Population et sociétés* 435, juin 2007.
WELCH, Timothy, *Sept principes de bonne gouvernance*, Abidjan, CPE, 2000.
WIHER, Hannes, McTair WALL, Émile NICOLE, Christophe PAYA, Jacques BUCHHOLD, Bernard HUCK, Charles-Daniel MAIRE et Christopher WRIGHT, *Bible et mission, Vers une théologie évangélique de la mission*, vol. 1, coll. REMEEF, Charols, Excelsis, 2012.
WITTORSKI, Richard, « La professionnalisation », *Savoirs*, vol. 17, no. 2, 2008, p. 9-36. DOI : 10.3917/savo.017.0009. URL : http://www.cairn.info/revue-savoirs-2008-2-page-9.htm [consulté le 6 juin 2017].
WITTORSKI, Richard, « Professionnaliser la formation : enjeux, modalités, difficultés », Formation emploi, n° 101 janvier-mars 2008, http://formationemploi.revues.org/1115 [consulté le 6 juin 2017].
WITTORSKI, Richard, *Professionnalisation et développement professionnel*, Paris, l'Harmattan, 2007.
WOJTAS, Sabine, *Les Ressources humaines pour les Nuls*, Pour les Nuls, Paris, First éditions, 2016.
ZIVI, Pascal, et Jacques Poujol, *Les abus spirituels, identifier, accompagner*, Tharaux, Empreinte, 2006.
ZORN, Jean-François, *La missiologie. Émergence d'une discipline théologique*, Genève, Labor & Fides, 2004.

Sites Internet

Associated Grantmakers of Massachusetts. www.agmconnect.org/
Centre français des fonds et fondations, Fondations, Synopsis par forme de fonds/fondation (droit français) http://www.centre-francais-fondations.

org/fondations-fonds-de-dotation/les-formes-de-fonds-fondations/synopsis-par-type-de-fonds-ou-fondation [consulté le 6 juin 2017]

Charities Aid Foundation: Directory of Grantmaking Trusts (listing the names of over 2500 trusts). http://www.grant-tracker.org/

Fondation Los Lorentes. http://www.loslorentes.com/cms/index.php?id=joselorente-start&L=4

Portail de recherche de ressources numériques : Bibliothèque numérique de la sainteté wesleyenne https://www.whdl.org/?language=fr

Répertoire des fondations suisses, http://www.swissfoundations.ch/fr/mitgliederliste [consulté 6 juin 2017].

TearFund. « Roots 6 – Fundraising » que l'on trouve sur www.tearfund.org/tilz. 100 Church Road, Teddington, TW11 8QE, UK

The Foundation Center. http://fdncenter.org/ (On trouve également une longue liste de périodiques sur le financement sur http://fdncenter.org/washington/dc_periodicals.html.)

The Grantsmanship Center. www.tgci.com/.

Ouvrages et articles en anglais

« Theological Education by Extension and Technology: A Report on an international consultation held at Vancouver School of Theology », 2-6 juin 1997, *Ministerial Formation,* April 1998, p. 17-26.

ALSTETE, Jeffrey W., *Accreditation Matters: Achieving Academic Recognition and Renewal,* ASHE-ERIC Higher Education Report, vol. 30, no. 4, San Francisco, Jossey-Bass, 2004.

ANDERSON, Terry D., *Transforming Leadership: Equipping Yourself and Coaching Others to Build the Leadership Organization,* New York, St. Lucie Press, 1998.

AUGSBURGER, David W., *Conflict Mediation across Cultures: Pathways and Patterns,* Louisville, Westminster/John Knox Press, 1992.

BAER, Michael R., « Strategic Planning Made Simple », *Leadership* 10, Printemps 1989, pp. 32-33.

BANKS, Robert, et Kimberly Powell, sous dir., *Faith in Leadership,* San Francisco, Jossey-Bass, 2000.

BANKS, Robert, *Reenvisioning Theological Education: Exploring a Missional Alternative to Current Models,* Grand Rapids, Eerdmans, 1999.

BATES, A. W., et Gary POOLE, *Effective Teaching with Technology in Higher Education,* San Francisco, Jossey-Bass, 2003.

BENNETT, David W., *Metaphors of Ministry: Biblical Images for Leaders and Followers,* Grand Rapids, Baker, 1993.

BENNIS, Warren, *The Unconscious Conspiracy: Why Leaders Can't Learn to Lead*, AMA-COM, 1976.

BLACKMAN, Rachel, « Organizational Governance », *Roots* 10, 2006. Une excellente ressource disponible chez Tearfund Grande-Bretagne dans le cadre de la série ROOTS www.tearfund.org/tilz.

BLANCHARD, Kenneth, et Spencer JOHNSON, *The One-Minute Manager*, New York, Berkley Books, 1982.

BOICE, Robert, *The New Faculty Member: Supporting and Fostering Faculty Development*, San Francisco, Jossey-Bass, 1992.

BRIGHT, David F., et Mary P. RICHARDS, « Faculty Development », dans David F. Bright et Mary P. Richards, sous dir., *The Academic Deanship*, San Francisco, Jossey-Bass, 2001, pp. 148-177.

BRIGHT, David F., et Mary P. RICHARDS, *The Academic Deanship: Individual Careers and Institutional Roles*, San Francisco, Jossey-Bass, 2001.

BURKETT, Larry, *Business by the Book: Complete Guide of Biblical Principals for the Workplace*, Nashville, Thomas Nelson, 1998, 2006.

BURNETT, Ken, *Relationship Fundraising: A Donor-based Approach to the Business of Raising Money*, 2^e ed., San Francisco, Jossey-Bass, 2002.

CARLSON, Mim, *Winning Grants: Step by Step*, 2^e ed., San Francisco, Jossey-Bass, 2002.

CARVER, John, *Boards That Make a Difference*, San Francisco, Jossey-Bass, 1990.

CLINTON, J. Robert., *The Making of a Leader: Recognizing the Lessons and Stages of Leadership Development*, Colorado Springs, Nav Press, 1988.

COLE, Victor B., *Training of the Ministry*, Bangalore, Theological Book Trust, 2001.

COLLINS, Jim, *Good to Great*, New York, Harper Collins Publishers, 2001.

CYRS, Thomas E., « Competence in Teaching at a Distance », *New Direction in Teaching and Learning* 71, 1997, p. 15-18.

DAFT, Richard L., *Organizational Theory and Design*, St. Paul, West Publishing, 1992.

DALOZ, Laurent, *Mentor: Guiding the Journey of Adult Learners*, San Francisco, Jossey-Bass, 1999.

DEPREE, Max, *Leadership is an Art*, New York, Bantam, Doubleday Dell Publishing, 1989.

DERLIN, Roberta L., et Edward ERAZO, « Distance Learning and the Digital Library: Transforming the Library into an Information Center », *New Directions for Adult and Continuing Education* 71, 1997.

DOLENCE, Michael G., Daniel James ROWLEY et Herman D. LUJAN, *Working Toward Strategic Change: A Step-by-Step Guide to the Planning Process*, San Francisco, Jossey-Bass, 1997.

Downs, P. G., *Teaching for Spiritual Growth: An Introduction to Christian Education*, Grand Rapids, MI, Zondervan, 1994.

Dreyfus, Hubert L., « How Far is Distance Learning from Education? » dans Hubert L. Dreyfus, sous dir., *On the Internet*, New York, Routledge, 2001.

Drucker, Peter F., *The Effective Executive*, New York, Harper and Row, 1985.

Drucker, Peter F., *Managing the Non-Profit Organization*, New York, Harper Business, 1990.

Early, Gene, « A Second Generation Leader Succeeds the Founder: What is the Process? », *Transformation* 18, no. 1, 2001, p. 1 ff.

Early, Gene, « The Chief Executive Role as God's Classroom for Character Formation », *Transformation* 18, no. 1, 2001, p. 9 ff.

Elmer, Duane, *Cross-Cultural Conflict: Building Relationships for Effective Ministry*, Downers Grove, InterVarsity Press, 1993.

Esterline, David, « A Planning Framework for Theological Education », *Ministerial Formation* 42, Juin 1998, pp. 14-22.

Ferris, Robert W., *Renewal in Theological Education: Strategies for Change*, Wheaton, Billy Graham Center, Wheaton College, 1990.

Fisher, L. A., et C. Levene, *Planning a Professional Curriculum*, Calgary, University of Calgary Press, 1989.

Ford, L., *A Curriculum Design Manual for Theological Education: A Learning Outcomes Focus*, Nashville, TN, Broadman, 1991.

Ford, Leighton, *Transforming Leadership: Jesus' Way of Creating Vision, Shaping Values, and Empowering Change*, Downers Grove, InterVarsity Press, 1991.

Fullan, Michael, *Leading in a Culture of Change*, San Francisco, Jossey-Bass, 2001.

Gangel, Kenneth O., et Howard G. Hendricks, *The Christian Educators Handbook on Teaching*, Grand Rapids, Baker, 1988.

Gangel, Kenneth, et James Wilhoit, *The Christian Educator's Handbook on Teaching*, Victor Press, 1993.

Gardner, John W., *On Leadership*, New York, Free Press, 1990.

Gerig, Donald, « Are We Overworked? », *Leadership*, 1986, p. 22-25.

Goodson, Carolyn, *Providing Library Services for Distance Education Students*, New York, Neal-Schuman, 2001.

Gottlieb, Hildy, *Friendraising: Community Engagement Strategies for Boards Who Hate Fundraising But Love Making Friends*, Resolve, IN, D/B/A Renaissance Press, 2000.

Greenleaf, Robert K., *Servant Leadership*, New York, Paulist Press, 1977.

Habermas, R., et K. Issler, *Teaching for Reconciliation: Foundations and Practice of Christian Educational Ministry*, Grand Rapids, MI, Baker Books, 1992.

HARRIS, M., *Fashion Me a People: Curriculum in the Church*, Louisville, KY, Westminster, 1989.

HART, D. G., et R. Albert MOHLER, Jr., *Theological Education in the Evangelical Tradition*, Grand Rapids, Baker, 1996.

HAWORTH, Jennifer Grant, et Clifton F. CONRAD, *Emblems of Quality in Higher Education: Developing and Sustaining High-Quality Programs*, Boston, Allyn and Bacon, 1997.

HENDRICKS, Howard G., *The 7 Laws of the Teacher*, Atlanta, Walk Thru the Bible Ministries, 1987.

HERRMAN, Allan, Robert Fax et Anna BOYD, « Unintended Effects in Using Learning Technologies », *New Directions for Adult and Continuing Education* 88, 2000, p. 39-48.

HESSELBEIN, Francis, et Paul M. COHEN, sous dir., *Leader to Leader: Enduring Insights on Leadership from the Drucker Foundation's Award-Winning Journal*, San Francisco, Jossey-Bass, 1999.

HESSELBEIN, Francis, Marshall GOLDSMITH et Tichard BECKHARD, *The Leader of the Future*, San Francisco, Jossey-Bass, 1996.

JEAVONS, Thomas H., et Rebekah Burch BASINGER, *Growing Givers' Hearts: Teaching Fundraising as Ministry*, San Francisco, Jossey-Bass, 2000.

JENNINGS, Ken, et John STAHL-WERT, *The Serving Leader*, San Francisco, Berrett-Koehler Publishers, 2003.

KLEIN, Ken, *Ask and You Shall Receive: A Fundraising Training Program for Religious Organizations*, San Francisco, Jossey-Bass, 2000.

KOHL, Manfred Waldemar, « Responsible Stewardship in Theological Education: Guidelines for Resource Development in Post-Communist Countries », *Christian Education Journal* 2 NS, no. 1, Printemps 1998, p. 57-74.

KOHL, Manfred Waldemar, et A. N. LAL SENANAYAKE, *Educating for Tomorrow: Theological Leadership for the Asian Context*, Bangalore, SAIACS Press, 2002.

KOUZES, James W., et Barry Z. POSNER, *The Leadership Challenge*, San Francisco, Jossey-Bass, 1995.

KUTZ, John, et Katherine MURRAY, *Fundraising for Dummies*, Foster City, CA, IDG Books Worldwide, 2000 (www.odgbooks.com. 919 E. Hillsdale Blvd, Suite 400, Foster City, CA, 94404)

LANGFORD, David P., et Barbara A. CLEARY, *Orchestrating Learning with Quality*, Milwaukee, ASQC Quality Press, 1995.

LEWIS, Phillip V., *Transformational Leadership*, Broadman, Holman Publishers, 1996.

LEWY, Arieh, *Handbook of Curriculum Evaluation*, New York, UNESCO and the International Institute of Educational Planning, 1977.

LEYPOLDT, Martha M., *Learning is Change: Adult Education in the Church*, Valley Forge, PA, Judson Press, 1971.
LUCAS, Ann F., et associés, *Leading Academic Change: Essential Roles for Department Chairs*, San Francsico, Jossey-Bass, 2000.
MACPHAIL-WILCOX, Bettye, et Roy FORBES, *Administrator Evaluation Handbook: How to Design a System of Administrative Evaluation*, Bloomington, IN, Phi Delta Kappa, 1990.
MARSHALL, Tom, *Understanding Leadership*, Grand Rapids, Baker, 2003.
MAXWELL, John C., *The Winning Attitude: Your Pathway to Personal Success*, Nashville, Thomas Nelson, 1993.
MCLEAN, Jeanne P., *Leading from the Center: The Emerging Role of the Chief Academic Officer in Theological Schools*, Atlanta, Scholars Press, 1999.
MERRIAM, Sharan B., et Rosemary S. Caffarella, *Learning in Adulthood: A Comprehensive Guide*, 2nd ed., San Francisco, Jossey-Bass, 1999.
MIDDAUGH, Michael F., *Understanding Faculty Productivity: Standards and Benchmarks for Colleges and Universities*, San Francisco, Jossey-Bass, 2001.
MOOD, Terry Ann, *Distance Education: An Annotated Bibliography*, Englewood, CO, Libraries Unlimited, 1995.
NEW, Cheryl Carter, et James Aarm QUICK, *How to Write a Grant Proposal*, San Francisco: Jossey-Bass, 2003.
O'CONNELL, Brian, *The Board Member's Book: Making a Difference in Voluntary Organizations*, Washington, The Foundation Center, 1985. Surtout le chapitre 4 « The Role of the Board and Board Members » (pp.19-32).
OLGREN, Christine H., « Learning Strategies for Learning Technologies », *New Directions for Teaching and Learning* 88, 2000, p. 7-16.
OSEI-MENSAH, Gottfried, « Leaders: What are they? », *SPAN – IFES in English and Portuguese Speaking Africa* 2, no. 1, Janvier-Avril 1997.
PALLOFF, Rena M., et Keith PRATT, *Lessons from the Cyberspace Classroom: The Realities of Online Teaching*, San Francisco, Jossey-Bass, 2001.
PALMER, Donald C., *Managing Conflict Creatively: A Guide for Missionaries and Christian Workers*, Pasadena, Wm Carey, 1990.
PARKER, Glenn M., *Team Players and Teamwork: The New Competitive Business Strategy*, San Francisco, Jossey-Bass, 1990.
PETERS, Tom, *Thriving on Chaos: Handbook for a Management Revolution*, New York, Harper Collins Publishers, 1987.
POSNER, George J., et Alan H. RUDNITSKY, *Course Design: A Guide to Curriculum Development for Teachers*, New York, Longman, 2001.
RATZBURG, Wilf, « The Blanchard Leadership Model », *Organizational Behavior* – OBNotes.htm (http://www.geocities.com/Athens/Forum/1650/ html blanchard.html).

Rowley, Daniel J., et Herbert Sherman, *From Strategy to Change: Implementing the Plan in Higher Education*, San Francisco, Jossey-Bass, 2001.

Rudnitsky, Posner, « Planning a Course Evaluation », chapitre 8 dans *Curriculum Design*, New York, Longman, s.d.

Sanders, J. Oswald, *Spiritual Leadership*, Chicago, Moody Press, 1967.

Simon, Judith Sharken, *5 Life Stages of Nonprofit Organizations*, Saint Paul, MN, Wilder Foundation, 2001.

Snook, Stewart G., *Developing Leaders through Theological Education by Extension: Case Studies from Africa*, Wheaton, Billy Graham Center, 1992.

Stanley, Paul D., et J. Robert Clinton, *Connecting: The Mentoring Relationship You Need to Succeed in Life*, NavPress, 1992.

Theological and Christian Education Commission (TCEC), *Training God's Servants: A Compendium of the Papers and Findings of a Workshop on "Training for Missions in Africa"*, Nairobi, Association of Evangelicals in Africa, 1997.

Toohey, S., *Designing Courses for Higher Education*, Buckingham (Great Britain), Open University Press, 1999.

Valentine, Doug, « Distance Learning: Promises, Problems and Possibilities », en ligne *Journal of Distance Learning Administration* 5, no. 3, 2002.

Vella, Jane, *How Do They Know That They Know*, San Francisco, Jossey-Bass, 1998.

Vella, Jane, *Learning to Listen, Learning to Teach*, San Francisco, Jossey-Bass, 1994.

Weinstein, Stanley, *The Complete Guide to Fundraising Management*, San Francisco, Jossey-Bass, 2000.

Western Cooperative for Educational Telecommunications, « Best Practice for Electronically Offered Degree and Certificate Programs », un document developpé par huit associations d'accréditation régionales aux États-Unis. Ce document est disponible sur https://wcet.info/services/publications/accreditation/accrediting_bestPractices.pdf#search=%22wiche%20best%20practices%20.

Wiggins, Grant, et Jay Mctighe, *Understanding by Design*, Alexandria, VA, Association for Supervision and Curriculum Development, 1998.

Wilkinson, Bruce H., *The 7 Laws of the Learner*, Oregon, Multnomah Press, 1992.

Wivcharuck, Peter, *Building Effective Leadership: A Guide to Christian and Professional Management*, Alberta, Canada, International Christian Leadership Development Foundation, 1987.

Wolverton, Mimi, Walter H. Gmelch, Joni Montez, et Charles T. Nies, *The Changing Nature of the Academic Deanship*, ASHE-ERIC Higher Education Report, vol. 28, no. 1, San Francisco, Jossey-Bass, 2001.

Table des matières

Avant-propos vii

1 Qu'est-ce que l'excellence ? 1
    L'aspiration à l'excellence est-elle biblique ? 2
    L'excellence signifie-t-elle « être (ou avoir été) les meilleurs » ? 3
    L'excellence équivaut-elle au succès ? 5
    L'excellence est-elle relative ? 7
    Qui détermine les normes d'excellence ? 8
    L'excellence est-elle possible ? 10
    Conclusion 11
    Questions à débattre au sujet de l'excellence 11
    Pour aller plus loin : lectures suggérées 12

2 L'excellence dans l'équipe de direction. 13
    Qu'est-ce que diriger ? 14
    Diriger selon la Bible 15
    Qualités morales : ce qu'un dirigeant doit être 18
    Responsabilités : ce qu'un dirigeant doit savoir faire 21
    Découvrir et développer des dirigeants 23
    Styles de direction 24
    Travailler ensemble en équipe 26
    Résoudre les tensions et les conflits 27
    Gérer la succession des dirigeants 29
    Conclusion 30
    Questions de discussion au sujet de votre direction 30
    Pour aller plus loin : lectures suggérées 31

3 L'excellence dans la planification stratégique 37
    Ce que la planification stratégique n'est pas : 38
    Comment élaborer un plan stratégique ? 42
    Et si vous n'avez pas de plan stratégique :
        Rédigez-en un ! 53
    Conclusion 54
    Questions de discussion au sujet de votre plan stratégique 54
    Pour aller plus loin : lectures suggérées 55

4	L'excellence en matière de gouvernance	57
	Questions générales	58
	Entités principales de la gouvernance	62
	Responsabilités précises d'un conseil d'administration	66
	Conclusion	71
	Questions de discussion au sujet de votre gouvernance	71
	Pour aller plus loin : lectures suggérées	72
5	L'excellence en matière d'administration	75
	Le défi de l'administration	77
	Des structures administratives adaptées	78
	Élaborer un budget	84
	Y-a-t-il un sureffectif de personnel administratif ?	85
	Mise en garde : n'assumez-pas des responsabilités administratives inutiles	86
	Descriptions de poste	87
	L'embauche de nouveaux équipiers	88
	Renforcer l'équipe administrative actuelle	90
	Conclusion	91
	Questions de discussion au sujet de votre administration	92
	Pour aller plus loin : lectures suggérées	92
6	L'excellence dans le programme d'enseignement et de formation	95
	Qu'est-ce qu'un programme d'enseignement et de formation ?	97
	Le programme de formation de Dieu	99
	Ce qu'un programme d'enseignement et de formation n'est pas	101
	La manière dont les étudiants apprennent	102
	Ce qu'un plan d'étude doit être	105
	Les trois types de programme d'enseignement et de formation	108
	Le développement des qualités morales	110
	La conception d'un cursus ou d'un parcours académique	111
	Un descriptif de cours devrait inclure :	113
	Utiliser du matériel d'étude	114
	Rédiger votre propre matériel d'étude	115
	Conclusion	115
	Questions de discussion au sujet de votre programme d'enseignement et de formation	116
	Pour aller plus loin : lectures suggérées	116

7	L'excellence du corps enseignant	121

Facteurs entrant en compte pour développer un
excellent corps enseignant 122
Prendre soin de nos enseignants 126
Trouver de nouveaux enseignants 129
Renforcement du corps enseignant en encadrant formellement
les études approfondies complémentaires 132
Un avantage à investir dans vos propres enseignants 136
Conclusion 136
Questions de discussion au sujet de vos enseignants 137
Pour aller plus loin : lectures suggérées 137

8	L'excellence des locaux	139

Faire un usage optimal de vos locaux 140
Plans du site 140
Plans et budgets d'entretien 141
Quelle image cherchez-vous à donner ? 142
Des projets de construction adaptés 142
Des projets de construction bien conçus 143
Financer vos projets de construction 144
Conclusion 145
Questions de discussion au sujet de vos locaux 146
Bibliographie historique 146

9	L'excellence des bibliothèques	147

Qu'est-ce qu'une bibliothèque ? 148
Bâtir la collection de votre bibliothèque 149
Les infrastructures de la bibliothèque 153
Le personnel 154
Comment aider ceux qui n'ont/n'auront pas facilement
accès à une bibliothèque 156
Conclusion 157
Questions de discussion au sujet de votre bibliothèque 157
Pour aller plus loin : sites Internet suggérés 157
Pour aller plus loin : lectures suggérées 159

10	L'excellence dans la levée de fonds	161

Pourquoi nous est-il difficile de disposer de
suffisamment de ressources ? 162
Mise au point d'une stratégie de financement 166

    Soutien financier provenant de relations avec notre public 172
    Conclusion 179
    Questions de discussion au sujet de votre politique
        de récolte de fonds 179
    Sites Internet concernant les subventions, la levée
        de fonds et les fondations 180
    Pour aller plus loin : lectures suggérées 180

11 L'excellence dans la formation à distance 187
    La formation à distance ou hors les murs 188
    Décentraliser notre offre en servant nos diplômés 190
    Se décentraliser en servant d'autres institutions de formation ... 192
    Se décentraliser en se mettant au service des Églises et des
        populations locales 195
    Décentraliser son enseignement formel résidentiel 196
    La formation décentralisée peut échouer... 202
    Conclusion 203
    Question de discussion concernant votre offre de formation
        décentralisée 204
    Pour aller plus loin : lectures suggérées 204

12 L'excellence en matière d'évaluation et de renouvellement 207
    Notre activité en vaut-elle le temps et l'argent ? 208
    Les cycles de vie des organisations 210
    Le renouvellement de votre formation 211
    Le renouvellement de votre personnel : Pourquoi ? 213
    Le renouvellement de votre personnel : Comment ? 215
    Devenir une communauté d'apprentissage 217
    Conclusion 222
    Questions de discussion au sujet de votre évaluation
        et de votre renouvellement 222
    Pour aller plus loin : lectures suggérées 222

Glossaire 225

Bibliographie générale 227

Conseil International pour l'Enseignement Théologique Évangélique

L'ICETE est une communauté mondiale, parrainée par neuf réseaux régionaux d'écoles théologiques, pour permettre l'interaction et la collaboration internationales entre toutes les personnes engagées dans le renforcement et le développement de l'enseignement théologique évangélique et du leadership chrétien dans le monde.

Le but de l'ICETE est de :
1. Promouvoir l'amélioration de la formation théologique évangélique dans le monde.
2. Servir de forum d'interaction, de partenariat et de collaboration entre les personnes impliquées dans l'enseignement théologique évangélique et le développement du leadership, pour l'assistance, la stimulation et l'enrichissement mutuels.
3. Fournir des services de mise en réseau et de soutien pour les associations régionales d'institutions théologiques évangéliques dans le monde.
4. Aider ces organismes à promouvoir leurs services auprès de l'enseignement théologique évangélique dans leurs régions.

Les associations de parrainage comprennent :

Afrique : Association for Christian Theological Education in Africa (ACTEA)

Amérique Latine : Association for Evangelical Theological Education in Latin America (AETAL)

Amérique du Nord : Association for Biblical Higher Education (ABHE)

Asie : Asia Theological Association (ATA)

Caraïbes : Caribbean Evangelical Theological Association (CETA)

Eurasie : Euro-Asian Accrediting Association (E-AAA)

Europe : European Evangelical Accrediting Association (EEAA)

Moyen-Orient et Afrique du Nord : Middle East Association for Theological Education (MEATE)

Pacifique Sud : South Pacific Association of Evangelical Colleges (SPAEC)

www.icete-edu.org

Langham Partnership est un organisme chrétien international et interdénominationnel qui poursuit la vision reçue de Dieu par son fondateur, John Stott -

promouvoir la croissance de l'église vers la maturité en Christ en relevant la qualité de la prédication et de l'enseignement de la Parole de Dieu.

Notre vision est de voir des églises équipées pour la mission, croissant en maturité en Christ, par le ministère de pasteurs et de responsables qui croient, qui enseignent et qui vivent la Parole de Dieu.

Notre mission est de renforcer le ministère de la Parole de Dieu de trois manières:
- par la mise en place de mouvements nationaux de formation à la prédication biblique
- par la rédaction et la distribution de livres évangéliques
- par la formation d'enseignants théologiques évangéliques qualifiés qui formeront ensuite des pasteurs et responsables d'églises dans leurs pays respectifs

Notre ministère

Langham Preaching collabore avec des responsables nationaux en vue de la création de mouvements de prédication biblique dirigés par les nationaux eux-mêmes. Ces mouvements, qui naissent progressivement un peu partout dans le monde, rassemblent non seulement des pasteurs mais aussi des laïcs. Nos équipes de formateurs venus de beaucoup de pays différents proposent une formation pratique qui comporte plusieurs niveaux, suivie d'une formation de facilitateurs locaux. La continuité est assurée par des groupes de prédicateurs locaux et par des réseaux régionaux et nationaux. Ainsi nous espérons bâtir des mouvements solides et dynamiques, constitués de prédicateurs entièrement consacrés à la prédication biblique.

Langham Literature fournit des livres évangéliques et des ressources électroniques par la publication et la distribution, par des subventions et des réductions à des leaders et futurs leaders, à des étudiants et bibliothèques de séminaires dans le monde majoritaire. Nous encourageons aussi la rédaction de livres évangéliques originaux dans de nombreuses langues nationales par le biais de bourses pour des écrivains, en soutenant des maisons d'éditions évangéliques locales, et en investissant dans quelques projets majeurs comme *le Commentaire Biblique Contemporain* qui est un commentaire de la Bible en un seul volume rédigé par des auteurs africains pour l'Afrique.

Langham Scholars soutient financièrement des doctorants évangéliques du monde majoritaire dans le but de les voir retourner dans leurs pays d'origine pour former des pasteurs et d'autres chrétiens nationaux en leur proposant un enseignement biblique et théologique solide. Cette branche de Langham cherche donc à équiper ceux qui en équiperont d'autres. Langham Scholars travaille aussi en partenariat avec des séminaires dans le monde majoritaire afin de renforcer l'éducation théologique évangélique sur place. De ce fait, un nombre croissant de « Langham Scholars » (le nom « Scholars » signifie « boursiers ») peut aujourd'hui suivre des programmes doctoraux de haut niveau au cœur même du monde majoritaire. Une fois leurs études terminées, ces « Langham Scholars » vont non seulement former à leur tour une nouvelle génération de pasteurs mais exercer une grande influence par leurs écrits et par leur leadership.

Pour plus d'informations, consultez notre site: langham.org

www.ingramcontent.com/pod-product-compliance
Lightning Source LLC
Chambersburg PA
CBHW070839160426
43192CB00012B/2245